El camino de la felicidad

COLECCIÓN «PREMIOS NOBEL»

Björnstjerne Björnson

(PREMIO NOBEL EN 1903)

El camino de la felicidad

EDICIONES RUEDA

Colección «Premios Nobel»

Coordinación editorial:
G.D.A. Ediciones, S. L.

Cubierta:
Arnaiz Consultores

Los Mesejo, 11
28007 Madrid

Primera edición: 2002
ISBN: 84-8447-088-1
Depósito Legal: M-4.364-2002
Printed in Spain-Impreso en España por:
Atanes Lainez, S. A.

Primera parte

INFANCIA

1

La nieve se fundía en las altas rocas que reposaban en el mar. Ya estaba anocheciendo y allí en lo alto se distinguía la silueta de un muchacho de catorce años. Tenía en el rostro la huella de una profunda impresión. Contemplaba a su alrededor la extensión de su soledad: al Oeste el mar; al Este, la playa y sobre la ciudad, unas inmensas montañas; parecía que sus enormes picos rozaban el cielo.

No había parado de llover durante mucho tiempo. Caía agua con tanta intensidad que ni los más viejos recordaban una tempestad igual. A pesar de que el muelle era nuevo muchas de las embarcaciones amarradas a él se habían soltado e incluso algunas habían zozobrado. Los telegramas hablaban de naufragios en todos los lugares del litoral. En aquella ciudad los cobertizos para las barcas habían sido demolidos, no se encontraban ni las redes, ni muchas lanchas. Las pobres gentes se negaban a admitir tantas catástrofes.

Sólo hacía algunas horas que se había calmado el huracán. El viento había amainado y tan sólo se advertía una débil brisa. No obstante, sobre el mar persistía la agitación. Las inmensas olas seguían levantándose una tras otra sin descanso. Una blanca espuma hervía un instante en la cresta; luego con gran estrépito, chocaba contra las rocas.

El ruido, intenso y constante, de estas cataratas se prolongaba más allá de la orilla, hasta la ciudad. Producía un sonido siniestro, como si la tierra fuera a ser engullida por el mar.

Cada vez que las olas chocaban contra las rocas el agua salía despedida muchos metros en el aire. Cualquiera que desde lejos, presenciara este espectáculo hubiera podido imaginarse a esas blancas y bravías divinidades de que hablan las Sagas luchando por la posesión del mundo.

Hasta la cima del acantilado sólo llegaba una ligera espuma que hacía arder las mejillas del pequeño; sin embargo, este no se movía de su sitio.

Recordaba haber oído decir que solamente las más violentas tempestades del Oeste lograban hacer saltar el agua a semejante altura. Pero ahora que el viento estaba tranquilo, las olas seguían rompiéndose... Nadie en el mundo había visto cosa semejante; el niño estaba muy contento de ser el único testigo.

A Occidente, en lontananza, el cielo se mezclaba con el mar bajo los ojos del sol poniente. Parecía un extenso y pacífico reino luminoso. Las negras olas que venían de lejos ¿no eran, acaso, rebeldes sometidos?

El contraste de los colores alcanzaba en estos momentos todo su esplendor. Por un lado la luz roja y ardiente; por otro, el color grisáceo del mar y de la nieve de la tierra. El niño permanecía con los ojos bien abiertos para no perder detalle de ese magnífico espectáculo cuando se volvía, le parecía como si el pueblo, perdido en la lejanía, fuera disminuyendo de tamaño.

Un terrible abatimiento le acechaba... ¡Oh! Aquella noche glacial auguraba alguna desgracia, alguna catástrofe irremediable... Fatigado por su vigilia, el pobre pequeño ya no era capaz de luchar contra su enfermiza imaginación.

El sol fue desapareciendo, lentamente, y vino la noche. El mar cada vez estaba más embravecido y las olas eran como feroces monstruos que se lanzaban al acecho de la montaña, rugiendo aún con más cólera.

¿Sería a él, partícula insignificante, a quien querían las potencias invisibles? ¿Qué mal habría hecho? Contra quien había pecado su alma...

Volvió la tempestad y nadie recordaba haber oído hablar de un cataclismo semejante, de un tal desencadenamiento de elementos destructores que hacía naufragar los barcos en el puerto en segundos, los desmenuzaba contra los acantilados, apagaba los faros y, en la noche oscura, cuando se oía mugir al monstruo invisible, ahogaba las voces de mando y los gritos de desesperación de toda esta caterva de condenados, interminable y soberana.

Todo el mundo en el pueblo se asustó cuando vieron como las calles se derrumbaban, los aleros de los tejados salían despedidos por el viento. Las casas no paraban de temblar, caían las piedras y las personas huían despavoridas.

Los niños eran los que más sufrían. Pasaban mucho miedo y sus padres no permanecían a su lado para tranquilizarles. Estos iban de un lado a otro recogiendo sus cosas como si se tratara del fin del mundo.

Es imposible conservar la calma cuando los intereses personales están en juego. En esos momentos por lo primero que todos se preocupaban era por las cosas de este bajo mundo. No paraban de hacer cosas: cerraban puertas, escondían el dinero en sitio seguro, cuidaban el fuego. Para no ser molestados entregaban a los niños libros de oraciones y colecciones de salmos, ordenándoles leer los pasajes relativos a temblores de tierra y al juicio final.

Aquellas virtuosas gentes, antes de marchar presurosas, dejaban a los niños el libro preparado en la página adecuada olvidando, con las prisas, que los niños no sabían leer.

Así pues, lo único que podían hacer los pequeñuelos era acostarse, y así lo hacían, escondiendo la cabeza bajo el edredón. Algunos metían bajo las sábanas al perro o al gato, sintiendo así menos miedo: siempre es un consuelo morir en compañía. Pero muchas veces los animales preferían permanecer libres y sucedían luchas en toda regla.

El muchacho que estaba en lo alto del acantilado se había visto sobrecogido por un loco temor. El pánico le hacía ir de un lado para otro: de la casa a la calle, de la calle al puerto, y volvía a llevarle del puerto a la casa. Su padre le había perseguido tres veces, encerrándole con doble vuelta de llave y las tres había logrado escapar.

En circunstancias normales esto hubiera sido impensable, pues nunca otro muchacho ha sido castigado con tanta dureza ni tan fuertemente golpeado como Eduardo Kallen. Esto demuestra que los peores sucesos pueden tener buenos efectos, ya que si la tormenta causó muchos estragos aquella noche, al menos, pudo un niño salvarse del castigo.

Pasó la noche sin que ninguna estrella cayera sobre nuestro planeta. Amaneció el día sin que el sol hubiera cambiado de lugar. Se había disipado la tormenta y, con ella, los fantasmas.

Pero el miedo no se apodera de nuestro espíritu en vano. Hay emociones imborrables, hasta el punto de que esa sensación permanece y se despertará de vez en cuando, sobre todo por la noche, con las pesadillas, e, incluso, algunas veces, a plena luz del día. El miedo queda agazapado en un rincón de nuestra alma y volverá a aparecer cuando aflore un hecho un tanto extraño y oculto que acecha y amenaza nuestra razón...

El muchacho seguía en el acantilado mientras el sol se iba poniendo y el viento soplaba en dirección a la playa. La visión le hizo pensar en el infierno y en el fin del mundo. ¡A qué desafortunado arrebato habría cedido para arriesgarse a ir completamente solo a un sitio semejante!...

El miedo paralizaba sus pies, ya que se creía sorprendido en un aquelarre de espíritus malignos.

Susurraba una plegaria a su difunta madre, suplicándola que acudiera en socorro de su Eduardo, si es que este era el fin del mundo.

Pero, a partir de entonces, el tiempo mejoró. El sol poniente palidecía en el cielo, ya oscuro por doquier. Un vientecillo fresco, el viento que calma las locas imaginaciones, ascendía desde el mar, y el niño se atrevió a respirar, primero, discretamente y luego a pleno pulmón. Por fin se atrevió a moverse, pero muy lentamente, temiendo llamar la atención de los espíritus malignos. Y, para burlar su vigilancia, se deslizó con el suave paso de un insecto hacia los senderos que llevaban a los farallones.

La bajada era peligrosa y sólo podía llevarse a cabo durante la noche. Después de pactar con los espíritus, el pequeño se atrevió a poner el pie en el sendero; entonces se consideró fuera de peligro y empezó a saltar como una pelota de goma. Brincaba así, caminando a grandes saltos, cuando de pronto, vio a lo lejos la borla de un gorro cuyo propietario avanzaba hacia él.

Eduardo Kallen se detuvo en seco. ¡Adiós desazón y adiós miedo! Por una extraña mudanza parecía ahora que era él quien había de causar temor a otros y que esperaba de forma expresa al compañero que ascendía. Todos sus movimientos, desde la expresión de sus ojos, hasta la actitud de su cuerpo de felino agazapado, evidenciaban la alegría que experimentaba Eduardo al encontrarse con aquel que iba a convertirse en su presa.

Sin embargo, el otro niño, ignorante del peligro que le acechaba, subía el sendero con el descuido propio de su corta edad, disfrutando plenamente de su libertad y de la soledad que le rodeaba.

Empezó a oírse cada vez con más nitidez el sonido que sus botas claveteadas producían al chocar contra las piedras. Era un muchacho rubio, bien constituido, de unos quince años, un año más que Eduardo. Llevaba un ancho traje de estambre, una bufanda de lana alrededor del cuello y unos guantes para protegerse del frío. Golpeaba su costado una caja pintada de azul y decorada con flores amarillas, como las que suelen utilizar los habitantes de esta parte de Noruega cuando tienen que llevar consigo sus provisiones.

Lo que durante muchísimos días había sido una incógnita y un constante motivo de comentarios en todos los patios del Instituto. Incluso se habían llegado a hacer apuestas con objeto de estimular el ardor de aquellos que consiguieran aclarar antes que los demás aquel inquietante misterio: ¿Dónde, cómo, con quién o con qué pasaba sus tardes y veladas Ole Tuft?

Ole Tuft era hijo único de un campesino acomodado que habitó junto a la orilla del mar. Este hombre, que mientras perteneció a este mundo fue un misionero muy apreciado en los parajes occidentales, se había empeñado en que su hijo fuera pastor. Y este fue el motivo por el que le mandó al Instituto.

Ole Tuft era inteligente, muy trabajador, además de respetuoso con los profesores lo que muy pronto le convirtió en el alumno predilecto. Era un muchacho simpático, educado y generoso; también un poco ingenuo. Era un chico encantador. Ahora bien: ¿por qué motivo no jugaba con sus compañeros después de comer? Era algo que nadie podía entender.

Sin embargo, tampoco acudía a casa de su tía ni a la de la familia Schultze. En ésta había dos niños a los cuales Ole daba clases, pero este trabajo le dejaba libre inmediatamente después de las comidas. Podría ir a jugar a casa del director del Instituto, en compañía de la hija adoptiva de éste, Josefina Kallen —hermana de Eduardo—, ya que Ole Tuft y Josefina eran muy buenos amigos, pero tampoco. Muchas veces los compañeros de Ole le veían entrar en casa del director, pero nunca salir, y cuando iban a buscar al fugitivo sólo encontraban a Josefina.

Los colegiales estaban tan intrigados con la vida misteriosa del muchacho que se habían convertido en policías, llevaban sus investigaciones con método. Controlaban sus pasos hasta la casa del director, pero allí se perdían sus huellas. ¡Sin embargo, no podía habérsele tragado la tierra! Y se registraba el patio en todas direcciones, mirando y remirando en todos los rincones. Josefina en persona guiaba a los detectives hasta el fondo de los oscuros graneros, por los sótanos, a través de todas las habitaciones deshabitadas de la casa. Juraba con la mayor seriedad que no había visto a nadie que se pareciese a Ole Tuft. Y el misterio iba creciendo día a día.

Uno de los «mayores», el primero de la clase, había ganado en un sorteo una edición francesa, muy bien ilustrada, de *Los tres mosqueteros,* la obra de Dumas, padre. Como él no la consideraba digna de la atención de un erudito de su talla, la había prometido como premio a aquel de sus compañeros que fuera lo suficientemente listo para descubrir el misterio.

El premio tentaba sobre todo a Eduardo Kallen, ya que hasta el año anterior había pasado su vida en Francia y hablaba el francés con la misma perfección que el noruego. Además, siempre había oído decir que *Los tres mosqueteros* era la novela más bonita del mundo. Y ahora, de repente, podía decirse que tenía al alcance de la mano, en este apartado camino de montaña, el libro tan intensamente deseado… ¡Viva por cada uno de *Los tres mosqueteros!*

Eduardo bajaba a zancadas por el mismo camino que Ole Tuft iba subiendo, sin tratar de disimular el sonido de sus pasos. Algunos rasgos de la fisonomía del joven Kallen se parecían a los de un ave de rapiña: la nariz se le curvaba hasta convertirse en pico; los ojos despedían destellos salvajes, sobre todo cuando los guiñaba sin querer, lo que le ocurría a menudo, aunque imperceptiblemente. Su frente era estrecha y voluntariosa; el pelo, muy corto, de color castaño. Todos sus movimientos demostraban una gran agilidad e incluso en momentos como este, en que hacía todo lo posible por permanecer inmóvil, su cuerpo se doblaba, temblaban sus pies y se alzaban sus brazos en el aire, era como si fuera a emprender el vuelo.

—¡Hola! —gritó, de repente, con toda la fuerza de sus pulmones.

Ole Tuft se estremeció, y casi deja caer su cajita azul.

—¡Hola! ¡Ya te tengo! ¡No puedes escaparte!...

Ole Tuft se quedó inmóvil.

—¡Sí, sí; ya te tengo! —repitió Eduardo, precipitándose sobre su presa—. ¡Vamos! Muéstrame eso que llevas ahí, oculto tan amorosamente en esa caja.

Con mucha habilidad el otro muchacho hizo pasar la caja de una mano a otra, protegiéndola con el cuerpo de modo que a Eduardo le fue imposible cogerla a pesar de todos los esfuerzos que hacía para lograrlo.

—¡Vamos! ¿En qué estás pensando, Ole? ¿Crees de verdad que voy a dejar que te me escapes? ¡Dame esa caja!

—¡No; no te la daré!

—Si no me la entregas me iré a tu casa desde aquí para contarlo todo.

—¡No! ¡No lo harás!...

—Te estoy diciendo que sí —dijo Eduardo, aparentando iniciar la marcha.

—Te lo diré todo —consintió Ole —si me prometes no contárselo a nadie.

—¡No contarlo! ¿Estás loco?

—No; tienes que prometérmelo.

—¿Cómo puedes ser tan tonto? Dame la caja o voy ahora mismo.

—¡Júrame que no dirás nada! —insistía el desgraciado, con lágrimas en los ojos.

—No te prometo nada.

—¿No me traicionarás?

—Te digo que no prometo nada. ¡Rápido! ¡Dame la caja!

—Escucha, Eduardo: te juro que no hay nada malo en lo que hago.

—Entonces, si no es nada malo, enséñame que hay dentro de esa caja. ¡Vamos, pronto!

Ole quiso creer que estas palabras, en boca de un muchacho, equivalían a una especie de promesa, y mirando a su amigo fijamente, con ojos de súplica, afirmó:

—Voy muy lejos... ¿Comprendes?... Por el camino de Dios...

Las últimas palabras habían sido articuladas con voz tímida, entrecortadas por las lágrimas.

—¿Por el camino de Dios?... —repitió Eduardo, sorprendido.

Entonces se le vino a la cabeza una pregunta que el profesor de Geografía había hecho un día en clase: «¿Qué caminos son los mejores?»

En el libro de texto la respuesta estaba redactada de la siguiente manera: «Para el transporte de mercancías el camino del mar sigue siendo todavía hoy el más conveniente.»

El profesor había repetido su pregunta:

—Veamos, Tuft: ¿cuál es el mejor camino?

—¡El camino de Dios! —había contestado éste; toda la clase despertó de repente y reventó en una enorme carcajada.

No obstante, Eduardo seguía sin entender lo que podía significar este «camino de Dios». Ole Tuft, caminando hacia una aldea de pescadores y encontrando en ella el camino de Dios... ¿Qué tontería era esta?

El joven tenía tanta curiosidad que se olvidó de su papel de guardián de la moral y, sin preocuparse en absoluto por los buenos modales, preguntó:

—No comprendo lo que quieres decir, Ole. ¿Qué significa para ti camino de Dios?

Ole se dio cuenta perfectamente del cambio de actitud de su compañero; hasta sus extraños ojos habían tomado una expresión de simpatía.

Hay que decir que, de todos los compañeros de clase, a quien más admiraba Ole en lo más profundo de su corazón era precisamente a Eduardo Kallen. Este hijo de campesinos sufría mucho a causa de las burlas y frases hirientes de los muchachos de la ciudad; sin embargo Eduardo era el más inteligente de todos. Además era el hermano de Josefina, la de los lindos rizos negros, y esto le hacía, sin duda, más importante.

Pero Eduardo tenía un gran defecto: le gustaba demasiado hacer bromas de mal gusto a los demás. Tanto los profesores como su padre, e incluso sus compañeros, le golpeaban muchas veces a causa de esta mala costumbre, pero era incorregible y siempre reincidía. Este desprecio hacia los golpes era incomprensible para un campesino como Ole Tuft. Con una simple palabra amable, o una sonrisa Eduardo podía ganarse inmediatamente el corazón de este sencillo ser. Así, pues, en cuanto la actitud de Eduardo se tornó dulce y amable, pidiendo con buenos modales que se le mostrara el contenido de la caja, Tuft no solamente se la dio, sino que, además, fue tal su dicha que sus ojos se llenaron de unas gruesas lágrimas que trató de secarse con los guantes. Luego se quitó el guante de una de las manos y se sonó con los dedos; hasta entonces no recordó que para tal menester llevaba un pañuelo de colores, que buscó sin éxito en sus bolsillos.

Antes de levantar la tapa de la caja, Eduardo miró a su amigo:

—En fin —dijo—, si tú no quieres...

—Sí, ya lo creo que quiero; puedes mirar a gusto.

Cuando levantó la tapa vio un enorme libro cubierto con un pañuelo: era la Biblia... El joven inquisidor se quedó cohibido, casi humillado. Bajo la Biblia había algunos folletos. Eduardo cogió dos o tres, que volvió a dejar en su sitio inmediatamente, cuando hubo comprobado que se trataba solamente de sermones; y volvió a cubrirlo todo con el pañuelo.

Pero a pesar de haber descubierto cual era el secreto de Ole su curiosidad no se sentía satisfecha. Intrigado, preguntó:

—Entonces, ¿lees la Biblia en la aldea?

—Sí, algunas veces —contestó Ole Tuft, ruborizándose hasta enrojecer.

—¿Y a quién lees?

—A los enfermos... ¡Pero tengo tan poco tiempo!...

—Entonces, ¿visitas a los enfermos?

—Claro...

—¡A los enfermos! ¿Y cómo puedes tú ayudar a los enfermos, mi pobre amigo?

—Intento hacer lo que buenamente puedo.

—¡Ah! —exclamó Eduardo asombrado. ¿Y cómo les ayudas? ¿Les das cosas de comer?

—Sí, eso también... Colaboro en todas las labores que puedo... Les cambio...

—¿Qué les cambias?...

—No hay más remedio. Están tumbados sobre la paja y permanecen sobre ella hasta que huele mal. La mayoría de las veces no tienen fuerzas ni para levantarse y se hacen sus necesidades encima. Estas pobres personas están todo el día solas; hombres y mujeres trabajan fuera y los niños están en la escuela. Así que, lo primero que hago todos los días es bajar al puerto por la parte donde están atracados los barcos cargados de paja; compro toda la que puedo y luego subo para hacer la cama a los enfermos.

Eduardo Kallen cada vez estaba más absorto:

—¿Y de dónde sacas el dinero para comprar la paja? —preguntó.

—Mi tía y tu hermana Josefina lo recogen para mí.

—¿Josefina? —exclamó Eduardo.

—Sí —dijo Ole—. Seguramente no debería habértelo dicho...

—¿Y de dónde saca el dinero Josefina? —inquirió Eduardo, con toda la autoridad que confiere el derecho de primogenitura.

Después de un momento de reflexión, Ole confesó con desenfado:

—Se lo da tu padre.

—¡Ah! Mi padre...

Eduardo sabía que su padre no daba dinero a nadie sin saber para qué se iba a emplear, ni siquiera a Josefina. Era necesario, por tanto, que después de un largo examen, hubiera reconocido la utilidad de la obra de Tuft, por lo que esta obra creció enormemente en su estimación.

Ole advirtió perfectamente el cambio experimentado en los sentimientos de Eduardo, y no tuvo inconveniente en contárselo todo, sin escatimar detalles. Muchas veces —dijo— sus enfermos le daban mucho trabajo. Tenía que encender la lumbre, preparar la comida...

—¿Cómo? —bromeó Eduardo—. ¿También haces la comida?

—Claro. Y limpio la casa, hago la compra, miro si hacen falta medicinas y si es así mando a alguien a la farmacia a comprarlas.

—¿Y de dónde sacas el tiempo para hacer tantas cosas?

—Doy la clase a los hijos de Schultze nada más terminar de comer; y yo hago mis deberes por la noche...

Ole Tuft siguió hablando en la misma forma hasta que empezó a caer la tarde y era necesario descender de la montaña si no querían que les sorprendiera la noche.

Eduardo caminaba ensimismado delante de su amigo, que llevaba la caja.

Por encima de ellos, como viniendo del cielo, se oía la potente voz del mar. Empezaba a hacer frío; se distinguía la luna, pero ni una sola estrella.

—¿Cómo se te ocurrió —preguntó Eduardo, deteniéndose —ir a visitar a los pobres?

Ole se paró también, ensimismado, con la caja moviéndose en sus manos. ¿Se lo confesaría todo a Eduardo? Por otra parte, Eduardo empezaba a sospechar que su compañero no le había dicho toda la verdad y que lo que ocultaba era el punto más importante.

—¿No quieres contármelo? —insinuó, diplomáticamente, con aire de despego.

—Sí que quiero...

Y la caja de Ole seguía moviéndose...

Entonces Kallen insistió, suplicándole que hablara, lo que halagó al palurdo.

—No creo que estés haciendo nada malo...

—¡Desde luego que no es malo!...

Después de un corto silencio, agregó:

—¡Di más bien que es algo verdaderamente grande!

—¿Algo grande?

—Sí; no hay en el mundo nada más grande.

—Entonces quiero saber qué es.

—Bueno, pero no puedes decírselo a nadie; ni siquiera una palabra...

—Vamos, Ole: dime qué es.

—Quiero hacerme misionero.

—¡Ah!

—Sí; pero entiéndeme bien: misionero entre los salvajes, entre los salvajes que devoran a los hombres.

Ole, viendo que el asombro de su amigo había llegado al extremo, se puso a enumerar los peligros que le acechaban en aquellos lugares: ciclones, fieras terribles, serpientes espantosas; concluyó:

—¿Entiendes ahora que necesitaba aproximarme un poco a ese mundo antes de hacerme misionero? Pero hay que tener más miedo a los hombres que a las alimañas. Son paganos empedernidos, violentos y crueles, de aspecto horrible, muy difíciles de afrontar... Yo necesito, antes de arriesgarme a vivir entre ellos, haberme curtido en el oficio.

—Pero —observó Eduardo —¿qué puedes aprender aquí? Los pobres habitantes del barrio de los pescadores no son paganos, que yo sepa.

—Es verdad. Pero con ellos se aprende a tener paciencia, a no dejarse desalentar por nada, a hacer los trabajos más asquerosos, los más sucios. Además, cuando mis enfermos sufren, se vuelven desconfiados, y algunas veces crueles. La otra noche uno de ellos quería pegarme.

—¿Pegarte?

—Era una mujer. Yo pedía a Dios que le permitiera golpearme, pero ella se contentó con blasfemar de una manera abominable.

Los ojos de Ole brillaban, el ardor del entusiasmo iluminaba su rostro. Prosiguió:

—En uno de los libros que llevo aquí, en mi caja, está escrito que el mayor error de nuestros misioneros es marcharse sin estar totalmente preparados. Es muy difícil ganarse a las gentes y más aún purificar sus almas. «Es un arte —escribe el autor— que debe estudiarse cuando se es joven, cuando se es todavía casi un niño.» Es lo que yo intento hacer. Ya ves que no hay nada más grande sobre la tierra que salvar almas. También esto está escrito en mi libro: «La labor de misionero es más noble que la de rey, emperador o papa.» ¿Acaso no ha dicho un misionero «si yo tuviera diez vidas las daría todas por mi misión?» ¡También yo lo haría!

Los dos muchachos caminaban uno al lado del otro y ambos miraban al cielo. Debajo de ellos el puerto se esfumaba entre la bruma que ocultaba los edificios; más tarde se distinguía a la población, salpicada de miles de lucecillas; más allá, la playa cubierta de nieve grisácea y, por último, el mar —completamente negro—, cuyo incansable ruido, cada vez más débil, se ahogaba en la noche.

Entre los dos confidentes se había despertado una profunda simpatía. Ole tenía mucho interés en que su amigo, el señorito, tan fino, tan desenvuelto bajo la elegante gorrilla de piel, le juzgara bien y se lo demostrara. Por su parte, Eduardo pensaba que Ole valía más que él, puesto que, a fuerza de haberlo oído decir muchas veces, no podía por menos de considerarse un malvado.

Eduardo miraba de reojo a Ole, el campesino. Llevaba el gorro metido hasta las orejas; los guantes eran bastos; su cintura carecía de elegancia, ya que la blusa de estambre era demasiado grande; sus zapatos estaban provistos de enormes clavos. Sin embargo, ¡qué ojos tan magníficos, qué aspecto de bondad y honradez tenía su rostro, tan serio para su edad! ¡Efectivamente, Ole llegaría ser un gran hombre!

Continuaron caminando. Eduardo iba unos pasos por delante de Ole. De esta forma llegaron a la *ciudad alta,* así denominada por estar situada en la falda de la montaña. Este barrio estaba compuesto por casas de obreros, talleres modestos y pequeñas fábricas. Las calles, mal pavimentadas, apenas si estaban alumbradas. Se chapoteaba en un sucio barro de nieve que con el frío de la noche, empezaba a helarse. Algunos faroles, muy pocos, colgaban sobre la calle, suspendidos de cuerdas que iban de una casa a otra. Estaban tan sucios que el humo del aceite hacía que su luz fuera incierta. Delante de algunos talleres, a la salida de la escalera, los dueños habían colocado linternas por su propia cuenta.

Delante de uno de estos faroles Eduardo se detuvo nuevamente; todavía le intrigaba una cosa: «¿A quién, concretamente, ayudaba Ole en este suburbio? ¿Conocía él mismo a tales personas?»

Alegremente, Ole dejó su caja al lado de una escalera y, sonriendo, dijo:

—Pues claro que sí, ¿no conoces a Marta, a Marta, la del astillero?

Marta era muy conocida en toda la población. Era una buena trabajadora, pero un poco borracha, y los colegiales se reían de ella los sábados por la tarde cuando Marta, apoyada contra una pared, les gritaba tonterías. Luego enfurecida por las risas se daba la vuelta y, levantándose las faldas, hacía un gesto que preferimos dejar adivinar al lector imaginativo. Los chiquillos no esperaban sino esta demostración para saludarla con alegre algarabía.

—¡Marta, la del astillero! —exclamó Eduardo—. ¿Se puede convertir a Marta, la del astillero?

—¡No grites! —suplicó Ole.

Había enrojecido y miraba a su alrededor, con inquietud. Eduardo repitió más bajo:

—¡Marta! ¿Crees, verdaderamente, que existe alguien que pueda convertir a Marta, la del astillero?

—Creo que estoy a punto de conseguirlo —susurró Ole, en tono misterioso.

—No; no puedo creerme esto que dices. Es imposible.

Entonces Eduardo bizqueaba y esbozó una sonrisa.

—¡Paciencia! Escúchame primero —replicó Ole—. Supongo que sabías que este invierno se cayó en la nieve, hiriéndose de gravedad; ¿no es así?

—Sí; lo sé.

—Está todavía en cama y las personas que al principio la ayudaron se han cansado ya, porque es mala y grosera. Al principio a mí también me trataba muy mal; era casi imposible de aguantar, pero yo no lo demostraba. Ahora que la he cuidado, que la he llevado ropas, mantas, comida, que la he... —sí, incluso he llegado a limpiarla—, Marta me llama «mi ángel», «mi cordero» y así sucesivamente. Sin embargo, una tarde me quiso pegar. Estaba yo ayudándola a levantarse y, al dar un paso en falso, sintió un violento dolor en el pie malo. Entonces empezó a chillar y alzó el bastón para golpearme, pero se contuvo y se limitó a blasfemar y renegar. Ahora está muy cariñosa, hace algunos días he empezado a leerle la Biblia...

—¿Cómo?... ¿A Marta, la del astillero?

—Sí. Ayer le leí el Sermón de la Montaña ¡y lloraba, amigo mío!

—¿Qué lloraba?... ¿Pero comprendía algo?

—Yo creo que no, porque lloraba con tanto ímpetu que no creo que escuchara nada. Pero sabía que era la Biblia y esta idea la impresionaba; ahora llora ya cuando empiezo a sacar la Biblia.

Los dos compañeros se miraron con aire de complicidad. De una trastienda venía ruido de martillazos; luego, más lejano, se oyó la sirena de una fábrica. En la casa vecina lloraba un niño.

—¿Y qué decía? —preguntó Eduardo.

—Decía que era indigna de oír la Biblia. Respondí entonces que es precisamente a los pobres de espíritu a los que Dios quiere atraer a su lado, pero no quiso comprenderme. Me rogó simplemente que me fuera y que, de paso, me enterara de si había vuelto Lars, el mozo del lavadero.

—¡Lars, el mozo del lavadero! —exclamó Eduardo.

Ole tuvo que rogar nuevamente a su amigo que hablara en voz baja, pues todos sabían que Lars era el amante de Marta.

—Puedes pensar lo que quieras, pero Lars ha sido muy discreto en estos últimos días. Por otra parte, todo el mundo considera que Lars tiene muchas cualidades buenas. Todas las tardes viene a casa de Marta para hacer alguna cosilla. Esta tarde ha venido más temprano, lo que ha hecho que yo también me haya marchado antes que de costumbre.

—¿Has vuelto a leerle la Biblia a Marta? —preguntó Eduardo.

—Se la he leído. Nada más sacarla empezó a llorar pero yo creo que hoy ha comprendido algo. Era la historia del hijo pródigo. Al terminar, me ha dicho: «¡También yo soy uno de esos cerdos de que hablan ahí!»

Los chicos rieron y luego Ole prosiguió:

—Entonces estuvimos hablando; le dije que ella valía más de lo que suponía y que íbamos a rezar juntos. «¡Oh, no! —me suplicó—. ¡Se que es inútil!» Pero yo no hice caso y me puse a rezar el Padrenuestro. Acto seguido se puso como loca, tuvo una especie de arrebato de furor, se levantó y gritó que ya no quería oír nada, nada en absoluto... Después volvió a tumbarse sin parar de llorar.

—¿Te callaste entonces?

—Sí, porque en aquel momento entró Lars y Marta me pidió que me marchara. Ya ves, sin embargo, que estaba emocionada. ¿No crees que voy por buen camino para convertirla?

Eduardo mantenía aún algunas dudas. Lamentó que su admiración por Ole hubiera descendido ligeramente.

Poco después los dos muchachos se separaron.

2

En las escuelas de las poblaciones pequeñas conservan, normalmente, un espíritu muy diferente al que es común en la localidad. Esto sucede porque la corriente que domina en la escuela no viene del exterior, sino que tiene su origen en la propia institución.

Muchas veces ocurre que un solo maestro es capaz de imprimir a una escuela su sello personal; depende de uno o varios alumnos que el espíritu dominante sea bueno o malo, de obediencia o de indisciplina. En una palabra: siempre hay uno o varios «dirigentes» y su influencia afecta, en la misma medida que la conducta escolar, a la moralidad de los niños.

A la altura en que nos encontramos de esta historia el primer alumno de la clase más adelantada, Andrés Hegge, tenía un enorme liderazgo sobre sus compañeros. Era, en efecto, el muchacho más sobresaliente que la escuela había conseguido desde su fundación. Y si quería acudir a las clases durante otro curso antes de terminar el bachillerato era por aportar al lugar la gloria de un indiscutible *pro caeteris.*

Los escolares estaban muy orgullosos de él. Entre ellos comentaban sorprendidos cómo Hegge, muchas veces, había detectado fallos de los profesores. Tenía derecho a escoger sus horas de clase y de acudir a ellas o dejar de hacerlo; normalmente, estudiaba en su casa.

Hegge tenía tantos libros que algunos de los volúmenes los había tenido que colocar en el suelo, en un rincón apartado. Todos hablaban de esta biblioteca. Sus jóvenes compañeros consideraban como un gran honor que se les permitiera visitar la habitación de Andrés.

Muchas veces se le podía ver fumando junto a la ventana, vestido con una bata de abrigo, regalo de una hermana casada; un gorro de terciopelo adornado con un galón de oro, obsequio de una tía, y gruesas zapatillas, regalo de otra.

En cierto modo era un producto femenino. Vivía con su madre, que era viuda, en compañía de cinco familiares de edad avanzada que contribuían a aumentar su biblioteca, su vestuario y le daban dinero para sus gastos.

Era alto y gordo. Su rostro era de pura raza. Hubiera sido un muchacho guapo a no ser por sus ojos saltones, que le daban una expresión glotona y maliciosa a la vez. Era corpulento y bien conformado, pero siempre estaba encorvado y andaba arrastrando los pies. Cuidaba con esmero sus pies y manos, ambos pequeños y delicados. Era de naturaleza frágil y temía el frío. El señor tenía gustos de damisela.

Tenía una memoria tal que todo lo que escuchaba se le quedaba grabado para siempre, y puesto en el caso de escoger, hubiérase decidido por las cosas más nimias. Nada escapaba a su curiosidad, siempre despierta. Tenía una habilidad especial para inmiscuirse en los secretos de los demás de una forma paulatina y no exenta de arte. Conocía todas las historias íntimas no solamente de las familias del país, sino también de muchas extranjeras. Hacer circular estas habladurías, sobre todo si eran escandalosas, constituía para él el supremo goce de la existencia.

Si los maestros hubieran sabido hasta qué punto era perjudicial para la escuela este permanente caudal de rumores, todas ellas nocivas de por sí, no hubieran insistido en conservar a Andrés Hegge durante un año más. El espíritu del Instituto se había convertido en un espíritu de crítica y sospecha, de murmuración e inquisición.

Este joven gran hombre permanecía en su estancia, rodeado de sus libros y envuelto en el humo de su pipa, en espera de nuevos rumores.

Así le halló Eduardo aquella misma tarde cuando fue a visitarle para reclamarle *Los tres mosqueteros,* el premio que acababa de ganarse al descubrir el secreto de Ole Tuft.

Andrés se levantó sin interés aparente pidiendo a Eduardo que aguardara unos segundos, el tiempo necesario para ir a buscar un poco de cerveza: ¡aquello prometía ser interesante!

El primer trago tenía un gusto exquisito así como el que le siguió. Hasta entonces Eduardo no había desvelado todo el secreto de Ole a Andrés. Todavía no le había dicho que cuidaba a los enfermos en el barrio de los pescadores.

Andrés se sintió tan sorprendido como el mismo Eduardo cuando Ole le reveló sus proyectos evangélicos. El narrador reía con su relato, pero Hegge le interrumpió: todo esto parecía una broma inventada por el labriego para ocultar sus intenciones. ¡Son tan cazurros y desconfiados estos aldeanos! Para apoyar su tesis, Andrés indicó dos o tres extremos bastante extraños. Eduardo, decepcionado, se sublevó contra este eterno escepticismo. Para acabar de una vez declaró que su padre estaba al corriente de todas las actividades de Ole y que le daba dinero.

¡Entonces era diferente!... En ese caso Andrés ya no se atrevía a seguir sospechando... ¡Y, sin embargo!... Ole puede estar haciendo una comedia... ¡Son tan farsantes estos campesinos!

Esta vez era ya demasiado. De un salto, Eduardo se puso en pie y preguntó a Andrés si suponía que estaba mintiendo. El bello Hegge saboreaba lentamente su cerveza y girando sus redondos ojos de anfibio en acecho, dijo a su compañero que «mentir» era una palabra muy fea. ¿Había algo más sencillo? Eduardo no tenía sino que nombrar a los enfermos que cuidaba Ole.

Eduardo no se esperaba esta táctica. Había decidido contar lo estrictamente necesario para ganarse el premio, ni una palabra más. Así que volvió a levantarse y explicó a Andrés que podía creerle o no, pero que quería su libro.

Hegge siempre intentaba no discutir con nadie, cosa que Eduardo sabía perfectamente. En consecuencia, prometió darle el libro; pero, al mismo tiempo, empezó a contar una anécdota relacionada con los habitantes del barrio de los pescadores. El médico de los pobres y su esposa habían visitado la víspera a la madre de Andrés. Alguien preguntó por Marta, la del astillero. ¿Estaba todavía enferma en cama? El doctor tranquilizó a aquella buena alma: Marta no carecía de nada. Gentes misteriosas la proporcionaban lo que necesitaba; Lars, el mozo del lavadero, la visitaba muchas veces provisto de aguardiente y ambos se emborrachaban alegremente mano a mano. Así era lógico pensar que aquella borracha no tuviera prisa en curarse.

Eduardo se había puesto rojo como la grana y Andrés se percató de ello... ¿No era esta Marta una de las pobres de Ole?

—Sí, en efecto —balbució Kallen.

Los ávidos ojos de Andrés se agrandaron como para engullir esta noticia, que fue saboreada y digerida con tal sensualidad que Eduardo llegó a temer que iba a ser engullido al mismo tiempo.

Lo peor que le puede pasar a un adolescente es ser objeto de burla o que se crea que se han dejado engañar. Eduardo no quiso que su compañero pensara ni por un instante que él participaba en las extravagancias de Ole y, espontáneamente, respondió:

—Hasta lee la Biblia a Marta.

Hegge paladeó esta nueva noticia y tuvo un ataque de risa tan contagioso que Kallen también se echó a reír... ¡Exactamente, Ole leía la Biblia a Marta, la del astillero; comentaba para ella la parábola del hijo pródigo!... Y Eduardo repitió las palabras y reflexiones de Marta.

Los dos muchachos se fueron alegrando cada vez más, según se iba acabando la cerveza. Este Andrés tenía una forma de reír tan amable y espontánea que Eduardo fue cayendo en la trampa hasta contar todo lo que sabía de Ole, e incluso —tal era su excitación— algo más.

Pero más tarde, al volver a su casa con el magnífico libro bajo el brazo, Eduardo Kallen se sintió mal consigo mismo. Ya no estaba bajo la influencia de la cerveza ni de la risa contagiosa de Hegge; su vanidad de muchacho susceptible ya no tenía nada que temer. Además, la noche blanca y fría evocaba a cada paso delante de sus ojos la mirada buena y cándida de Ole Tuft. Intentó quitarse de la cabeza esta imagen. Esta noche estaba muy cansado, pero se prometió con firmeza que al día siguiente sin falta, obligaría a Andrés a que no desvelara el secreto de Ole.

Pero a la mañana siguiente Eduardo Kallen tuvo la mala suerte de levantarse mucho más tarde que de costumbre. Sólo le dio tiempo a vestirse de prisa y corriendo, comerse precipitadamente una rebanada de pan con manteca y dirigirse velozmente a la escuela; de lo que sucedió la noche anterior sólo le quedaba el recuerdo de haber conseguido el volumen de *Los tres mosqueteros.*

Las horas de clase pasaron lentamente para nuestro colegial; era sábado, el día que preguntaban las lecciones. No se sabía ninguna y temía ser castigado. Esto le preocupó hasta las dos últimas horas antes de que terminaran las clases. Estas dos últimas horas estaban dedicadas al francés y a la Historia Natural y tenía permiso para marcharse si quería; haciendo uso de esta libertad, sin pérdida de tiempo bajó la escalera, saltando los escalones de cuatro en cuatro.

Al cruzar la puerta del Instituto, Kallen distinguió a Andrés Hegge, que venía en sentido contrario. Seguramente iría a alguna de las clases de los «mayores».

En ese momento a Eduardo se le vino a la cabeza su encuentro con Andrés la noche anterior y sintió un gran temor al pensar en las consecuencias de las probables indiscreciones de su confidente. Pero en esos momentos entró en el puerto un gigantesco buque de vapor, desmantelado. Al decir de los curiosos, nunca se había visto un barco de aquellas dimensiones. Había perdido los mástiles, tenía rotas las amarras, y las chimeneas, que apenas se sujetaban, conservaban las huellas del agua de mar hasta su parte más alta. El barco avanzaba lentamente, arrastrado por remolcador, que los muelles ocultaban a los ojos de Eduardo. El gentío avanzaba hacia el puerto y el muchacho siguió a la muchedumbre.

Sin embargo, Andrés entraba por la puerta grande del Instituto al mismo tiempo que los demás alumnos bajaban al patio para el recreo. Toda aquella juventud, como evadida de un embudo, producía un griterío infernal.

Todo el edificio temblaba. Se oía primero un grito chirriante, canto de victoria y de alegría, que despedía el que había logrado llegar abajo el primero; luego, otros gritos agudos, a los que se unían otras notas más graves, y después un coro en el que tomaban parte todas las voces. Los muchachos se hallaban ahora en el patio.

Andrés caminaba lentamente, sin alegría y sin juventud. No quería mezclarse con el grupo, sino que bordeaba las tapias de la casa vecina, apoyando en ellas perezosamente su cuerpo excesivamente pesado. Cuando estaba en la entrada del patio contempló irónicamente la tropa de escolares que jugaban ruidosamente, y su orgullo se deleitaba al pensar que una sola palabra suya, susurrada en el oído del muchacho más próximo, haría callar todas aquellas voces y cesar aquel griterío. Esta palabra sería la gota de aceite vertida sobre las olas enfurecidas; todo el ruido se apagaría a medida que esta palabra fuera pasando de uno a otro.

¿Dónde estaba Ole Tuft? ¡Ah! ¡Ahí estaba, con uno de los «mayores»! Estaban agarrados por la blusa y giraban uno en torno del otro; el mayor, ayudándose con los pies, trataba de derribar al pequeño. Las pesadas botas de Ole se agitaban en el aire y se veían brillar los clavos de sus tacones. Reía de buena gana, porque el «mayor», a pesar de poner en ello todo su empeño, no podía hacerle caer al suelo.

Andrés aprovechó aquel minuto para atrapar al primer muchacho que pasó junto a él y susurrarle precipitadamente:

—¡Ya sé qué es lo que hace Ole Tuft!

—¡Mentira!

—Lo sé.

—¿Quién lo ha averiguado?

—Eduardo Kallen.

—¿Eduardo Kallen?... Entonces ha ganado el libro.

—Claro que sí.

—¿De modo que Eduardo Kallen...?

—¿Qué pasa con Eduardo Kallen? —preguntó otro escolar, uniéndose al grupo.

Este recibió, a su vez, la confidencia de Andrés y, muy pronto, un cuarto, un quinto y un sexto, gritaron:

—¡Eduardo Kallen ha ganado el premio! ¡Andrés Hegge ya sabe dónde pasa las tardes Ole Tuft!

A medida que el rumor iba corriendo cedía el ruido. Los muchachos se dirigían al «primero» para conocer más detalles. Apenas se habían acercado a él la cuarta parte de los escolares cuando todos los demás habían dejado de jugar. ¿Qué sucedía en aquel rincón para atraer a tantos curiosos? Rodeaban a Andrés, se subían en la tapia, se empujaban unos a otros para oírle mejor.

—¿Qué es? ¿Qué pasa?...

—¡Eduardo Kallen ha ganado el premio!

Todas las cabezas ardían de curiosidad; habría que preguntarle. En esta reunión sólo faltaba Ole Tuft: se había quedado solo, plantado en el mismo lugar en que le dejara su compañero.

Entonces se recuperó el silencio: Andrés Hegge hablaba...

Tenía derecho a hacerlo; ¿acaso no había comprado tal derecho a Eduardo Kallen?

Por tanto, habló, y mucho, de una manera clara y mordaz, para acentuar la nota grotesca. Decía dónde pasaba Ole sus tardes; cómo cambiaba las sábanas de Marta, la del astillero, ayudándola a levantarse; preparaba sus comidas y le proporcionaba medicinas. Después explicó las razones por las que Ole Tuft se dedicaba a tales labores: quería hacerse redentor de los escépticos y, para ello, se adiestraba con los borrachos. Leía la Biblia a Marta, Marta vertía lágrimas piadosas... Pero una vez que Ole se marchaba llegaba Lars, el mozo del lavadero, con una botella de aguardiente, y ambos se emborrachaban a la salud del predicador.

Los jóvenes estaban petrificados, permanecían inmóviles y rígidos como cirios. Nunca se había oído nada semejante. ¿Sería un juego nuevo? La manera de hablar de Andrés permitía muy bien suponerlo; sin embargo, nadie, hasta entonces, habría pensado que a alguien se le hubiera ocurrido jugar a los misioneros. Todo era, muy raro, y algo más que no se acababa de comprender bien.

Como nadie reía, Andrés prosiguió su relato.

¿Cómo se le había ocurrido a Ole semejante idea? Lo hacía por orgullo: soñaba con ser un apóstol —oídlo bien un apóstol, es decir, alguien situado más alto que un rey, que un emperador, más que un papa—, así se lo había dicho Ole a Kallen. Para llegar a ser apóstol solamente necesitaba seguir el camino de Dios y este camino comenzaba en casa de Marta; allí era donde Ole debía aprender a hacer milagros, a domesticar a los paganos, a las fieras, a las serpientes monstruosas, entrenarse para detener los ciclones en su carrera.

Los estudiantes empezaron a reír sin parar. Era como si se hubiera desatado una tempestad. Pero sonó la campana, anunciando la vuelta a clase, y el público de Andrés se dispersó riendo; todos pasaron delante del solitario Ole.

No era la primera vez que el joven Tuft había visto abrirse a sus pies el abismo de la desesperación... Fue un día de invierno, estando de pie ante la tumba abierta de su padre; las paletadas de tierra helada caían pesadamente sobre el ataúd.

El aire estaba empañado por la niebla y hacía mucho frío; el mar, negro como la tinta.

Sólo, en medio de este patio, Ole se sentía traspasado por el mismo dolor de entonces. Le parecía estar junto a la tumba; oía el fúnebre tañido de las campanas... Sí; ahora que el griterío había ido disminuyendo por los pasillos, y que a la juvenil algarabía de momentos antes le sucedía el inmenso silencio de los patios desiertos, persistía, sin embargo, el penetrante eco de una campana, y este son trasladaba al niño delante de la iglesia del pueblo. Hasta podía ver el roce del viento en los altos y blancos álamos; volvía a ver la silueta venerable del viejo abeto plantado junto a la puerta del cementerio, y sonaba, incesante, en su cabeza el tañido débil y desigual de las campanas, así como el golpe seco de la tierra helada cayendo sobre el ataúd. ¡Oh! ¡Este sonido permanecería en su memoria para siempre! ¡Había dejado su huella para el resto de su vida en el alma de Ole Tuft! Y desfilaban las imágenes de ese día: su madre, llorando desconsoladamente; ella, tan valiente, tan animosa, que se había abstenido de llorar delante del lecho del difunto, que había contenido las lágrimas cuando sacaban el cuerpo de la casa y que ahora, frente a esta fosa, cediendo al dolor, no podía retener más sus lágrimas... ¡Oh! ¡Papá! ¡Papá!... ¡Mamá!

Y Ole, solitario en el patio de la escuela, rompió a llorar.

Su rostro desencajado era ya una razón suficiente para que no subiera a clase con sus compañeros. Además, estaba decidido a no volver jamás. Después de lo que acababa de suceder, el desafortunado muchacho no debía exponerse nuevamente a encontrarse con sus antiguos compañeros. Tendría que irse a vivir a otro lugar. Dentro de dos horas todo el pueblo conocería su historia y le señalarían con el dedo.

Sentía que hasta su misma obra había sido profanada. ¿Continuar sus estudios? ¿Para qué?... Solamente le quedaba una solución: volver a casa. ¡A casa!

En este momento Ole Tuft se dio cuenta de que si permanecía en el patio, corría el riesgo de que le fueran a buscar por orden del profesor. Tenía que marcharse inmediatamente. No quería ir a casa de su tía, pues tendría que contárselo todo; pero tampoco salir por la puerta principal para encontrarse, con la cara cubierta de lágrimas, entre la muchedumbre de transeúntes de la principal calle de la población. No; le quedaba a Ole otra alternativa que el escondite que le tenía preparado Josefina. Así era como la hermana de Eduardo ayudaba a su amigo a desaparecer todas las tardes, burlando la vigilancia de los muchachos.

Consistía en lo siguiente: contra la tapia de la casa de al lado había un montón de leña que por la derecha se apoyaba en un cobertizo. Ole se metía dentro de este cobertizo, gracias a dos tablas que apartaba y volvía a juntar cuidadosamente. Al otro lado, entre los leños, había un pequeño hueco libre; una ancha piedra, sujetando los maderos, impedía que el montón se desplomara. Allí, Josefina y Ole se habían construido un auténtico cuarto de dos habitaciones separadas por la piedra o, incluso, de tres, si se contaba la piedra en sí. La habitación más alejada era también la más confortable; disponía de una tabla para sentarse y espacio suficiente para que dos personas pudieran acomodarse. Simulando un techo, los chicos habían colocado unas tablas y ramaje; todo este esfuerzo les fue recompensado con unas agradables horas de aislamiento.

La verdad es que dentro del nicho estaba todo a oscuras, pero ello contribuía a aumentar el encanto de la intimidad de sus charlas. Josefina le hablaba de España y Ole contaba historias de misioneros. La muchacha estaba especializada en la descripción de corridas de toros y él en la de luchas contra leones, tigres y serpientes, en historias de espantosos ciclones, de simios homicidas y de antropófagos.

Los relatos de Ole habían cobrado mayor interés que los de la joven, en primer lugar, por su colorido y, además, porque tenían un fin determinado. Ella vivía solamente de recuerdos; la fantasía del muchacho no tenía límites y formaba un enmarañado de historias indescifrables, todas ellas relacionadas con su futuro. Pintaba estos planes para el porvenir de una forma tan entusiasta que Josefina hubiera deseado compartirlos.

Empezó preguntando tímidamente: ¿Podían las mujeres ser misioneras? Era algo que Ole desconocía. Desde luego era una tarea de hombres, pero a las mujeres les quedaba el recurso de casarse con los misioneros. Entonces Josefina preguntó si los misioneros podían casarse. Ole respondió litúrgicamente diciendo que una vez había oído a su padre tratar esta cuestión. En una reunión alguien había afirmado que el matrimonio estaba prohibido a los misioneros, puesto que San Pablo, el primero y más brillante entre los apóstoles, no contrajo matrimonio y era reconocido por ello. A lo cual el padre de Ole había respondido que el caso de San Pablo no era el mismo que el de los misioneros actuales, ya que éste creyendo que Jesucristo regresaría muy pronto, consideraba necesario conservar su plena libertad de acción para poder viajar por todo el mundo a proclamar la venida del Salvador, mientras que los misioneros actuales residían en un lugar concreto y no podían prescindir de los cuidados de una mujer. Por otra parte, Ole añadía que él mismo había leído en alguna parte que las esposas de los misioneros atendían escuelas para las negritas.

Los niños no habían llevado más adelante sus disertaciones sobre este particular, pero era evidente que Josefina no dejaba de darle vueltas, pues volvía una y otra vez sobre el mismo tema. Una vez, por ejemplo, preguntó si era verdad que los negritos comían caracoles; era algo que no podía soportar.

De esta forma, en aquel refugio sin luz donde los negros cabellos de la joven se mezclaban dulcemente con los rubios de Ole Tuft, habían edificado su sueño de encontrarse algún día sentados bajo las palmeras, rodeados de negritos muy limpios, listos y cristalizados; de tigrecillos domesticados jugando a sus pies sobre la arena, y sirviéndoles a la mesa amables simios. Los elefantes les pasearían dócilmente sobre su lomo y los árboles de la selva les alimentarían con sus espléndidos y abundantes frutos.

Este era el Edén que el desgraciado Ole acababa de imaginarse por última vez, diciéndole adiós para siempre. Con el alma rota, sentía la necesidad de decir adiós a todos esos sueños que tanto anhelaba cuando le retuvo un presentimiento. Eran las once y Josefina estaría libre en estos momentos... Si se la hubiera ocurrido venir a soñar detrás de los maderos... ¿No habría sido posible que se enterara de todo? De un salto Ole se plantó encima de la piedra: Josefina, sentada sobre una tabla, le miraba...

Este espectáculo y la dulce sonrisa con que fue recibido hicieron que las lágrimas empañaran sus ojos:

—¡Quiero regresar a mi casa!... ¡A mi casa!... No quiero volver aquí nunca más..., ¡nunca!... —sollozó, refugiándose junto a la muchacha.

Josefina se inquietó, le prestó su pañuelo para que tuviera algo que ponerse en la boca y ahogar así sus lamentos. Ella sabía muy bien los rumores que se fraguaban en el patio de la escuela y conocía el peligro que corría el fugitivo si, como era muy probable, estaban ya buscándole. Ole, como siempre, estuvo obediente, puesto que se inclinaba fácilmente ante la autoridad de su joven amiga, cuando se trataba de experiencia de la vida y de buena educación. Pero no paró de llorar; entonces la jovencita colocó una de sus voluntariosas manos sobre la nuca del colegial, mientras que, con la otra, le agarraba las muñecas, y le ayudaba a secarse las lágrimas que recorrían su cara. Al mismo tiempo, su cabeza de negros rizos se movía desesperadamente de un lado a otro, señalando al patio. El niño comprendió que todo estaba perdido cuando empezó a oír su nombre por todas partes:

«¡Ole Tuft!... ¡Ole Tuft!...» Después de un momento de silencio, se oyó otra vez un largo «¡Ole Tuft!» Al pobre muchacho le costaba tanto trabajo contener su llanto que todo su cuerpo se estremecía por las convulsiones; sin embargo, consiguió dominarse hasta que escuchó los pasos del estudiante que habían enviado a buscarle subir la escalera ruidosamente.

Al instante, Ole Tuft dio rienda suelta a sus lágrimas:

—¡Quiero volver a mi casa! —decía—. ¡Quiero volver a mi casa!

Devolvió el pañuelo a Josefina, agachó la cabeza, quitó las tablas que ocultaban el patio vecino y, sin dejar de llorar, salió por el agujero. La parte de atrás de su pantalón, marcado por los bancos de la escuela primero y luego por las suelas claveteadas de sus botas, desaparecieron por el hueco... Ole Tuft se había marchado...

Hasta que no estuvo fuera, al encontrarse solo en una estrecha callejuela, no se le ocurrió pensar que no se había despedido de Josefina, que ni siquiera le había dado las gracias. Este pensamiento agravó su sufrimiento, aumentando su rencor contra una población que tanta prisa tenía por abandonar. Comenzó a correr y no paró hasta que, después de algunos rodeos, se encontró en la carretera principal.

Esta carretera le era familiar; era algo, hasta cierto punto, «suyo».

Josefina permaneció inmóvil durante un instante, contemplando el hueco por donde se fue Ole. Pero muy pronto se decidió a intervenir. Saltó, a su vez, sobre la piedra, apartó las tablas y volvió a colocarlas. Salió a toda prisa, no le dio tiempo ni siquiera a ponerse el sombrero, llegó a la farmacia, el lugar preferido de su hermano. Pero él no había pasado por allí ni siquiera había dejado sus libros como era su costumbre. En el piso de encima tampoco se encontraba Eduardo; pero, en cambio, se distinguía desde allí el gran vapor extranjero dando bordadas en medio de diez o doce barcos pequeños. Josefina pensó que Eduardo no podía perderse aquel espectáculo, y se precipitó hacia el puerto. Los Kallen tenían una lancha blanca; la muchachita saltó a ella y se puso en camino.

Remaba con tanto ímpetu que muy pronto empezó a sudar; con los ojos muy abiertos llegó hasta el buque averiado, enorme monstruo verde que jadeaba bajo el esfuerzo de las bombas, y a lo lejos, vio a Eduardo con los libros bajo el brazo, de pie en el puente de mando, junto a su amigo Roberto Mo.

Cuando estaba cerca gritó su nombre. La oyó, como todo el mundo, y, habiéndose vuelto todos hacia el mar, vieron, de pie en una lancha, a una chiquilla morena, roja a causa del esfuerzo, que miraba ansiosamente hacia el puente de mando.

Eduardo sintió acelerársele el corazón. Presintió que había sucedido algo desagradable y se apresuró a descender hasta llegar, saltando de barco en barco, a la lancha conducida por su hermana, que desatracó con un golpe de remo.

Entonces preguntó:

—¡Qué pasa?

Dejó los libros en el fondo de la barca y repitió:

—¿Qué pasa?

Sofocada, con el rostro desencajado y el pelo suelto, Josefina seguía de pie, observando las maniobras de su hermano. Luego fue a la parte de atrás, cogió el segundo par de remos y se sentó frente a él. Este no quiso hacer otra vez la misma pregunta y empezó a remar. Entonces la muchacha, que mantenía sus remos fuera del agua, exclamó:

—¿Qué le has hecho a Ole Tuft?

Eduardo palideció y su palidez fue pronto sustituida por un intenso rubor; también él dejó de remar. La muchacha insistió:

—De ahora en adelante todo ha terminado para él; no volverá a ir al Instituto... Se ha marchado a su casa... ¡Ya no regresará nunca!

—¡Mientes! —interrumpió Eduardo con voz insegura, pues sabía perfectamente que estaba oyendo la verdad.

Se puso a remar con todas sus fuerzas, como si quisiera alcanzar al fugitivo.

—Sí, sí —añadió la muchacha irónicamente—. Date prisa, date prisa; ¡es lo mejor que puedes hacer! Ya puedes correr tras él, aunque tengas que ir hasta su casa de Store-Tuft, porque, si no, las cosas se van a poner muy feas para ti: primero, por parte de papá, y luego, en la escuela; ¡miserable!

—¿Cállate, mocosa?

—No. Si no encuentras a Ole y le traes te juro que se lo diré a papá y al director.

—¡Chismosa!

—¡Ah! ¡Si hubieras oído cómo Andrés Hegge se burlaba de Ole, junto con todos los demás estudiantes!... ¡Todos, absolutamente todos se reían!... ¡Y el pobre chico, llorando de una forma que partía el corazón, no ha encontrado otra solución sino esconderse en su casa! Deberías estar avergonzado, completamente avergonzado, ¿me oyes?... Ya solamente me queda decirte una cosa: si no traes contigo a Ole Tuft no quiero volver a saber nada de ti.

—¡Tonta! ¿No ves que estoy haciendo todo lo posible por remar de prisa?

Sus uñas se estaban poniendo moradas a causa del esfuerzo; la sangre se le subía a la cabeza. Tanto era el afán que ponía en la tarea que su cabeza casi rozaba con el fondo de la barquichuela. Josefina, sin añadir ni una palabra más, metió sus remos en el agua y se empleó a fondo en ayudar a su hermano.

Cuando llegaron al embarcadero, Eduardo se levantó, para evitar el choque de la barca contra el muelle. Luego preguntó a su hermana:

—Hoy no he comido y tampoco creo que pueda cenar; ¿me podrías dejar algo de dinero para comprarme algo de comer?

—Sí, pero sólo tengo esto —contestó la joven, dejando los remos y entregándole algunas monedas.

—¡Recoge mis libros! —gritó Eduardo, mientras empezaba a correr.

Poco después, también Eduardo Kallen caminaba por la carretera principal.

3

No había hecho buen tiempo durante todo el día. El viento del Mediodía empujaba a las nubes; no hacía frío y la nieve se deshelaba. El suelo era un barrizal, sobre todo, a la entrada del pueblo donde el deshielo y el incesante paso de transeúntes, había formado una cloaca impracticable.

Apenas había caminado Eduardo diez minutos cuando sus elegantes botas estaban ya caladas por el agua; al fin y al cabo, lo de las botas no tenía mayor importancia: lo malo era que ya había devorado el último bollo y seguía teniendo hambre, un hambre feroz. Pero tampoco esto constituía su principal preocupación; ¿no era lo esencial encontrar a Ole Tuft? Nuestro muchacho se sentía ligero y andaba de prisa. Primero, tenía que encontrar a Ole; luego le sería fácil convencerle para que volviera. Ole no era terco y Eduardo explicaría a los demás la importancia de la tarea de Ole. Se sentía obligado a hacerlo. Con su elocuencia se sentía capaz de agrupar a un buen número de colegiales en torno a la causa de Ole Tuft, lo que incluso podría ser muy divertido, puesto que habría que sostener verdaderas batallas con los adversarios.

Eduardo hizo de esta forma dos, tres, cuatro kilómetros sin encontrar ni el menor rastro del paso de Ole. El barro hacía más difícil caminar; llevaba los pies mojados y, a causa de la enorme tensión de sus músculos, tan pronto temblaba de frío como sudaba abundantemente. Parecía que iba a empezar a llover, el viento soplaba muy fuerte entre los árboles y la soledad del bosque era inmensa; a Eduardo le faltó muy poco para perder el coraje.

Por una extraña coincidencia nuestro joven caminante tuvo que caminar solo todo el recorrido porque los escasos transeúntes que encontró iban en la misma dirección que él y pronto le adelantaban.

En las casas apartadas que iba descubriendo al borde de la carretera no había luz, ni siquiera un perro que ladrara; ninguna señal de humo. Todo estaba triste y desierto.

Eduardo subía y bajaba cuestas sin el menor éxito. No paraba de repetirse que, a pesar de la fatiga y del hambre, tenía que llegar hasta Store-Tuft, y todavía quedaban ocho kilómetros. En estas condiciones no podía esperar estar en su casa pronto. Además a estas horas su padre ya estaría al corriente de todo y le regañaría, pegándole al mismo tiempo. El director del colegio vendría en su ayuda cuando se enterara.

El pobre chico hizo un esfuerzo para contener las lágrimas.

¡Ese molesto personaje que era Andrés Hegge, con sus ojos de pescado frito, su risa estropajosa, su falsa amabilidad y sus costumbres de espía! ¡Gracias a este animal ahora se veía él obligado a recorrer esa carretera con los pies doloridos y el corazón en un puño! Sin duda, este había sido el mal augurio que le presagiaba la tormenta que tanto miedo le causó la tarde anterior.

—«¡Pero no quiero desanimarme, ni aunque estuviera ahí el mismísimo diablo! —pensaba—. No quiero lloriquear como una chica. Además, esta no será ni la primera ni la última vez que me peguen. ¡Por eso no se muere uno!...»

El pequeño empezó a entonar una alegre canción española; cantó una estrofa tras otra, hasta que le faltó la respiración y tuvo que andar más despacio. Pero ese silencio del bosque le volvió a causar miedo y entonó otra canción, andando con mayor trabajo.

Seguía sin encontrarse con nadie, pero las huellas marcadas en el barro revelaban que hombres y niños, perros y caballos, habían caminado en su misma dirección. ¿Habría ocurrido algo anormal? ¿Tal vez un incendio o una venta pública? ¿Se habría desplomado algún peñasco de la montaña? ¿Habría naufragado algún buque?... Nada de aquello le importaba lo más mínimo.

Ya iba a cruzar una especie de península que se adentraba en el fiordo cuando reconoció claramente al borde del camino las huellas de los clavos de los tacones de Ole, las huellas de sus suelas de madera todavía marcadas en la tierra húmeda. Las señales estaban todavía frescas: Ole no debía de hallarse lejos. Este hecho volvió a infundirle valor al muchacho, que prosiguió su camino con renovado entusiasmo.

En las montañas, enfrente de Eduardo, había un bosque de sombríos pinos. Tan pronto como hubo penetrado en él le pareció que el bosque se estrechaba a su alrededor; aquí y allá piedras y matorrales le parecían bestias fantásticas que le espiaban maliciosamente. Se oía también toda clase de ruidos insólitos; un enorme pajarraco emprendió el vuelo, dejando oír un grito lúgubre.

Eduardo, para hacerse la ilusión de estar menos solo, se esmeraba por andar sobre las huellas de Ole Tuft. Aunque esto sólo le tranquilizaba relativamente, y el pobre muchacho ansiaba con todas sus fuerzas llegar al final de este bosque interminable.

Luego pasó un barranco oscuro y espantoso; por encima de su cabeza los árboles se inclinaban, desplomándose sobre el abismo. Eduardo no cesaba de caminar con los ojos muy abiertos, como un sonámbulo, sin lograr ver nada.

A lo lejos, muy alto, un pájaro emprendió el vuelo hacia la ciudad. ¡Quién fuera pájaro para salir de esta garganta diabólica y volver a la escuela en la ciudad tranquila! Todos los ruidos familiares del puerto se sucedían en sus oídos: las voces de los marineros, el chirrido de las anclas, las órdenes breves de los capitanes...

Y, precisamente al salir del barranco, vio el mar y sus barcos. Era el mar que tan bien conocía, con sus islotes diseminados. Ello quería decir que Store-Tuft, la casa de Ole, ya estaba cerca.

¿Pero por qué tantos barcos, ese barullo, ese tumulto cuyos ecos subían desde la playa? ¡Hurra! ¡Hurra! ¡Los pescadores de arenques! Eduardo llegaba justamente en el momento de retirar las redes, tan llenas a reventar. Este espectáculo le provocó tanta alegría que de repente se le quitó el hambre, el cansancio y el miedo.

Muy despacio empezó a descender del acantilado.

Abajo había mucha gente, en los caminos y en los campos, coches y trineos, caballos y perros, barriles y cajas para guardar el pescado. Los niños corrían entre la gente con grandes gritos de alegría. Sobre el agua, alrededor de los flotadores de corcho, se agolpaban las barcas llenas de pescadores que recogían las redes.

Sin embargo, el cielo se oscureció, todavía ensombrecido por la humareda de los vapores; los islotes tomaban un aspecto fúnebre a esta luz de tormenta y los vapores que habían acudido a pescar se impacientaban con la larga espera, desgarrando el aire con el estridente aullido de sus sirenas.

Había un constante ir y venir de hombres: unos iban calzados con altas botas y vestidos con ropas impermeables; otros, los campesinos, llevaban indumentaria de estambre y gorros de piel. Las mujeres limpiaban el pescado, llevaban un pañuelo anudado a la cintura y un chaquetón de hombre sobre el corpiño.

Empezó a caer la lluvia, bañando los rostros. Eduardo, vestido solamente con su trajecillo de colegial, estuvo pronto calado hasta los huesos. Pero en este momento había algo que le preocupaba más que la lluvia. Un hombre gesticulaba cerca de él; un mocetón delgado y de piel oscura, en quien reconoció a Ingebret Syvertsen, el que vendía el pescado a su padre. Ahora estaba muy ocupado, discutiendo la parte que le tocaba de la pesca con otros pescadores. Su larga estatura desaparecía parcialmente bajo el impermeable, y sus botas, aún plateadas por las escamas de los arenques, demostraban el duro trabajo que habían realizado.

—¡Buenos días, Ingebret! —gritó Eduardo.

El pescador, chorreando agua de mar, reconoció al pequeño y, a modo de respuesta, le gritó:

—¡Tu padre ha salido hoy a caballo!

Alguien habló a Ingebret en ese momento y éste no se dio cuenta de que el muchacho había salido corriendo inmediatamente hacia la carretera. Lo que acababa de oír había aterrado a Eduardo y corría con todas sus fuerzas en dirección a Store-Tuft para poner alguna distancia entre él y el castigo que preveía.

La situación era crítica: toda esta multitud de pescadores le había visto y todos sabían quién era; en cuanto que su padre pasara por allí se enteraría de su huida. ¿Para qué correr? De todas formas iba a recibir una paliza, eso era seguro; que fuera un poco antes o un poco después no tenía ninguna importancia. Después de percatarse de su situación, ante el castigo inevitable, tomó la decisión de ponerse a cantar otra vez, y entonó, en francés, *La Marsellesa,* himno muy apropiado desde todos los puntos de vista para alguien que va a ser golpeado.

Pero apenas había cantado la primera estrofa cuando le faltó el valor. La carretera, a causa de la lluvia que caía se hacía doblemente penosa. Entonces le vino a la cabeza un artículo publicado recientemente en un periódico: era la historia de una mina de carbón, en Inglaterra, que se inundó a causa de una tormenta. ¿Por qué recordó repentinamente este artículo de periódico? Porque esa tromba de agua de lluvia, contra la que luchaba en vano era la misma que sorprendió a aquellos pobres mineros. También recordó la triste historia de un caballo que había perecido miserablemente. Eduardo veía claramente a este caballo, su cabeza, sus ojos bellos y elocuentes; incluso llegaba a oír los relinchos de la pobre bestia...

Y, efectivamente, sobre la colina se distinguía un caballo, un alazán tostado; pero de los costados del animal colgaban unos escarpines de paja, los mismos que el padre de Eduardo colocaba en los estribos para defenderse del frío del invierno... El joven se detuvo, helado de espanto. El caballo, enjaezado a la española, le contemplaba extrañado con su mirada familiar; el jinete no lo estaba menos. Adelantó la cabeza, que resguardaba del frío con un gorro de lana, sobre el suelo de su cabalgadura, agarrándose al pomo de la silla. ¿Este niño calado bajo su gorra de piel, pálido, deshecho, inmóvil en medio de la carretera, semejante a un espectro, era su hijo, el travieso de su hijo, que debiera en estos momentos estar en casa, estudiando sus lecciones? ¡Y un sábado por la noche, con un tiempo de perros y vestido de una manera ridícula! ¡Sin permiso y camino de Store-Tuft!...

—¡Qué el diablo me lleve! ¿Qué haces aquí?

El caballo paró en seco. El aliento de sus ollares y el vapor oloroso de sus costados rodeaban al culpable como de una niebla. Este se quedó paralizado mirando a su padre, totalmente desconcertado, a través de la bruma. El padre saltó de la silla y, con las riendas en una mano y la fusta en la otra, se acercó a Eduardo.

—¿Eh! ¿Qué pasa? ¿Por qué estás aquí? ¡Que el diablo me lleve, contéstame!

Instintivamente, Eduardo echó a andar, seguido por su padre y protegiendo su rostro con un movimiento de temor maquinal.

—¿Dónde vas?

—A casa de Ole Tuft.

—¿Eh? ¿Qué quieres de él? ¿Es que Ole Tuft se ha vuelto a su casa?

—Sí.

—¿Y qué tienes tú que ver con ello?

—Yo..., yo..., yo..., tengo...

—¿Qué tienes tú? ¡Mal rayo me parta!

—Pedirle perdón...

—¡Pedir perdón! ¡Maldita sea! ¿Qué es lo que has hecho, entonces? ¡Vamos, contesta!

El padre alzó la fusta para golpearle y entonces el niño se apresuró a responder:

—No quiere volver a la escuela.

—¿Eh?... ¿Asunto grave?... ¿Y por tu culpa?... ¿Eh?

—Sí; por culpa mía.

—¡Por culpa tuya! ¿Pero como demonios...? —gritó el hombre, completamente fuera de sí.

—Yo había sabido...

—¿Qué?

—Que... él...

Y, envuelto en sollozos:

—Que cuidaba a los enfermos.

—¿Y lo has contado? ¿Has sido un cotilla? ¿Eh?

Eduardo no se atrevió a contestar, sólo intentaba parar con ambos brazos, como podía, los golpes de fusta que ya caían sobre él. Y, mientras lo hacía, alejarse lo más posible.

—¡No te muevas! —ordenó la voz furiosa de su padre.

El pequeño se guardó bien de obedecer y, de un salto, alcanzó el borde del camino. Kallen, fuera de sí, levantó la fusta, pero fue el caballo el que recibió el golpe, lo que hizo que se encabritara y casi hace caer a su dueño. Esta cómica escena provocó la risa de Eduardo, que sorprendido de su propia actitud, se refugió rápidamente en el bosque, donde, incapaz de contenerse, se esforzó por disimular este exceso de alegría impertinente, aparentando que lloraba.

La ira del padre aumentó todavía más; pero, dueño de sí mismo, volvió a montar y, señalando con el dedo los campos de Store-Tuft, dijo:

—¡Ahora, ven!

Obedeció, pero manteniéndose prudentemente a alguna distancia por delante del caballo. Como el animal trotaba muy de prisa Eduardo tenía que hacer grandes esfuerzos por conservar la delantera.

En el transcurso del viaje el hombre gris montado en el caballo alazán fue, de esta forma, golpeando sin piedad al pequeño, que caminaba sobre la nieve, sin consideración hacia sus pies heridos y a sus manos heladas. «¡Pobrecillo! —pensaba—. Debe de estar calado hasta los huesos, porque el gorro le escurre como la piel de un conejo...» Mientras pensaba estas cosas, el hombre gris se acomodaba en la silla, bien caliente y protegido de la lluvia con sus ropas impermeables. Cualquier persona que hubiese contemplado esta escena le hubiera sido difícil entender que a este padre inhumano no le preocupaba nada más en el mundo que este hijo, al que hacía andar ante sí a latigazos. Pero dice el refrán que «quien bien quiere, te hará sufrir», y el muchacho era muy terco. Por otra parte, Kallen tenía cierta excusa al no poder soportar las contrariedades.

La muerte de su esposa, que había sido la primera gran desgracia de su vida, fue seguida en poco tiempo por las preocupaciones que le causó este hijo indomable. Kallen había vivido hasta entonces en el extranjero con su familia, repartiendo su tiempo entre la familia, los deportes y sus más fieles amigos, los libros. Nunca, nadie le había llevado la contraria.

Su comercio, que marchaba muy bien, estaba dirigido por su suegro; ésta antes de morir atendía admirablemente su hogar. Todo le iba perfectamente, sin disgustos ni entorpecimientos, cuando sobrevino la muerte de su abnegada compañera.

Nadie podía entender y él menos que los demás —el repentino cambio que se produjo en su robusta naturaleza. Algunos creyeron que la tristeza le había hecho enloquecer. Pensaron que el clima de España no le venía bien y regresaron a Noruega.

Su encargado le animó mucho a tomar esta iniciativa, pues parecía beneficioso instalar la central del negocio en Noruega y dejar en España solamente una sucursal. Hacía un año, aproximadamente, que se encontraba de regreso.

Pero el joven Eduardo, que había conseguido exasperar por primera vez a su padre desde su vuelta, como lo había hecho varias veces durante su estancia en España. Decididamente, el carácter del bribón no lo conseguía aplacar ni el frío ni el calor.

Se quejaban de él en el colegio; incluso el farmacéutico, amigo íntimo de Kallen y propietario de la casa donde vivían estaba descontento con Eduardo; luego surgieron las protestas de los vecinos y de los pescadores de los alrededores.

Seguramente otros padres, igual que Kallen, recibieran quejas por la conducta de sus hijos; posible, incluso, que las gentes del lugar exageraran sus protestas más de lo normal; pero a Kallen hombre de espíritu rígido, no le importaba lo que los demás hicieran. Solamente sabía una cosa: que su hijo era el alumno más inteligente del colegio, según la opinión de todos sus profesores. Reconocía que tenía un corazón excelente, así como que ponía empeño y entusiasmo en el trabajo. Lo malo era que fuese tan difícil, tan amigo de jugar y de meterse siempre en problemas; audaz y cobarde al mismo tiempo, travieso incorregible e incapaz de someterse a ninguna disciplina.

Y, sin embargo, esta criatura, excitada por el miedo y por el caballo que le hacía avanzar a grandes pasos, sin perder de vista el extremo de la fusta, este niño digno de compasión, había trastornado la vida de Kallen; le había hecho sentir su impotencia frente a esta naturaleza irreductible;

todos sus esfuerzos habían fracasado, no le habían servido ni las amenazas ni las buenas maneras.

Por ello había comprendido perfectamente lo que pasaba en el alma del pequeño la noche de la tormenta. Inútilmente trató de vencer el miedo del niño. Se afanó en explicarle científicamente lo que era una tempestad, en exponerle que las leyendas sobre el fin del mundo no eran sino mentiras e insensateces; trabajo perdido; tan pronto como comenzó el huracán el pequeño había enloquecido, terminando por huir.

Y hoy se lo encontraba haciendo novillos en este camino, sin importarle la lluvia, el barro y el frío... Y, para colmo, este condenado muchacho había ofendido precisamente al alumno más simpático del colegio, a este pequeño Ole Tuft a quien Kallen tenía tanto aprecio y a quien, incluso, ayudaba con algunas monedas en la pequeña «misión» de que le hablara Josefina.

«Pero... ¡habrase visto!... ¡Si todavía sigue riendo...», pensaba el padre, sin dejar al chaval que notara que se había dado cuenta.

Lo cierto es que Eduardo se reía. Se imaginaba detrás de sí al caballo con su «el diablo me lleve» del padre sobre el lomo, fusta en la mano; el sonido del crujir de la nieve, los «sab, sab, sab, sab» de los cuatro cascos del animal, y esto le divertía. De repente sintió sobre la espalda un terrible latigazo y un insulto:

—¡Eh! ¡Granuja!

Habían llegado a Store-Tuft.

Al final de la cuesta se divisaban algunas construcciones en forma rectangular que rodeaban a la propiedad. Más allá se advertía el ruido de las aguas; los islotes que cerraban el fiordo le daban la apariencia de un apacible estanque, con montones de hielo en sus orillas. Salía humo por la chimenea de la casa principal de Store-Tuft; probablemente, la madre de Ole estaría preparando la cena... Esta idea hizo evocar a Eduardo los tiempos felices de antaño, en España, con su madre y este pensamiento le entristeció. Sus ojos se llenaron de lágrimas mientras contemplaba la casa de Tuft. Era una casa de dos pisos, hecha de madera y pintada de rojo, que daba a un jardín; las ventanas eran blancas. Kallen, siempre precedido por Eduardo, se acercó.

Entraron primero en el patio donde se encontraban la cuadra, el establo y una instalación para aprovechamiento de la leche; eran edificaciones nuevas que formaban un ángulo recto con el troje, la leñera y algunos cobertizos. En medio del patio algunas cabras mordisqueaban la hojarasca, mientras una bandada de gorriones se posaba alrededor del troje.

Las cabras se quedaron mirando a los extraños con aire de curiosidad, levantando la cabeza, alargando el cuello, irguiendo las orejas y abriendo cuanto podían sus ojillos hendidos; hasta olvidaron por un momento masticar la hierba que tenían en la boca. Solamente el macho cabrío permaneció indiferente, sin dejar de ramonear.

Kallen se apeó del caballo en el patio y gritó a Eduardo, que se había distraído mirando una escalera de mano colocada junto a la pared para reparar el tejado:

—¡Espera!

El muchacho permaneció en silencio mientras su padre ataba el caballo a la pared.

«Me resulta extraño que todo esté tan tranquilo», pensaba Kallen, y con la punta de la fusta le señaló a su hijo la dirección que tenía que tomar: una ancha escalera de piedra.

Eduardo obedeció. Se fijó, al pasar, en un trineo y en dos gatitos que revoloteaban juntos. Las ventanas estaban situadas tan bajas que a través de ellas, se podía distinguir el interior de las habitaciones e incluso más allá, hasta el jardín, puesto que la mirada atravesaba toda la casa gracias a los anchos huecos.

Así fue como Eduardo pudo ver a Ole que, envuelto en una enorme camisa blanca, se calentaba los pies junto al fuego; su madre estaba a su lado, trajinando junto a las cacerolas. Ya no pudo curiosear más a través de la ventana, porque en aquel momento entraba en el pasillo e hirió su olfato un aroma a pescado frito y a otros manjares desconocidos para él. Kallen indicó el pasillo de la derecha y señaló una puerta que Eduardo abrió con las manos heladas.

El hogar estaba a la izquierda, junto a la puerta. Ole y su madre vieron enseguida a los inesperados visitantes. La rubia y rizada cabeza de Ole apenas sobresalía por aquella camisa demasiado grande que era de su padre; la madre era corpulenta y de cara bastante delicada. Llevaba en la cabeza un gorro negro y el pelo rubio que escapaba de él contribuía a hacer su rostro más fino.

Dejó sus cacerolas inmediatamente y saludó a los recién llegados, a quienes ya conocía, de una manera seria, pero afectuosa. Su mirada, que no se detenía en Kallen ni en Eduardo, dejaba entrever que la mujer se sentía incómoda.

Las botas de Ole se secaban junto al fuego, mientras que el resto de su indumentaria, chaqueta, pantalón y medias, se balanceaban colgados de unas cuerdas que se sujetaban en el techo.

En los vasares habían tazas y otros utensilios de cocina. La habitación no estaba pintada, sino revestida de madera; bajo las ventanas había banquetas de madera pintadas de rojo; en el rincón de la izquierda, una mesa y una librería. Encima de la mesa, junto a la puerta del dormitorio, sonaba alegremente el tictac de un reloj de cuco como si la felicidad no hubiera dejado de reinar en la casa.

Eduardo contemplaba por una parte la escena de los gatitos que jugaban en el patio y por otra a Ole, que le sonreía con miedo. Después su mirada se desplazó instintivamente hacia las cacerolas. Como tenía mucho apetito, este espectáculo le resultaba especialmente agradable. En una de ellas había patatas, ya preparadas para ser comidas; en otra, un agradable guiso de pescado, y la tercera, contenía algo que no sabía qué era pero que olía muy bien.

La madre de Ole estaba perpleja. No sabía qué podían necesitar aquel hombre severo y el niño que le acompañaba. Ahora bien: cuando les rogó que se sentaran, el padre de Eduardo empezó a hablar. Sabía todo lo que había ocurrido. El culpable venía ahora para ser perdonado y recibir el castigo que se merecía. Sí; un buen castigo: era un pícaro que no temía sino a los golpes. Sería perder el tiempo mostrarse comprensivo con él.

—¡Oh! ¿De verdad?... —exclamó la buena señora, tiernamente alarmada.

Ole se había puesto tan blanco como su camisa.

—Sí, sí —repitió Kallen—. Será castigado severamente... ¡Lo primero, pide perdón... y rápido!

Ole empezó a llorar; Eduardo se contenía a duras penas. Entonces el pequeño miró inquieto a su madre, y dijo:

—Mamá...

Era evidente que deseaba que su madre interviniera para salvar a su amigo.

—¡Pide perdón! —repitió Kallen, blandiendo amenazador la fusta.

—¡Pero, mamá...! —insistió Ole.

Eduardo fue obligado a adelantarse. Ole se giró, poco acostumbrado a este tipo de escenas, y resuelto a no ver nada.

El joven Kallen daba vueltas por la habitación, seguido de cerca por su padre, cuyas espuelas retumbaban sobre el suelo. En su angustia corrió a refugiarse al lado de la buena mujer, que le tendió los brazos, mientras Ole gritaba asustado: tanta era la compasión que le inspiraba el pobre Eduardo. También él empezó a dar vueltas en torno a su madre, sin parar de gritar. Todo esto ocasionó tal alboroto que las cabras dejaron de comer y miraron por la ventana, mientras que los gorriones volaban al tejado.

Entonces tuvo lugar un acontecimiento singular los gorriones indicaron a Eduardo el camino de la huida. De un salto desesperado franqueó la puerta, que había quedado abierta, delante de las mismas narices de su padre; las cabras huyeron aterradas, en tanto que el muchacho trepaba al tejado con ayuda de la escalera de mano, que luego atrajo hacia sí.

—¡Sinvergüenza! ¡Granuja! —gritó Kallen desde la ventana.

Salió corriendo al jardín; pero Eduardo, nada más verle, abandonó la escalera y echó a correr por la armadura del tejado con tanta agilidad que parecía que lo hiciera todos los días. ¡Ah! ¡Ya no sentía el dolor de sus pies!

Pero Kallen, que temblaba por su hijo, gritó:

—¡Ten cuidado! ¡Haz el favor de tener cuidado! ¡Bájate de ahí ahora mismo! ¿Me estás oyendo, caradura?

Corría de un lado a otro del patio, con sus altas botas de montar y haciendo a su pequeño tales gestos de amenaza, que el interpelado respondió:

—¡Ni hablar de eso! ¡Vas a ver cómo salto desde aquí!

—¡Animal! ¡Pedazo de bestia! ¿Vas a terminar de una vez con ese juego?

—Sí; si me prometes que no me vas a pegar.

—¡No faltaría más! ¡Yo no prometo nada!

—¿No lo prometes?

Y el pícaro avanzaba un poco por el tejado.

—¡Sí, miserable; te lo prometo! ¡Escúchame, granuja!

—¡Bien! ¿Lo has prometido?

—¡No he prometido absolutamente nada! ¿Vas a bajar ahora mismo?

—¿No me regañarás? ¿No me harás nada? ¿Me lo prometes?

—¡Baja ya de una vez, por el amor de Dios! Puedes caerte...

—¿Está claro: ni regañar, ni pegar?

—¡Sí, sí, sí! ¡Pero quítate de ahí, por favor! ¡Ya has visto que por poco pierdes el equilibrio..., Eduardo! —suplicaba el padre.

—¿Mantendrás tu promesa?

—¡Oh! Te merecerías... (Kallen acabó su pensamiento con un significativo gesto con la fusta.) ¡Vamos, sí, está prometido! ¡Pero ten cuidado! ¡No te resbales!

—¿Me dejas pasar la noche aquí con Ole?

—No te dejo nada hasta que no te bajes.

—¡Ah! ¡Entonces!...

—Sí, está bien; pero aléjate del borde, por lo menos.

—Escucha, papá: creo que es mejor que te vayas antes de que yo baje.

—Eso, no. Primero quiero verte en el suelo.

Eduardo aceptó el trato. Volvió a colocar la escalera y el muy travieso bajó lentamente, cuando su padre se hubo alejado algo. Luego siguió conservando la distancia, aunque se le había asegurado que no tenía nada que temer, y no quiso entrar en la casa antes de que se marchara Kallen, a lo cual éste hubo de resignarse, sabiendo que el muchacho estaba completamente empapado.

Cinco minutos después los dos compañeros, sentados en el suelo y sin más ropa que una amplia camisa, estaban jugando a ponerse unas largas medias de lana como las que usan los campesinos. Se hacían caer hacía atrás, con grandes estallidos de carcajadas, olvidada ya la triste escena de momentos antes. Ole repetía todo lo que hacía Eduardo y era tanta su alegría que la buena ama de casa no pudo por menos de compartirla: tantas eran las diabluras que se le ocurrían a este Eduardo.

Sin embargo, se terminaron de poner las medias antes de sentarse a la mesa, por temor a coger frío. Una vez terminada esta operación, se sirvió la comida.

Entonces apareció el plato cuyo olor intrigaba a Eduardo, el contenido de la cacerola misteriosa. Era una papilla de leche cuajada, comida completamente nueva para el joven Kallen. La madre le había preparado una comida especial a este hijo que tan desolado regresaba. Ya tranquilo, Eduardo se frotaba las manos y miraba con ansia a la cacerola. Pero Ole, súbitamente inmóvil y solemne, juntó las manos y bajó los ojos; su madre le imitó y, puesta en pie, empezó a recitar —lentamente, muy lentamente— un interminable *benedicite* en un tono ausente, como si se dirigiera a una persona que estuviese alejada; Eduardo no entendía nada de lo que hacían. Jamás había asistido a una ceremonia parecida y los modales de esta mujer austera, toda su forma de ser, le causaban una viva sorpresa. Pasado un buen rato aún seguía impresionado y en silencio.

Tampoco Ole hablaba y ni siquiera sonreía. ¿No es el alimento un don de Dios? Había que comerlo con recogimiento.

Por tanto, la merienda se hizo en silencio con seriedad, pero no por ello con menos apetito.

Cuando estaban terminando de comer, la buena mujer les dijo que debían reservar algo de hambre para la cena, pero ambos muchachos respondieron que con lo que habían comido ya tenían bastante para todo el día. Tuvieron que acostarse juntos en la habitación de los huéspedes, preparada con este objeto; pero antes quisieron permanecer una hora junto al fuego para calentarse. La madre accedió comprendiendo que ambos amigos querían estar solos.

Pero una vez que se hubieron retirado a su habitación, ¡qué estrépito armaron! Alfombras y edredones volaban por el aire; fue una pelea tan magnífica que pronto se sintieron fatigados a causa del esfuerzo del juego y empezaron a hablar tranquilamente.

Ole le contó entonces los insultos que había recibido de sus compañeros: Eduardo juró que hablaría con unos y otros, especialmente con Andrés Hegge, si proseguía con sus burlas e impertinencias acerca del «camino de Dios». Este Hegge no era sino un cobarde y Eduardo conocía perfectamente la manera de tratarle; sería divertido.

Luego, a medida que el agotamiento se fue adueñando de ellos, su charla fue tomando un sesgo más sentimental. Ole le habló de Josefina y Eduardo le explicó su noble conducta; cuando le contó el episodio de la lancha, conducida intrépidamente por la muchacha, Ole se conmovió y declaró solemnemente que había sido una acción digna de elogio. Ambos estuvieron de acuerdo acerca de este extremo: sí, efectivamente, en Josefina había algo verdaderamente grandioso.

Pero Eduardo todavía no entendía porqué su amigo quería ser misionero. ¡Qué manía de correr aventuras, cuando había tanto que hacer en su propia comarca! Ole debería hacerse pastor y Eduardo médico. Vivirían juntos en la misma población. Sería genial. Y el joven daba rienda suelta a su pensamiento. Se reunirían frecuentemente, especialmente por las noches. Entonces tomarían el ponche y jugarían al ajedrez, como el padre de Kallen y el farmacéutico. Luego comprarían a medias un elegante coche y cada uno engancharía su caballo; harían juntos fantásticas excursiones. Tal vez podrían ir a vivir a alguna población costera y, en tal caso, dispondrían de una barca para las dos familias.

Ole pensaba, aunque Eduardo no lo dijera, que Josefina debería formar parte de aquellos planes. Entonces vinieron las explicaciones: ¡naturalmente que formaría! Ole encontró muy delicada la atención y quedó muy agradecido a su amigo... Sí; Josefina sería una excelente esposa para un pastor y tendría la casa bien arreglada.

Al final, Ole cedió en abandonar sus proyectos de lejanas misiones. Se haría pastor; Eduardo, médico, y no se separarían nunca.

Terminaron por hablar de excursiones de pesca. Ya medio soñando veían los pescadores, las redes, los arenques... Agotados por la fatiga, se quedaron dormidos.

Segunda parte

JUVENTUD

1

La primera pareja

Una alegre juventud se hallaba reunida en una casa de campo situada a unos cinco kilómetros de la población. Estaban en un jardín, cercano a la orilla del mar; los trajes veraniegos, claros y vistosos, causaban una sensación muy alegre, especialmente los que vestían las muchachas.

Los había lisos, estampados, a cuadros, a rayas... Había sombreros de fieltro, de paja y tul, bonitos gorritos, así como espléndidas cabelleras sin tocado, bajo sus sombrillas.

Un coro de armoniosas voces subía hacia el cielo, voces de muchachas y muchachos. No había director, pero daba el tono una de las jóvenes, que poseía una bonita voz de soprano. Era una bella morenita que llevaba un vestido a cuadros. Estaba sentada en el suelo y apoyada en un brazo era el centro de todas las miradas. Los jóvenes entonaban muy bien. Sobre el calmado mar se distinguía un barco blanco, recién pintado, con todas las velas desplegadas.

Esta canción, la diversidad de estos colores en movimiento, el barco blanco moviéndose en el agua, daban un toque de alegría en el fondo de este sombrío fiordo, rodeado por agobiantes montañas de un gris plomizo.

En la lejanía los montes inaccesibles mostraban un tono azulado, con manchas de nieve grisácea en las cumbres. Esta nave blanca, que brillaba sobre el negro de las aguas, parecía un par de alas afortunadas prestas a emprender el vuelo hacia otros ribazos menos tristes; era, como las canciones, una especie de queja contra la melancólica y desesperante soledad de estos lugares.

Lo que ayuda a hacer grande y noble el carácter de estas gentes nacidas en la parte occidental de Noruega es que aquí la Naturaleza obliga a las personas a rebelarse, a luchar contra el ambiente, si no quieren sucumbir.

Por esta misma razón los hombres del Oeste son los más despiertos e inteligentes de toda Escandinavia.

A los jóvenes que se habían reunido en este lugar no les afectaba en absoluto la amenaza de las frías y desnudas montañas; más bien al contrario, encontraban la Naturaleza más fuerte y fresca en estos lugares que en ninguna otra parte. Seguramente, porque allí estaban reunidos no sólo los que habían nacido en las montañas y en el mar, sino también los que habían recibido la fuerte impresión de las lejanas regiones vecinas del cielo.

Minutos antes de iniciar este alegre concierto había habido un altercado muy violento entre algunos de ellos y, precisamente para borrar toda huella de mal humor, habían decidido los adversarios ponerse a cantar. El tiempo de este día de verano estaba resultando desagradable, a pesar de que con algunas intermitencias algunos rayos de sol consiguieran atravesar el cielo grisáceo.

En medio del coro había dos jóvenes, sentados en el suelo, que parecían no preocuparse ni del sol ni de las canciones. Uno de ellos que estaba tumbado sobre el verde era un muchacho alto, llevaba un traje claro y la cabeza descubierta. Tenía el pelo cortado al rape; la frente, ancha y despejada; la nariz, aguileña, y unos ojos penetrantes que bizqueaban imperceptiblemente detrás de las gafas. Los rasgos de su cara dejaban entrever su severidad: los labios eran delgados; la barbilla, afilada; sin embargo, mirándole con detenimiento, esta severidad era más bien energía varonil; y era fácil suponer que estos ojos penetrantes también podían reír. Se veía mejor aún en estos momentos en que daba la sensación de estar de muy mal genio, a pesar del sol y de las canciones; no obstante, después de la áspera discusión de que acababa de salir vencedor, una lucecilla de alegría juvenil iluminaba el fondo de sus pupilas.

A la izquierda, al otro lado del grupo, el vencido en el torneo descansaba apoyado en un árbol. Todavía no se había recuperado de su derrota y parecía un guerrero herido, nervioso todavía después de la batalla.

Su rostro claro y abierto no era una circunstancia muy común en esta zona de Noruega.

Sin duda procedía de una población pequeña o de una comarca fértil. Sus rasgos recordaban los de *Melanchton,* si bien los ojos eran más dulces y las cejas más altas; de todas formas era tanta la semejanza que sus compañeros le habían apodado *Melanchton,* el sabio teólogo alemán.

Era Ole Tuft, estudiante del último curso de Teología. El otro, el joven de la nariz aguileña, Eduardo Kallen, estudiante de Medicina.

Hacía ya varios años que sus caminos habían tomado rumbos diferentes, sin que esto les hubiera desunido. Pero hoy había ocurrido lo inevitable.

Entre las muchachas que estaban cantando se destacaba una, alta y bien formada, que llevaba un vestido de seda estampado con florecillas, realzado por un adorno de encaje amarillo que caía desde el cuello hasta la cintura. Estaba entretenida en tejer una guirnalda con flores silvestres.

Esta muchacha era Josefina, la hermana de Eduardo Kallen, aunque mucho más morena que él: tenía la misma forma de cabeza, aunque su frente era más espaciosa, y su cara más ancha. También la nariz era más fina que la de su hermano, los labios más gordezuelos, la barbilla más redonda y los ojos más grandes; no obstante, era la misma cara con una expresión diferente. Si no fría la de la joven era, por lo menos, grave y tranquila; en una primera ojeada no se podía descubrir, lo que acontecía en el fondo de sus grandes ojos. El cuello se erguía robusto; fuertes también los hombros y muy firme el pecho. Su abundante mata de pelo estaba recogida en un moño personalísimo de extrema originalidad. Si bien su cuello estaba desnudo, el vestido y el adorno de encaje disimulaba púdicamente sus armoniosas formas; por otra parte, sus modales eran muy prudentes.

De momento toda su atención estaba concentrada en la confección de la guirnalda y saltaba a la vista que le tenían completamente sin cuidado su hermano, Ole Tuft y la discusión que éstos acababan de mantener.

El detonante de esta discusión había sido un perrazo negro que dormitaba al lado del grupo y cuyo pelo mojado brillaba a la luz del sol.

Algunos de los jóvenes habían estado jugando con el perro tirándole ramitas al mar para que fuese a recogerlas, el perro acudía una y otra vez al ser llamado por su nombre: *¡Sansón! ¡Sansón!* Inmediatamente, Eduardo Kallen había comentado a algunas parejas que estaban a su lado:

—Sansón... ¿Sabéis que Sansón significa «el dios del sol»?

—¿Ah, sí? —intervino una joven—. ¿De modo que Sansón quiere decir «el dios del sol»?

—Exactamente —corroboró Eduardo, con cierto tonillo de polémica. Estas palabras causaron cierta inquietud, pues se percibía que habían sido pronunciadas intencionadamente.

—Por otra parte —añadió—, ¿y si lo fuera realmente?

—¡Oh! Entonces..., ¡sería el dios del sol! —exclamó Ole, entre risas.

—Pues es lo que etimológicamente significa su nombre —replicó Eduardo.

—¿El nombre? ¡Valiente demostración! ¿Acaso somos osos o lobos porque nuestro nombre se componga por «oso» o «lobo»? ¿Nos convertimos en dioses si nuestro nombre es el de algún dios?

Alrededor de ambos muchachos se formó pronto un círculo de curiosos, entre los que se encontraba Josefina, y ella fue la interlocutora de ambos jóvenes en tanto duró la discusión.

—Lo malo es —prosiguió Eduardo— que la leyenda de Sansón carece en absoluto de sentido si no se admite que, efectivamente, es el dios del sol.

—¡Bien! —replicó Ole—. Parece que ahora está en boga explicar que descendemos de las divinidades del sol y que nuestra primera historia no es sino la leyenda de este astro deificado.

Y el teólogo hizo una parodia bastante aproximada de lo que llamaba la seudociencia moderna.

Tuvo éxito; hasta Josefina reía alborotadamente. Pero Eduardo se empecinó en su idea y explicó cómo los dioses escandinavos, que en realidad eran los dioses del Sol de origen indio, se transformaron en antepasados cuando Escandinavia cambió de religión. Los altares en que se celebraran sangrientos sacrificios pasaron entonces a ser sus tumbas. Lo mismo había ocurrido con los antiguos dioses del Sol de los judíos.

Todos escuchaban muy interesados, especialmente Josefina, pues notaba que su hermano la miraba y comprendía que, si atacaba a Ole, lo hacía en su honor.

Ole Tuft ignoraba por completo estas cuestiones o, por lo menos, las conocía muy por encima. Había estudiado con esmero la Teología, tal y como se enseña en la Universidad, y no había tenido tiempo para profundizar en el estudio de otras materias. Por otra parte, este hijo de campesinos creyentes estaba íntimamente unido a las raíces del cristianismo y apenas si se ocupaba del escepticismo científico.

Si Ole hubiera confesado esto lisa y llanamente lo más probable es que la polémica se hubiera zanjado al instante; pero, como Josefina estaba presente en la disputa, se dejó llevar por la pasión y calificó los resultados de la crítica moderna de invenciones sin fundamento y de pretensiones absurdas. Esto hirió en lo más vivo la vanidad de Eduardo.

Josefina inclinó la cabeza silenciosamente. Casi todos los jóvenes que presenciaban el debate, se mostraban claramente partidarios de Eduardo Kallen, ya que por aquel entonces estaba de moda el libre pensamiento y resultaba divertido burlarse un poco de las creencias tradicionales.

Un muchacho se burló de una forma agradable acerca de la creación del mundo; le secundó Eduardo, muy versado en Geología y Paleontología, y en este terreno Ole Tuft carecía de conocimientos suficientes para enfrentarse a ellos. Desesperado, puesto que era profundamente creyente, confesaba su fe con fuerza y emoción, pero no servía de nada...

—¡Pruebas! ¡Pruebas! —le gritaban.

El pobre teólogo se dio cuenta, demasiado tarde, que iba a perderlo todo por haberse empeñado en defender lo que creía con tanta fuerza. Pero, herido en el fondo del corazón, no cedía, sin embargo, y proclamaba que si las verdades imperecederas parecían ahora carentes de fundamento era por su culpa, por no haberlas sabido defender con suficiente elocuencia. Lo cual no era motivo para que las verdades de Dios siguieran siendo siempre eternas.

—¿Las verdades de Dios? —decían irónicamente.

—¡Sí, las verdades de Dios!: la Biblia entera, la creación del universo, el Paraíso perdido, la venida de Cristo, nuestro Salvador...

Ole Tuft gritó estas palabras con una voz vibrante, mientras las lágrimas acudían a sus ojos. Estaba pálido y hermoso.

La crueldad de los muchachos no es tan implacable como la de los niños, pero es de la misma naturaleza. Algunos de los oponentes de Ole tuvieron compasión de él; otros, entre los que estaba Eduardo, hubieran continuado. Entonces fue cuando Josefina llamó a la morenita de la bonita voz de soprano y ambas empezaron a cantar, luego las siguieron todos los demás.

Salvo algunas excepciones, todos estos jóvenes formaban una agrupación coral que había ensayado durante los tres últimos años con una energía y una tenacidad tales como sólo son posibles en pueblos pequeños.

Josefina se sentó en la hierba y los demás la imitaron colocándose a su alrededor; ella no cantaba, estaba demasiado ocupada con sus flores.

Habían ido hasta allí en una excursión en barco, el cual permanecía junto a la orilla con las velas desplegadas al sol. A bordo había poco espacio, así que Josefina, Eduardo y Ole se apretujaban juntos y, oyéndoles reír y susurrarse cosas unos a otros, nadie hubiera sospechado que hubiese entre ellos otra cosa que una buena y sincera amistad.

Sin embargo, Ole Tuft se encontraba, tres horas más tarde, solitario y retraído, como si hubiera sido puesto en cuarentena. ¡Cuán grande era su sufrimiento! ¡Delante de todos había sido atacada su misión y su fe y aquel que le había causado tan hondo dolor no era otro que su mejor amigo,

Eduardo Kallen, su otro yo! ¡Y Josefina no había tenido para él ni una palabra de compasión, ni una mirada!

No obstante, Ole y Josefina habían estado estrechamente unidos desde niños. Se habían escrito: Ole escribía a su amiga con toda regularidad, cada quince días, mientras duró su estancia en Cristianía; ella lo hacía cuando tenía algo que contarle y durante las vacaciones se veían todos los días porque Ole las pasaba en su casa. Durante los dos años que Josefina había estado en un internado de Francia y en España las cartas se habían multiplicado. A su vuelta, aunque había cambiado físicamente, para Ole seguía siendo la misma...

Había sido el padre de Josefina quien acudiera en ayuda de Ole para que éste prosiguiera con ardor sus estudios. Tenía que presentarse al último examen a primeros de año y todo el mundo sabía que lo pasaría con éxito. Si Ole había podido beneficiarse de las liberalidades del viejo Kallen se debía no solamente a Josefina, sino también a Eduardo. Además de a su padre le habían presentado también en casa del director del colegio y en la del farmacéutico; es decir, en todos los sitios en que les fuera posible.

Aunque Josefina hablaba poco, cuando estaban juntos, le mostraba gran simpatía y afecto. Podía ocurrir que le riñera (Ole también tenía sus defectos), pero esto formaba parte de sus costumbres. Ole le daba muy poca importancia y Josefina ninguna, puesto que, desde el primer día de intimidad, ella se había nombrado tutora del muchacho.

El aún no se había atrevido a confesarle su amor: en realidad, era inútil. Estaba tan seguro de ella como de su fe religiosa. Era campesino y, por tanto, confiaba en sí mismo. Dios le había otorgado la fe; por lo que respecta a su bienestar y a su porvenir también se encargaría Dios de solucionárselo por medio de Josefina.

A los ojos de Ole Tuft, Josefina Kallen era la más bella, sana y adorable muchacha no sólo de aquella comarca, sino de todo el país. Además, era rica..., y eso también tenía su importancia, pues Ole era ambicioso. Sus compañeros, que le conocían a fondo, además de *Melanchton;* también le llamaban «el futuro obispo».

Ole estaba tan habituado a verse respetado que lo veía como algo totalmente natural. Pero como, por encima de todo, no era más que un niño grande que ponía buena cara a todo el mundo, su ambición no ofendía a nadie.

Por esta razón, la discusión con Eduardo fue para él un derrumbamiento de sus esplendores. Aquel que nunca ha conocido la derrota se siente perdido la primera vez que pierde. Pero lo más doloroso para Ole era que Josefina no le hubiera defendido; aunque había buscado su mirada, ella volvía la cabeza y no parecía importarle nada más que sus flores.

Cuando llegó el final del día Ole se sintió abandonado por todos. Se había puesto la mesa para la cena en un ventorro cercano y todos los convidados habían ocupado su sitio, comiendo y bebiendo mientras charlaban alegremente. Ole permanecía solitario, contemplando ensimismado el fiordo.

Un joven comerciante vino a hablar con él, iniciando una conversación acerca de las rutas marítimas, que dejaban bastante que desear; una muchacha de la que había sido profesor, una pelirroja de separados dientes, le habló de los marinos. Lo cierto era que los hombres de mar estaban muy lejos de poseer la cultura que podía esperarse de personas que viajaban tanto.

La mujer del ventero le preguntó por qué no comía y el ventero bebió con él; poco a poco iba volviendo a él algo de la antigua consideración que tenía... Pero su pena era tan grande que creía ver mala intención o desprecio en los ojos de sus interlocutores; incluso la alegría ruidosa de la juventud era para él un insulto a su desmoronamiento.

Eduardo Kallen, muy alegre, estaba muy solicitado. Volvía del extranjero y esta pequeña fiesta había sido organizada en su honor.

Ole contemplaba la mesa llena de flores que había preparado Josefina, que fue muy felicitada por su buen gusto para la decoración. Josefina se había sentado, entre dos amigas, en una mesa en la que no había más que tres cubiertos.

«Indudablemente —pensaba Ole—, para impedirme que me ponga a su lado.»

La veía reír y hablar animadamente, mientras los muchachos se peleaban por cortejarla. Todo esto hería profundamente a Ole; las risas e ironías le iban debilitando; no podía tragar lo que comía; la cerveza le sabía amarga, los hombres malvados, y hasta el fiordo, las montañas, el barco y la casa, todo le parecía hostil.

Como no había nada de viento, los jóvenes decidieron regresar al pueblo caminando. Iban en pandilla, cantando alegremente. De las fincas vecinas acudieron algunos amigos, que se unieron a la alborozada comitiva, que, poco a poco, terminó por dividirse en varios grupos. Esta circunstancia permitió a Ole quedarse retrasado sin que se notara. No podía soportar ya ni la compañía de los demás ni su alegría.

Entonces todo su dolor se concentró en Josefina. Los ataques de Eduardo, la vergüenza de haber sido vencido, el ataque a su sentimiento religioso, todo ello le resultaba doblemente penoso, porque Josefina no había intentado salvarle ni con una palabra, ni con una mirada. Había empezado por alejarse de él; ahora se había marchado...

¡Era mucho ya! Esta muchacha lo representaba todo para él. Había abandonado, como si cambiara de piel, lo que antaño fuera su ideal: ¡llegar a ser misionero! Si lo había hecho había sido por ella y nada más que por ella.

Cuando era pequeño, su madre había intentado convencerle para que se fijara en otras cosas, pero Ole se decía para sus adentros que primero era obedecer a Dios y después a los hombres. Josefina, con su fuerza de voluntad y su sentido práctico, no había tenido necesidad de pronunciar una prohibición formal: él sintió que esta decisión disgustaría a la muchacha y abandonó su ideal.

Ole se repetía constantemente que era peligroso amar a alguien con la exclusividad que él quería a Josefina, pero ¡no podía evitarlo!

Mientras que estos pensamientos agitaban su alma, Ole cada vez se quedaba más atrás; de repente abandonó el camino y trepó a un bosquecillo. Una vez en él se tumbó en el suelo, esperando el regreso de los jóvenes que se habían unido a la expedición. Puso la cara sobre la hierba mojada; esta hierba que crece en la sombra carece de perfume. Ole se sentía como esta hierba: Josefina era su único sol y ahora, por tanto, permanecía en la penumbra.

Al pobre muchacho le dolía especialmente que hubiera sido Eduardo quien le apartara de Josefina. ¿Qué había hecho Eduardo por ella hasta entonces? Ole siempre la había acompañado en todo, la llevaba en barca, leía para ella; desde la infancia había sido para ella un hermano y una hermana. Y durante su separación le había escrito fielmente largas cartas. Su hermano nunca había hecho nada parecido. ¡Ah, su hermano! Mientras que Josefina fue una chiquilla y luego de jovencita Eduardo no paró de molestarla. A causa de su estatura y su delgadez, de sus cabellos enmarañados y sus manos enrojecidas, Eduardo la puso el apodo de «la patita», y en una ocasión que cojeaba por haberse hecho daño en un pie dio en llamarla «la patita coja». No la comprendía, porque era al mismo tiempo tímida y testaruda, de temperamento poco comunicativo. Josefina entendía que era «justo» poner en conocimiento de su padre cuanto Eduardo hubiera hecho de malo, y, como éste le pegaba después de chivarse, iba nuevamente a quejarse, creyendo siempre que obraba «justamente».

Ole se sintió poseído por un odio repentino contra su amiga de toda la vida. Si había sido vencido por Eduardo, parte de la culpa era de Josefina. ¿No había sido el padre de ésta quien le facilitara sus estudios de Teología? ¿No había sido también por ella por lo que se entregara tan de lleno a estos conocimientos descuidando otros más generales, hasta el punto de ignorar, o poco menos, las ciencias en que brillaba Eduardo?

A partir del día nefasto y memorable en que Kallen hallara a su hijo caminando hacia Store-Tuft, el farmacéutico sintió compasión de su viejo amigo y se encargó de educar a Eduardo como si se tratara de su propio hijo. Y lo que no había conseguido el padre lo logró admirablemente el farmacéutico. Hizo sacar al niño del colegio para que estudiara sólo aquello que le interesaba: las ciencias naturales.

Análisis de laboratorio, excursiones botánicas: esto constituía para Eduardo una felicidad sin igual. Durante dos años sólo hizo esto. Luego, después de unas clases intensivas, terminó el bachillerato e inició la carrera de Medicina.

Mientras Eduardo vivió en el pueblo casi no vio a su hermana excepto en las raras ocasiones en que ella misma venía a ver al farmacéutico, por lo que puede decirse que apenas si se trataban. Más tarde, en el buen tiempo, el farmacéutico se llevaba a Eduardo de viaje, ya que el joven tenía más facilidad que su protector para las lenguas extranjeras. Así que hubo un tiempo en que los dos hermanos no se veían ni siquiera durante las vacaciones.

Pero todo cambió cuando Eduardo volvió del extranjero, después de terminar el bachillerato. Josefina empezó a sentir una secreta admiración hacia este hermano mayor, lleno de fuego y de fuerza, moderno tanto en sus opiniones como en su forma de vestir. Sin embargo, Eduardo apenas si se ocupaba, si no era para reírse de ella, de esta insignificante muchachita que sufría tanto, pero se resignaba a todo, con tal de tener derecho a estar junto a su admirado hermano, aunque fuera en un humilde rincón.

Aunque Josefina intentaba no hacer públicos sus sentimientos, Ole se dio cuenta perfectamente de lo que pasaba, y la bondad del excelente muchacho que se manifestaba siempre que era molestada por su hermano, le hacía ganarse un buen lugar en este corazón de huérfana.

Con el paso de los años Eduardo se desarrolló mucho: su curiosidad se convirtió en necesidad de aprender y su nerviosismo en energía. También Josefina cambió, al igual que su hermano.

Hacía dos años y medio que ambos no se veían. La joven había vivido durante dos años en España y en Francia; cuando regresó, Eduardo estaba de viaje en Inglaterra con el farmacéutico. Esta muchacha que acababa de encontrar le resultaba por completo desconocida y se sintió interesado.

—No es que sea guapa —confió a Ole, con gran desconcierto de éste, la primera vez que los dos estuvieron a solas.

Como compensación, Eduardo no paraba de enaltecer la lozanía de su aspecto, así como de resaltar la diferencia que había entre ella y las demás mujeres del pueblo. Y añadía para sí: «Seguramente, cuando mi madre estaba embarazada de Josefina, tuvo que sentirse muy deslumbrada por algún español. Si no fuera por los ojos, esta marca inconfundible que señala las razas, Josefina sería una auténtica mujer española. ¡Qué efecto más extraño en un hogar noruego! Por otra parte, aunque hable poco, lo hace bien y sabe lo que se dice...»

Después de este primer análisis, Eduardo empezó a portarse como un buen hermano. Cuando su padre no estaba, Josefina residía en casa del director del colegio y no disponía libremente de todo su tiempo; pero, ambos intentaban coincidir todo lo que les era posible.

Josefina muchas veces se sentía observada por Eduardo, que deseaba, en cierto modo, descubrirla, penetrar en su interior. No perdía sus modales, pero no podía por menos de sentirse halagada por el hecho de que su hermano, hablando en público, se dirigiera a ella especialmente, sin dejar de mirarla en ningún momento.

....

Ole hundió la cara entre la hierba del bosquecillo... Recordaba esos tiempos pasados cuando Eduardo cortejaba a una joven u otra, y aunque, algún día bailara varias piezas seguidas con la misma muchacha, a su hermana apenas si le concedía un vals por puro compromiso. ¡En cambio ahora! Josefina era esa linda jovencita de la que un hombre joven puede sentirse orgulloso y Eduardo quería arrebatársela a Ole.

¿Por qué esta intromisión en sus asuntos íntimos? ¿Por qué derecho se atribuía unas ventajas que no se merecía? ¡Y qué imprudencia mostraba queriendo decidir ahora que es digno de Josefina si acababan de reanudar sus relaciones apenas unos días antes!

En primer lugar, ¿por qué Eduardo le había agredido así, blasfemando de aquello que más sagrado era para Ole, y encima delante de la gente? ¡No sólo se había burlado de él, sino también de Dios!

Cuando estaba Ole pensando estas cosas una repentina claridad iluminó las montañas al otro lado del fiordo y le pareció oír una enérgica voz que gritaba:

—¿Qué has hecho de tu Dios?

Entonces se sintió tan pequeño, tan insignificante, que creyó que la tierra le iba a engullir. Este intenso dolor que experimentaba era el corte de escalpelo que iba a separar la parte corrompida del cuerpo de pecador...

¡Sólo hay un Dios —continuó la voz— y tú has convertido a una mujer en tu ídolo!...

No era la primera vez que estas terribles palabras del Antiguo Testamento venían a obsesionar a Ole; pero cuando volvía a ver a Josefina, y ésta le sonreía, se tranquilizaba de nuevo...

Sin embargo esta vez se alivió sólo con evocar su rostro...

Incluso la había juzgado antes de haber intentado entender su actitud. Lo cierto era que Josefina no le había dejado sólo por obediencia a su hermano; de haber sido así, habría actuado de otra manera. Se había apartado de él porque había estado mediocre, digno de compasión... y tal vez también por odio a las discusiones. Al fin y al cabo, tampoco había ido a reunirse con Eduardo; bien al contrario, se había mantenido al margen en medio del jardín, y luego, durante la merienda, solamente había buscado la compañía de sus dos amigas... Ni siquiera se había unido a los jóvenes que rodeaban a su hermano cuando se inició la retirada...

¡Cómo no se había dado cuenta de estos indicios! ¡Josefina seguía siéndole fiel! ¡Sí, Dios santo! ¡Seguía siéndole fiel!

Después de estas reflexiones tan tranquilizadoras estaba otra vez contento, bajó rápidamente campo a través, saltó la cuneta y tomó el camino que conducía al pueblo. ¡Cuánto amaba a Josefina! En estos momentos la veía ante sí, su rostro resplandeciente, su bondadosa mirada maternal de los días en que él se mostraba demasiado infantil...

La tardía puesta del sol no teñía el cielo con tonos rosados. La noche estaba triste y gris, en el camino desnudo y solitario cerca de la carretera había algunos áridos campos, donde éstos finalizaban se veían algunas pequeñas casuchas diseminadas. A un lado y a otro se distinguían miserables hotelitos veraniegos y bosquecillos de árboles extraños. Pero Ole no tenía ojos para el paisaje: estaba demasiado abstraído en sus pensamientos.

—¡Toma! —exclamó de repente—. ¡Hay alguien en el camino..., alguien que va hacia el pueblo!

Ole aminoró el paso para no tener que encontrarse con aquella persona. Esto hizo que no viera al individuo que, oculto a sus ojos por la primera, caminaba a su encuentro...

—¡Cielos! —Ole había distinguido una sombra— ¿Sería posible? ¿No le engañarían sus sentidos? Pero no; ahora reconocía perfectamente el sombrero, el tipo, la forma de andar. ¡Solamente había en el mundo una persona que tuviera aquel garbo! ¡Josefina había desandado el camino para venir a buscarle! ¡Era ella, no había duda!

—Bueno —dijo la muchacha—. ¿Se puede saber dónde estabas?

Estaba un poco sonrojada, tenía el pecho palpitante, la voz entrecortada y la sombrilla que llevaba en la mano izquierda se negaba a permanecer quieta.

Ole no dijo nada. Contemplaba su rostro, su vestido, las plumas de su sombrero, su esbelta figura y aquella expresión severa que terminó por esbozar una involuntaria sonrisa. Tanta admiración y tanto mudo agradecimiento hubieran atravesado cualquier coraza.

—¡Josefina!... ¡Oh! ¡Josefina!...

Y Ole resplandecía de júbilo y admiración de la cabeza a los pies.

Entonces la joven se acercó a él, colocó su mano derecha sobre el brazo izquierdo de Ole y le empujó suavemente hacia adelante. Las mejillas del muchacho mantenían todavía las huellas de la humedad de la hierba; Josefina creyó que había llorado y murmuró en voz baja:

—¡Qué tonto eres, Ole!

Una noche estrellada de verano suele provocar melancolía, para Ole y Josefina esta noche oscura fue como esas habitaciones en semipenumbra tan agradables para los enamorados. La muchacha dejó la mano sobre el brazo de su acompañante; cuando los ojos de éste se encontraban con los de la joven leían en ellos todo el cariñoso cuidado de una madre que atiende a su hijo.

—Yo creía, ya ves... —dijo Ole, por fin—. Pensé que..., creí que...

Las lágrimas acudían a sus ojos.

—¡Eres tonto, Ole! —volvió a sonreír Josefina.

Estas fueron las únicas palabras que cambiaron acerca de lo que acababa de suceder.

Tal y como tenía agarrado la muchacha el brazo de Ole, parecía que conducía un prisionero. El joven sentía el tacto de esta mano por todo su cuerpo y, en algunos momentos, la seda de su vestido que le rozaba las piernas. Ambos caminaban al mismo paso y Ole se sentía como electrizado por la cercanía de su compañera. Estaban solos; una gran calma reinaba a su alrededor y no oían sino el ruido de sus propios pasos y el movimiento del vestido de seda.

El joven tenía mucho cuidado en no mover el brazo sobre el que reposaba la mano de Josefina, como si temiera que esta mano pudiera caer y romperse contra el suelo. Solamente una cosa faltaba para su felicidad

—la felicidad nunca es completa—, y era poder tomar esta manita, acariciarla en secreto y estrecharla contra su pecho. Pero no se atrevía.

Siguieron andando y, al levantar Ole la cabeza, observó que la luna estaba oculta por las sombras.

—No se ve la luna —dijo señalando al cielo con el dedo.

—No —corroboró Josefina, sonriendo—. Si no fuera así, habría más luz.

—Sí; mucha más.

Las voces de ambos se habían hermanado armoniosamente y se perdieron en la lejanía, como pájaros en el aire.

Era difícil encontrar otra cosa que decirse.

Y mientras Ole intentaba sacar un tema que tratar se sentía profundamente emocionado y muy orgulloso. Evocó aquel lejano día en que los colegiales se burlaran de él y se volviera a Store-Tuft por entre la nieve deshelada, tan miserable... Hoy —y esto era lo que le hacía sentirse orgulloso— volvía hacia el pueblo por otro camino ¡y con Josefina cogida de su brazo!... ¡Y eso que no! No del todo, todavía... Esto era lo que faltaba para su felicidad. ¿Se atrevería a decírselo? ¿No encontraría prematuro este deseo? Se conformó con decir:

—En estos momentos estamos los dos completamente solos.

Esperaba alcanzar su propósito con rodeos diplomáticos, pero el timbre de su voz le traicionaba. Ella no contestó y ambos siguieron silenciosos. Pero entonces fue Josefina la que tomó la iniciativa, deslizando su mano bajo el brazo de su acompañante, como lo hacen los novios. Sintió un temblor que le sacudió todo el cuerpo; en un arrebato de audacia oprimió esta pequeña presa situada a dos dedos de sus corazón, pero no se atrevió a buscar la mirada de la joven.

Continuaron su camino. Pronto empezó a dibujarse en el horizonte la silueta del pueblo. Los mástiles de las embarcaciones se vislumbraban con dificultad, como si fueran un frondoso bosque universal; las casas blancuzcas, de un gris semejante al de la lana, se agrupaban como un rebaño resguardado al abrigo de las grandes montañas. Muy a lo lejos, en la noche tranquila, un rumor vago, largo e indefinido, rompía el silencio.

—¿No tienes nada que decirme? —preguntó Josefina de repente, muy de prisa, como si temiera que le faltara la voz para terminar la frase.

Ole se sintió de repente tan seguro de sí mismo que incluso se atrevió a hablarle de la teoría de la luz.

—Eso es —replicó Josefina—. De la luz.

¿Había ironía en su voz?...

Empezó a exponer algunas teorías acerca de las vibraciones luminosas, pero sin profundizar en ellas. Apenas le hizo ella algunas preguntas, Ole fue incapaz de responder con exactitud.

—No —continuó—; permíteme, mejor, que termine de contarte la vida de Juana de Arco que comencé a narrarte ayer.

—¡Venga! —asintió la joven, riendo.

Ole se molestó; entonces, para enmendar su error, Josefina rogó, persuasiva:

—¿Es que no quieres?

Naturalmente que quería. Le narró según lo que había leído durante las vacaciones en una obra, publicada recientemente, que le dejara Kallen, toda la vida de la Doncella.

Ole sabía que tendría éxito hablando de este tema. Su musical acento del Oeste, su proverbial acento de campesino ilustrado, otorgaban al relato un tono muy antiguo, una impronta de autenticidad. Siempre que Josefina levantaba la vista se encontraba con ese ingenuo y soñador rostro de *Melanchton* y esta clara mirada que era el espejo de un alma pura.

Por fin llegaron al pueblo. El relato había interesado tanto a Josefina e iban los dos tan entusiasmados que no les importaba que alguien les viera juntos en plena calle y a hora tan tardía. Ole se limitó a bajar la voz levemente y prosiguió su narración. Pero cuando llegaron a casa de la tía de Ole donde éste debía quedarse, la historia no había llegado aún a su fin.

¿Se permitiría acompañar a la muchacha hasta casa del director del colegio, que vivía un poco más lejos? Esta cuestión de saber si «estaría bien» que Ole acompañara a Josefina ya la habían hablado otras veces. Todavía no se había presentado la oportunidad, pero la joven sabía perfectamente cuánto representaba para su amigo. Los pasos del joven cada vez se iban haciendo más vacilantes a causa de la emoción. ¿Se separarían aquí... o más lejos?

Sin embargo, cuando se encontraron en la esquina, sin saber bien por qué, Josefina retiró su brazo del de Ole; luego, en señal de despedida, le tendió la desnuda mano. Cuando se dio cuenta de su desolación, y para compensar el mal, le inundó con la luz de sus grandes ojos e, intencionadamente, le estrechó la diestra con fuerza. Luego, en un tono desconocido para el muchacho desde hacía muchos años, dijo:

—Muchas gracias por este rato tan agradable.

Estas insignificantes palabras fueron de un corazón a otro; equivalían a una promesa hecha para toda la vida. Y también en ellas había intención.

Ole permaneció en el mismo sitio, muy pálido. Josefina se quedó pensando un instante y se marchó. Después de dar algunos pasos, se giró y saludó a Ole con un movimiento de cabeza, mientras éste agitaba el sombrero.

El muchacho no había insistido y la joven le estaba muy agradecida por no haber pretendido forzar su voluntad.

Pocos minutos más tarde Josefina se encontraba en su habitación, demasiado inquieta para dormir. Por otra parte, no quería acostarse, deseaba saludar con la luminosidad de su alma la salida del sol.

Su alcoba daba al patio, al gran patio de recreo en que se encontraban los aparatos de gimnasia del colegio. Como estaba situada en la planta baja, Josefina muchas veces cuando era pequeña saltaba por la ventana en vez de salir por la puerta.

Abrió esta ventana de par en par; sintió deseos de saltar abajo como antaño, para pasear por el patio. Realmente, le hubiera gustado seguir soñando durante el resto de la noche, junto a Ole. Este no lo había comprendido así o, por lo menos, no había dicho nada y, en cierto modo, esta era la razón por la que Josefina se había despedido.

Después de pensarlo bien no se atrevió a salir. Muchos días sobre todo después de una excursión de pesca o de un banquete, se reunían algunos jóvenes en este lugar en el que transcurrieron los años de su infancia; la muchacha temía tropezarse con alguno de estos individuos, ahítos de vino.

Por consiguiente, se quitó el sombrero y se acodó en la ventana. No podía dejar de pensar en lo que acababa de suceder entre ella y Ole, en ese algo misterioso que la mantenía tan obstinadamente despierta.

Inesperadamente advirtió unos pasos que hacían rechinar la arena en el camino inmediato.

«¿Será Ole? —pensó—. ¿Sería tan tontamente sentimental como para pasearse mirando a sus ventanas? En ese caso le regañaría, pues a ella no le agradaban esas maneras románticas.»

Muy intrigada, aguzó el oído: Ole no andaba tan de prisa... ¿Quién, entonces...? Ahora ya reconocía los pasos: era su hermano.

Y, en efecto, era Eduardo. No parecía muy extrañado de ver a su hermana respirando en la ventana. Se acercó a ella y le tendió la mano, que Josefina estrechó. Bizqueaba un poco: señal inequívoca de que estaba emocionado.

—Me alegro de que estés despierta todavía —dijo—, pues te aseguro que venía dispuesto a llamar en tu ventana.

Sus ojos sostenían la mirada de Josefina y mantenía entre las suyas una mano de la joven.

—¿Hace mucho tiempo que has vuelto?

—Ahora mismo.

—Me lo imaginaba: cuando he visto que no venías con el último grupo he supuesto que te habías vuelto para buscar a Ole.

—Sí.

Eduardo calló durante un instante; luego añadió con vibrante voz:

—He hecho mal en exasperar a ese pobre chico... ¿Sois ya novios?

Hubo un momento de silencio y, después que sus ojos hubieron respondido por ella, Josefina confirmó:

—Sí...; así lo creo.

Eduardo la miraba con una expresión tierna y preocupada a la vez. Ella sentía unos enormes deseos de llorar. ¿Había actuado mal? No podía por menos de tener miedo. Pero entonces su hermano le cogió la cabeza con las dos manos y la besó en la frente.

Josefina se echó a llorar inmediatamente, rodeó con sus brazos el cuello de Eduardo y apoyó su mejilla en la de su hermano.

—Bien, bien... —dijo éste—. Desde el momento en que una cosa está hecha... Entonces, Josefina, mi pequeña Josefina, ¡que seas muy feliz!

Volvieron a abrazarse uno contra otra y luego se separaron.

—¡Me iré hoy mismo! —declaró Eduardo, volviendo a coger una de las manos de la muchacha.

—¡Hoy, Eduardo!

—Me he comportado como un imbécil. ¡Adiós, Josefina!

La joven tuvo que retirar la mano para buscar el pañuelo y enjugar las lágrimas. Sollozó:

—Iré a darte un abrazo cuando te vayas.

—No, no, por favor. No repitamos esta despedida.

Y para ocultar su dolor la besó otra vez y se marchó sin volver la cabeza.

2

La segunda pareja

Al año siguiente, en el mes de marzo, Eduardo Kallen se disponía a pasar la segunda parte de su examen de doctorado cuando tuvo lugar un suceso que cambiaría su vida.

Esto es lo que vamos a exponer aquí.

Cuando Eduardo estudiaba Fisiología el estudiante más adelantado de la clase era Tomás Rendalen, un joven unos años mayor que Eduardo.

Tomás Rendalen no era bachiller, no había hecho sus estudios como los demás. Y era una cosa bastante rara que a un estudiante que no pensaba dedicarse a la Medicina se le diera tan bien esta materia, y esto hizo que Eduardo Kallen se fijara en él. Pero Tomás Rendalen era un individuo poco comunicativo, esto provocó que las relaciones entre ambos al principio no fueran muy abundantes.

Fue un año más tarde cuando se fraguó esta amistad. El azar quiso que ambos se encontraran en el mismo barco, al regreso de las vacaciones de Navidad. La primera vez que Eduardo fue de visita a casa de Rendalen se pasó allí toda la noche; pocos días después Rendalen fue, a su vez, a ver a Eduardo; no pudieron separarse en toda la noche y se pasearon hasta las cuatro de la mañana, con la falsa excusa de acompañarse mutuamente a sus respectivos domicilios, muy próximos, por otra parte.

Eduardo afirmaba que nunca había encontrado un hombre tan «genial»; Rendalen, para no ser menos, subió una mañana a casa de Eduardo solamente para hacerle saber que, de todos los compañeros, él era su preferido.

Rendalen era de naturaleza más original y sentada que Kallen. Había en él un curioso híbrido de salvaje y de civilizado, de ardiente y de melancólico. Era muy buen músico; por otra parte, le gustaba compartir sus ideas y sentimientos con los demás, pero, había en su alma rincones obstinadamente cerrados que abría a duras penas. Dotado de una energía enorme, se encontraba impotente por completo, como si bruscamente se hubiese roto una rueda de su mecanismo intelectual. Si se pudiera comparar un alma a un paisaje diríamos que en la de Tomás Rendalen figuraba un panorama sin líneas rectas, todo en relieve, pero iluminado con brillantez.

Sus amigos consideraban que tenía un humor muy variable. Muchas veces se sentían desilusionados con él, pero eran tales su honradez y rectitud que era imposible no quererle.

Todos sus pensamientos, toda su actividad se concentraban alrededor de un solo objetivo: la escuela y la educación y, dentro de la educación, la cuestión moral. Lo principal, según él, era hacer que el adolescente pasara la etapa de la pubertad sin problemas. ¡Hay tantos que sufren en esta época una herida de la que tal vez nunca lleguen a curarse! Aquellos que logran superar esta etapa quedan intactos. Pero éstos son una excepción. Rendalen sostenía que toda educación e instrucción debían tender principalmente a un fin: crear un ser casto. No se cansaba de discutir los planes, las teorías, de afirmar la importancia de mantener una estrecha colaboración entre profesores y padres.

Su madre dirigía un conocido internado de señoritas, situado en las proximidades de un fiordo, del cual Tomás sería más tarde director, lo que le permitiría poner en práctica sus ideas. Para él lo más importante era conseguir que se estableciera una enseñanza igual para todos; pero para lograr esto habría que mover los cimientos que constituían el actual mundo de la educación. Hacer la enseñanza accesible a todos y no sólo a los mejor dotados económicamente. La escuela que su madre dirigía sería su campo de experimentación.

Poseía una colección bastante completa de material docente recogido tanto en América como en Europa, que intentaba ampliar siempre que podía. También había conseguido una biblioteca de literatura escolar.

Rendalen vivía con un estudiante de Teología, Vangen, que estaba a punto de terminar sus estudios. Las tres habitaciones que formaban su casa estaban atestadas con los libros y colecciones de Rendalen.

La fisonomía de este extraño muchacho no carecía de originalidad: su pelo, de un rubio rojizo, estaba cortado a cepillo; tenía la cara llena de pecas. Sus ojos, grises, parpadeaban bajo unas cejas tan cortas y claras que eran casi imperceptibles. Tenía la nariz chata, los labios, repulgados, las manos, anchas y cortas, pero con los dedos vibrantes de energía. No era muy ancho, aunque de buena constitución, la agilidad de sus movimientos denotaba la práctica de los deportes. Eduardo, que siempre había sentido afición hacia el ejercicio físico, se interesó aún más, dado que Rendalen no tenía rival en el arte de ganar a los demás para las causas que constituían su propia preocupación. Su ejercicio favorito por aquel entonces era andar sobre las manos; Eduardo, que ejecutaba esta habilidad con notable destreza, empezó a apreciar más a su amigo por esta razón.

Tenían muchos puntos en común. Ambos eran muy obstinados y no paraban hasta conseguir el ideal que se habían marcado; de ideas muy modernas, se sentían capaces de cambiar el mundo; se cuidaban mucho físicamente y vestían con gusto, en el caso de Rendalen incluso con afectación. Este, buen músico, tocaba el piano admirablemente y cantaba bastante bien, aunque en esto último Kallen le superaba.

Aunque mantuviera una amistad muy estrecha Rendalen nunca se entregaba a sus amigos por completo. Siempre había como una especie de barrera que a nadie, fuera quien fuese, le estaba permitido franquear. Adoraba a su entrañable amigo Vangen, pero ni siquiera a éste llegaba nunca a confiarse; un sentimiento similar le unía también con Eduardo.

Además, entre Kallen y su nuevo amigo tenían un carácter muy dispar lo que garantizaba la buena armonía de sus relaciones. El segundo tenía una personalidad más completa que Kallen, que, más flexible, se sometía de buen grado.

Cuando Rendalen se encontraba triste o enfadado se sentaba al piano y tocaba durante horas enteras, tanto si había alguien en su habitación como si estaba solo. De haber alguien podía optar entre quedarse o marcharse; a Rendalen le daba exactamente igual: tal era su costumbre de imponer su voluntad a los demás.

Era caprichoso y a veces tenía arrebatos de negra melancolía. Con una enorme capacidad de trabajo, cuando le interesaba un asunto se olvidaba de todos sus amigos. Pero si se sentía de buen humor el ambiente que le rodeaba parecía como electrizado por los destellos de su chispeante inteligencia.

Los estudios psicológicos cautivaban a los dos amigos y se reunían por las tardes para intercambiar impresiones sobre el particular. Durante los meses de enero y febrero se veían casi todas las tardes en el gimnasio, de seis a siete. Luego cenaban juntos, en casa de uno u otro, casi siempre en la de Rendalen, que tenía piano.

A principios de marzo la madre de Rendalen vino a verle y visitó también a los propietarios del piso donde su hijo tenía alquiladas sus habitaciones, una familia llegada al pueblo recientemente. El hombre, había nacido en el Norte, estaba ciego y paralítico de un lado del cuerpo; la mujer era una pianista maravillosa y muy joven aún, parecía una niña. Era la unión más extravagante que se pudiera imaginar, Rendalen hablaba de ello muy a menudo.

Mientras la madre de Rendalen estuvo en el pueblo Kallen no trató de verse con su amigo. Pensó que, cuando se separaban por la tarde, después de la sesión de gimnasia, Tomás preferiría estar con su madre a solas.

Una vez que Eduardo regresó a su casa antes que de costumbre, pues solía pasar fuera las mañanas, oyó llamar a la puerta; fue a abrir la criada, y los pasos de Rendalen resonaron en el vestíbulo. Entró como una exhalación: estaba de mal humor y habló poco. ¿El objeto de su visita? Muy sencillo: preguntar a Kallen si le importaba cambiar con él sus respectivos alojamientos. Eduardo, buen muchacho y conociendo a fondo a su compañero, intentó no mostrar su sorpresa. Se limitó a decirle que las dos pequeñas habitaciones libres que tenía serían insuficientes para Rendalen y Vangen, sin contar las colecciones, la biblioteca y el piano. ¿O era que Rendalen y Vangen no querían seguir viviendo juntos?

Rendalen le desengañó: todo podía arreglarse sin alterar para nada sus costumbres, puesto que al lado de las habitaciones de Kallen había una espaciosa sala que la dueña de la casa quería alquilar. Una magnífica habitación para tocar el piano en ella.

—¿Has hablado ya a la dueña? —preguntó Kallen.

—No, todavía no; pero lo haré enseguida —replicó Rendalen, saliendo apresuradamente.

Volvió poco después acompañado por la dueña y en pocos minutos llegaron a un acuerdo.

Ahora bien: cuando el bueno y dulce Vangen regresó a su casa después de cenar, no fue poca su sorpresa al encontrarse allí también, en bata y zapatillas, a Eduardo Kallen, quien le puso en antecedentes de cómo se había llevado a cabo el trueque de las habitaciones. Ambos rieron de buena gana. «Sin embargo, Rendalen se encontraba aquí muy a gusto», fue la única observación de Vangen.

Eduardo no entendía qué había causado esta mudanza imprevista y trató de obtener alguna información, cuando vino a encender el fuego y a servirle la cena la criada. Esta muchacha, evidentemente, tenía que saber algo. Encubría una sonrisa singular, que parecía querer decir:

Sí, sí; ya os veo venir a todos... ¡Y a ti también, amiguito!...

Y María, la maliciosa María, guiñaba los ojos, arrugaba la nariz, y como sonreía de buena gana, mostraba unos dientes demasiado juntos. Todas sus palabras tenían doble sentido, las decía como sin querer y al terminar siempre sonreía. Su voz era muy dulce. Una buena chica, a pesar de todo, de buen talle, muy fina y, a pesar de su aspecto burlón, reservada y prudente. No podía evitar tener la risa en la sangre.

Al instalarse en la casa, cuando Eduardo dijo: «Soy el señor Kallen, el que va a ocupar las habitaciones del señor Rendalen», la joven sólo dijo:

—¡Ah!

Lo dijo de tal modo que Eduardo supuso que había muchas cosas sobre este asunto que él desconocía.

Si alguna vez Eduardo pronunciara el nombre de Rendalen, la muchacha adoptaba una expresión extraña, como si supiera muchas cosas de él. Y, sin embargo, Eduardo no pudo sacar nada de ella.

La nueva casa de Eduardo estaba situada en una esquina de la calle, frente a la Universidad. Las habitaciones se encontraban en el segundo piso; para ir a su gabinete de trabajo tenía que pasar por el vestíbulo de los dueños, mientras que su alcoba tenía entrada independiente por la escalera. Kallen puso su tarjeta en la puerta de entrada, debajo de una gran placa, donde estaba grabado el nombre del dueño:

SOREN KULE.

El primer domingo, después de su mudanza, el nuevo inquilino se dirigió a las habitaciones del dueño para saludarle.

El hombre ciego y paralítico se hallaba sentado en un sillón de ruedas. El desgraciado, que apenas si tenía treinta años, estaba ya excesivamente grueso, muy pesado de movimientos y de palabra. La forma de articular «¡Adelante!», cuando Eduardo llamó a la puerta, ya era de por sí bastante sintomática.

Eduardo se presentó; el otro permaneció inmóvil y dijo con dificultad:

—¿Eh!... Estoy completamente ciego y apenas si puedo moverme.

Lo dijo con un acento propio del norte, con la misma rudeza con la que los caballos de los cerveceros de Londres pisotean el suelo.

El ancho rostro del hombre, de rasgos muy marcados, denotaban su origen. Por otra parte, Kallen tenía ya suficientes conocimientos como para poder diagnosticar, a primera vista, la causa de su enfermedad. Algunos grabados y fotografías de España que colgaban de las paredes hicieron pensar al joven médico que la enfermedad de Kule se debería a un viaje a España, ese país meridional donde ese mal se difunde con tanta liberalidad.

—Tenga la bondad de sentarse —dijo Kule, después de una pausa.

El lado de su cuerpo que aún conservaba movimiento se volvió hacia una puerta y gritó:

—¡Rañi!

Nadie contestó ni acudió a su llamada.

El silencio se hacía difícil en esta alcoba, cuyo contenido inventariaba Kallen con la mirada. Había algunos juguetes en el suelo y a veces parecían oírse voces infantiles. ¿Sería posible que, efectivamente, hubiera niños en una casa así?

—¡Rañi! —repitió el hombre, en vano.

Luego se sintió obligado a explicar:

—Probablemente, estarán en la cocina, preparando la cena.

Y otra vez el frío silencio inundó la habitación, solamente interrumpido por las campanillas de los trineos que pasaban por la calle.

Los gastados muebles eran demasiado macizos y oscuros para lucirse en una habitación pequeña y en un día de invierno noruego. Los grabados, mal colgados, dejaban ver el polvo y manchas de humedad. Únicamente los juguetes y un piano de cola parecían venir de otro mundo.

El piano, completamente nuevo, un piano para conciertos, era de una de las mejores marcas de París.

—¿Me han comentado que la señora toca muy bien, no es así? —preguntó Kallen.

Sabía que la señora de la casa había estudiado música desde niña, y añadió:

—...Tengo entendido que ha estudiado en el Conservatorio de Berlín...

—Sí —contestó el hombre.

Se escuchó un ruido de sillas en la habitación de al lado y, por decir algo, Kallen volvió a preguntar:

—Me he enterado de que voy a tener un vecino en la habitación que se encuentra junto a la mía; ¿es verdad?

—Sí.

—Un familiar suyo; ¿no es así?

—Sí; una tía.

Por tercera vez Soren Kule se volvió hacia la izquierda y llamó con voz indiferente:

—¡Rañi!

No hubo respuesta.

—Me ha parecido oír a alguien —dijo Kule, para justificar su llamada.

Eduardo se levantó, despidiéndose.

Algunos días después, Kallen contó con todo lujo de detalles a Rendalen su visita. Rendalen, que había visto a Soren Kule muy pocas veces, empezó a reírse; de repente se puso de mal humor y mandó a Kule a todos los diablos, diciendo que prefería hablar de otra cosa. Acto seguido se puso a tocar el piano.

Algunos días más tarde al volver a sus habitaciones, Eduardo se encontró en el vestíbulo con su futuro cuñado, Ole Tuft, que venía a examinarse en la Universidad. Abrazos, saludos, sorpresa; Ole estaba tan ignorante de la mudanza de Eduardo como éste de la llegada de Ole a Cristianía.

Pero cuando entraron en su habitación Ole le dijo a Eduardo algo sorprendente: el haber encontrado a su viejo amigo en esta casa era pura casualidad. Había llegado hasta allí con la intención de visitar a la tía de los Kule, a la que conocía. Eduardo le preguntó entonces si también conocía a Soren Kule.

—Únicamente por referencias de su tía; toda la familia es del Norte.

—¿Quién es este hombre exactamente?

—Un rico negociante de pescado que, al quedarse ciego y paralítico, ha tenido que abandonar su trabajo. Como la mayor parte de su familia es de Cristianía ha comprado esta casa y vive del dinero que saca alquilando habitaciones; además, tiene algún dinero ahorrado.

Eduardo preguntó después a Ole si sabía cuál era la enfermedad que había ocasionado la parálisis de Kule. Ole lo ignoraba e incluso se sorprendió cuando Eduardo se lo hizo saber. Dijo:

—¿Cómo habrá tenido valor para casarse en ese estado y dos veces, además?

—¿Dos veces?

—Exactamente; hace seis meses o un año que se ha casado por segunda vez con la hermana de su primera mujer.

—¿Entonces los hijos son del primer matrimonio?

—Así es; su esposa actual es también una niña: solamente tiene dieciocho años. ¡Se casó con diecisiete años!

—¿Y estaba ya enfermo cuando desposó a esta inocente? —preguntó Eduardo.

—No, no creo. Enfermo, sí; pero no hasta este extremo. ¡Hubiera sido increíble!

—¿Conoces a la mujer?

—No, pero su tía afirma que es un ser muy sensible y una artista prodigiosa. Incluso ha tocado en público.

—Sí, eso dicen...; pero allá arriba, en el Norte.

—Yo he oído decir que en el Norte es muy difícil conseguirlo por haber mucha afición a la música.

Luego, volviendo al matrimonio, Ole observó:

—A lo mejor la familia ha organizado esta unión por los hijos...

Kallen iba a replicar: «¡Entonces, el padre debe de ser pastor!», pero se contentó con decir únicamente:

—¡De todas formas, no puede decirse que sea exigente para escoger la mercancía!

Estuvieron hablando durante un rato sobre varios temas, evitando nombrar a Josefina. Luego Ole se fue a ver al objeto de su visita: a la tía de los Kule.

La casualidad hizo que, habiéndose quedado Kallen en casa toda una mañana, tuviera ocasión de oír tocar a la joven señora.

Preludió con una serie interminable de escalas; pero después vino un fragmento que fue ejecutado de forma tan prodigiosa que Eduardo entreabrió, admirado, la puerta que daba al vestíbulo.

¿Cómo era posible que una criatura tan joven, tan artista, tan lírica, se hubiera unido para siempre con ese montón de carne corrompida?

Hizo partícipe de su asombro a Rendalen, que no supo qué responder, pero estaba de buen humor, y habló acerca de la forma de tocar de la señora Kule: le faltaba un poco de nervio; pero, en cambio, estaba llena de melodía, con un matiz de erotismo importante.

Afirmó saber imitarla en la ejecución de una sonata rusa, y lo consiguió con bastante verosimilitud.

Kallen preguntó a Rendalen como era la joven físicamente.

—¡Horrible! —exclamó Rendalen—. Sí, que Dios me perdone; pero es el ser más feo que te puedas imaginar. La frente podría salvarla, pero se empeña en tapársela con el pelo. Se lo he dicho mil veces: «Pero ¡apártese ese pelo!»... También los ojos podrían salvarla, pero en mi vida he visto a una persona más avergonzada de tener ojos.

—¿Tan bonitos son?

—¡Ya lo creo que sí! Unos ojos que cantan en todos los tonos del mundo. La mayor parte de los ojos sólo poseen una melodía, algunos dos, pero sólo éstos pueden cantar tan sublimes acordes. Hazla tocar y, si en ese momento levanta los ojos, comprenderás lo que te digo. Normalmente siempre está mirando los pies de la mesa, algún rincón oscuro o el fuego de la estufa; algunas veces sus ojos suben por la pared, como un ratón que no pudiera descender...

Tomás Rendalen se animaba con sus propias palabras y se puso a tocar una ruidosa danza campesina noruega.

—¿Cómo una criatura tan artística puede...? ¡Bueno! No caigamos en el sentimentalismo, amigo.

Como Rendalen deseaba pasar la velada en el teatro, pidió a Kallen que le acompañara.

Pasaron ocho días y Eduardo todavía no había conseguido ver a la joven señora, aunque hizo todo lo posible por encontrársela.

Se celebró un baile de familia. El hijo de la casa era compañero de Eduardo; durante el baile le presentó a dos señoritas, y le preguntó cuál de las dos prefería, si la *noisette* o la *eglantine*. No era muy espiritual... Eduardo escogió la *eglantine*.

La *eglantine* tenía una frente de poetisa que terminaba en unas cejas perfectamente arqueadas; aparte de esto, insignificante. Era bastante alta, con el busto ligeramente echado hacia atrás, unos brazos bonitos, no demasiado gordos, pero con redondeces: una persona muy conveniente desde todos los puntos de vista.

Bailaba bien, pero a Eduardo le pareció que ella no deseaba prolongar la intimidad más allá del vals. La acompañó hasta su sitio, sin siquiera haber visto sus ojos. ¡Cuál no sería, pues, su sorpresa cuando ella misma se levantó para pedirle el siguiente baile! Sin duda, no conocía a mucha gente en este salón o los caballeros que conocía estaban ocupados. Primeramente, paseó a su alrededor una mirada temerosa, y luego, reuniendo todo su valor, se puso delante de Kallen y, atemorizada, sin levantar los ojos, le hizo la reverencia.

Aún la asustó más que Eduardo, intentando ser amable, le pidiera que se sentara a su lado, sólo respondía con monosílabos a todas las preguntas de Eduardo. Era demasiado para un hombre tan solicitado en sociedad; la dejó.

Poco después hubo de volver a escoger y, esta vez, optó por la *noisette*.

Esta elección le agradó más; era una jovencita regordeta y alegre, que intentaba graciosamente el acento del Norte con el de Bergen.

Eduardo vino a saber así que el padre de su pareja era de Bergen y que en la actualidad ejercía de pastor en el Norte. La *noisette* vivía en la ciudad, en casa de una hermana, y acudía con frecuencia a bailes, porque tenían muchas, muchas amistades... Hablaba con versatilidad, como sus paisanos. Lo malo era que pronto tendría que dejar Cristianía, puesto que a sus padres no les parecía bien que prolongara más su estancia y, además, no querían seguir solos.

Kallen hizo como que le interesaban todos aquellos problemillas y pronto fueron los mejores amigos del mundo.

La joven no cesaba de hablar; Eduardo supo, además, que había venido a Cristianía para ayudar a su hermana en la compra de vestidos, pues ella era tan práctica como inútil su hermana. Esta no sabía sino tocar el piano: era lo único que había hecho desde pequeña e incluso había estado dos años en Berlín...

Este detalle le hizo a Kallen poner más atención: se dio cuenta de que la hermana en cuestión era su primera pareja; la que le pareciera tonta, y la dueña de su casa, Rañi Kule.

Por otra parte, la *noisette* no era verdaderamente hermana de la otra, sino hermana adoptiva solamente; tenía diecisiete años y la señora Kule diecinueve...

Cuando sonó la pieza siguiente, Eduardo fue a inclinarse ante la *eglantine* para cumplir su promesa, no ocultó su asombro:

—¿De modo, señora, que es usted la dueña de la casa donde yo vivo? —dijo—. ¿Me conocía usted?... ¿Por eso me ha hecho el honor de invitarme a bailar?

Ella permanecía indecisa, como cogida en una falta. Eduardo insistió:

—¿Por qué no se ha presentado usted antes?

Ella pensó que había vuelto a actuar mal y se quedó anonadada, hasta el punto de no poder articular ni una palabra.

Entonces, impaciente y un poco irónico, la espetó:

—Habla usted con cierta dificultad, señora...

En esta impertinencia había también algo de la desconfianza que el joven doctor guardaba contra la mujer que no había temido ligar su juventud con aquel montón de carne corrompida que era Kule. La súbita palidez del triste rostro de su acompañante le impulsó a corregir su salida de tono, añadiendo:

—...Pues me consta que se expresa mucho mejor en otro lenguaje.

A continuación Eduardo pidió a la joven que se sentara y empezaron a hablar de música. Confesó haberla oído tocar y repitió las alabanzas de Rendalen. De allí la conversación derivó sobre los músicos que uno y otra habían oído; el hielo estaba roto. En este clima de confianza la señora se atrevió a pedir noticias de Rendalen. ¿Rendalen? ¡Era un caso! Y Eduardo trazó un cuadro tan acabado de las extravagancias de su compañero que tuvo la virtud de hacer reír a la señora Kule.

¡Qué bonita era cuando reía! Sus ojos entonaban los «sublimes acordes» de que hablaba su ex inquilino.

—¿Por qué se mudó el señor Rendalen? —preguntó con un acento ligeramente menos septentrional que el de su hermana. Su voz, entre el barullo del baile, resultaba débil, pero encantadora. Eduardo replicó que él desconocía los motivos y que tenía intención de pedirle a ella explicaciones de este nuevo enigma.

—Yo tampoco —contestó ella, mirándole a los ojos.

«¡Qué ojos!», pensó Eduardo.

—Tal vez haya sido por lo que escuchó de la habitación...

—¿De la habitación?

—Sí; se enteraría, probablemente, de que mi tía —o mejor dicho, la tía de mi marido— quería ocupar esa habitación.

Kallen sintió que su acompañante volvía a encontrarse violenta.

—Pero ¿ustedes no le pidieron que dejara la habitación?

—No. Claro que no.

—¿Entonces por qué iba a estar ofendido?

—Yo tampoco lo entiendo —reconoció la joven—. Se marchó sin siquiera despedirse.

Seguía hablando con timidez, pero esta timidez la favorecía como un valo a una joven belleza.

—¿Conoce a su madre? —preguntó Eduardo.

—Sí —contestó ella, con una sonrisa.

—¿Por qué se sonríe usted?

—Porque... tal vez haga mal en decírselo... Al principio me pareció un hombre...

Apenas había dejado escapar esta extraña afirmación cuando se avergonzó y quiso rectificar: había querido decir sencillamente que aquella señora parecía tan capacitada como un hombre. Pero Kallen se reía a carcajadas y ella se contagió de su buen humor.

«Decididamente, es exquisita cuando se ríe», pensaba para sus adentros y, en voz alta, añadió:

—¿Sabe usted que habla muy bien?

Rañi le miró incrédula. ¿Se burlaba de ella?

Eduardo recordó aquellas palabras que Rendalen le había dicho: «se empeña en taparse la frente con el pelo, y es lo más bonito que tiene». ¡Y esta noche la tenía despejada! ¡Vaya, vaya!...

Lo cierto era que esta mujercita resultaba adorable. ¿Cómo diablos no se habría dado cuenta desde el primer momento? ¿Y cómo no lo proclamaba todo el mundo?

Muchos de sus rasgos eran todavía infantiles, y no tenían mucha personalidad; la cintura, estrecha; el pecho, poco desarrollado. En cambio, la frente era una maravilla de arte estatuario y sus rubias cejas conformaban unos arcos de extrema pureza. Era muy difícil descubrir sus ojos; pero ¡qué ojos tan maravillosos!: de gacela asustada, de un azul grisáceo. Las mejillas, la barbilla y la boca eran suaves, de rasgos poco acusados; sin embargo, esta boca, constantemente entreabierta, parecía una atractiva muñeca. La nariz, de línea irregular, era lo menos perfecto en ella, el pelo no era muy abundante, pero de un bonito color rubio, con reflejos dorados. Su piel era blanca como el mármol, tan fresca y suave que era imposible dejar de mirarla después de haberla descubierto. Porque no se conseguía de buenas a primeras; para que apareciese era necesario el efecto combinado del colorido de las telas y de una luz discreta. Añádase a esto que Rañi no llevaba ninguna joya, ni siquiera una pulsera. La delgadez de las muñecas conducía a una mano blanca y larga, que Eduardo ardía en deseos de ver al natural.

—¿Así que —dijo— usted ama la música por encima de todo?

Rañi confesión con sencillez:

—Sí; al fin y al cabo, es lo único que conozco.

«¿Qué hacer, Dios mío, qué idear para calmar a esta criatura asustadiza?...»

«La realidad es —se reprochaba nuestro galán— que mejor haría en preocuparme por mí mismo, pues me estoy enamorando tontamente de este mirlo blanco.»

Desgraciadamente, no podía estar todo el tiempo con ella; tuvo que bailar con otras muchachas. Entre el barullo le era muy difícil distinguir a Rañi, pero tan pronto como las circunstancias se lo permitían volvía a su lado.

Rañi no ocultaba el placer que le proporcionaba su compañía y, ya completamente tranquila, alzó la vista y le sonrió dos veces con toda sinceridad.

«¡Ya he conseguido más que Rendalen!», pensó Eduardo.

Su amor, que había surgido de la desconfianza hacia aquella mujer-niña, crecía a medida que Rañi iba mostrándose más natural. Se atrevió a pedirla permiso para acompañarla; ¿acaso no tiene el inquilino ciertos derechos, cuando la dueña de la casa es bonita? La señora Kule aceptó sin dudar, puso una única condición que su pariente, el joven que había presentado a *noisette* y *eglantine,* fuera con ellos.

—¡Desde luego! —aseguró Eduardo, pensando para sí que no le costaría trabajo ceder la *noisette* a su amigo.

Fuera hacía una tranquila noche de hielo; la nieve caída suavemente: cada copo descendía sin prisa, como si quisiera escoger el lugar donde posarse. No había el menor soplo de viento.

Las dos mujeres se presentaron a la salida muy abrigadas, pero con ligeros zapatitos de baile. La reunión estaba en su punto álgido y, al abrirse la puerta, el eco de la música y de las risas se mezcló un instante con el campanilleo de los trineos que pasaban por la calle.

El amigo de Eduardo se disculpó diciendo que él era el anfitrión de esa fiesta y no podía abandonar a los invitados, pero llamó a un amigo para que nos acompañara.

Este, con la *noisette* cogida del brazo, se lanzó a todo correr al asalto de la primera cuesta que se les puso por delante. Eduardo quiso hacer lo mismo con Rañi, pero ésta se atemorizó y se colgó de su brazo suplicándole que no insistiera en aquel juego; alegó que no veía el camino ante sí.

—¿No será que lleve los ojos bajos? —preguntó Eduardo.

—No, en absoluto; ¡es que tengo mucho miedo!

—Me parece que es usted un poco miedosa...

—¿Un poco?... ¡Diga usted que mucho! —replicó Rañi, sin avergonzarse.

Era una muchacha deliciosa, aunque tal vez un poquito afectada.

Permanecieron un momento sin hablarse; la otra pareja estaban tan lejos que ya no se les veía.

—Todavía no es la una! —hizo notar Eduardo.

—Cierto, pero la pequeñina está mala, y la criada, que se ha quedado cuidándola, tiene que levantarse temprano.

El acento de esta voz del Norte evocó a Eduardo Kallen, a la orilla del mar. Dijo:

—Echo de menos la inmensidad del Océano durante el invierno; aquí los fiordos están obstruidos por el hielo... Supongo que esta nostalgia del mar nos afectará a todos aquellos que procedemos del Norte y del Oeste.

Rañi contó que, durante su estancia en Berlín, después de tocar el piano, le parecía escuchar el rumor del mar, y terminó diciendo:

—¿No es el amante más exclusivista este terrible zalamero que nos proporciona la alegría cuando estamos a su lado y la melancolía cuando desde lejos soñamos con él?...

Un trineo que marchaba a toda velocidad, seguido de otros dos rompió por un segundo el silencio provocado por el manto de la nieve, y Rañi, sobresaltada, arrastró a su acompañante hasta la cuneta. Pasó la borrasca; se oyó durante algunos instantes el sonido decreciente de las campanillas, hasta que paró por completo. La joven, repuesta del susto, contempló el constante mariposear del cielo, y susurró:

—Habría que prohibir a la gente hacer ruido cuando la nieve cae tan armoniosamente.

Se reunieron con la otra pareja y la conversación se generalizó entre la *noisette* y los dos hombres hasta la primera pendiente que encontraron, que volvieron a tirarse hacia ella a todo correr. Por fin llegaron a las calles céntricas; todavía pasaban algunos transeúntes. La fiesta había terminado.

Después de esa noche, Eduardo analizó todo lo que había pasado y se dio cuenta de que el recuerdo que tenía de Rañi iba unido al ambiente en que había conocido a la joven: le complacía figurársela como un copo de nieve, es decir, lo más blanco, fino y delicado del mundo.

Las palabras que se le escaparan a Rañi acerca del mar y de la nieve revelaban una naturaleza de artista y de poeta. Su recuerdo se diluyó en una nube de copos y, a medida que se iba difuminando en la lejanía, aumentaba el amor de Eduardo.

Sentía constantemente su presencia; se sobresaltaba cada vez que se abría una puerta en el vestíbulo; con que resonara un paso ligero en la habitación de al lado ya estaba seguro de que se trataba de ella.

En el fondo temía encontrársela; ¿no destruiría la realidad un sueño tan hermoso, tan exquisitamente etéreo?

Y, efectivamente, algo así fue lo que ocurrió.

Cinco o seis días después del baile, al salir de la Universidad, Eduardo se encontró con Rañi y su hermana, acompañadas de dos niñas pequeñas. Saludó; la *noisette* se inclinó sonriente; pero Rañi estaba tan avergonzada que olvidó devolver al joven su saludo y tomó *incontinenti* un aire completamente estúpido.

No obstante, Eduardo se acercó a las damas para agradecerles la deliciosa velada transcurrida en su compañía, y entabló una conversación intrascendente con la hermana. Rañi se había inclinado sobre las niñas, dos encantadoras chiquillas de tres y cuatro años, acicaladas como dos muñecas. Kallen propuso ir a tomar un tentempié a la pastelería y, después de un simulacro de excusa, aceptaron la propuesta.

Todo el tiempo que duró la merienda Rañi mantuvo los ojos bajos y costó un triunfo que se sentara. En su turbación no dejaba de ocuparse de las niñas, lo que tuvo como consecuencia que se pusieran inaguantables. Eduardo le ofreció vino y pasteles, pero fue su hermana la que tuvo que elegir por ella.

El rostro de Rañi estaba escondido bajo un gorro de piel que no dejaba ver ni su frente. Su cuerpo se diluía bajo unas ropas demasiado anchas (Eduardo supo más tarde que eran vestidos de la hermana fallecida, arreglados para ella).

Fue por medio de las pequeñas —adoraba a los niños— como Eduardo recuperó el contacto con Rañi. Esta, que carecía de experiencia, había escogido para la más pequeña un pastel de crema batida, con el que la pequeña se había puesto la cara perdida; Rañi se emocionó cuando Eduardo ayudó a limpiarla. La niña quería otro pastel, ¡todos los pasteles de crema que hubiera! Kallen le compró otro pastel pero esta vez tomó la precaución de atar una servilleta al cuello de la golosa; luego se la sentó en una rodilla y no dejó de vigilarla mientras comía.

¡Otro pastel más! Eduardo no tuvo nada que oponer, pero la mayorcita, que había asistido muy callada al festín de su hermana, se decidió, a su vez, a pedir un pastel. Entonces colocó a cada una en una rodilla y las hizo comer al mismo tiempo.

Durante esta complicada operación todos reían, alegres; hasta Rañi se atrevió a reírse, ¡y estaba tan encantadora cuando sonreía!

Bebieron el último vaso de moscatel y emprendieron el camino de vuelta a casa. Kallen llevaba en brazos a la pequeña. Rañi, animada por los dos dedos de vino, se sentía algo más alegre y se atrevió a decir:

—¿Verdad que Juanita es muy simpática?

Luego cogió a la niña de la mano y, de esta forma, siguieron los tres su camino.

Cuando llegaron a casa Eduardo subió su carga hasta arriba, hizo que visitaran su despacho e invitó a las pequeñas a que fueran a verle al día siguiente, que era domingo. Tan pronto como terminó de comer salió para comprar naranjas, manzanas, higos y bombones...

«...¿Verdad que Juanita es muy simpática?...»

Lo había dicho con su acento norteño y sus palabras resonaban en la mente de Eduardo como una melodía; siempre evocaba a Rañi envolviéndole con su penetrante mirada mientras tomaba la manita de la niña.

«...¿Verdad que Juanita es muy simpática?»

Enseñó también a Rendalen la música de esta frase y ambos se la cantaban por la tarde, en el gimnasio.

Pero lo que Eduardo no dijo es que Rañi se sintió intimidada cuando se cruzó con él al día siguiente, tal vez porque hacía buen tiempo; tampoco confesó a su amigo cuánto se había turbado en la pastelería al percatarse de que él la miraba...

Las niñas acudían a menudo al cuarto de Eduardo. Este les daba naranjas y bombones, les hacía reír caminando sobre las manos y saltando por encima de las sillas. Las niñas estaban locas de alegría. La criada le estropeaba el momento, porque leía claramente en sus ojos su recóndito pensamiento: «Vamos, vamos, buen hombre; toda esa simpatía es por la madre, no por las pequeñas.»

Una tarde fue lo suficientemente cobarde como para decir a la muchacha que durante algunos días no vería a las niñas. Al día siguiente se sintió horriblemente mal cuando escuchó a la mayorcita abrir la puerta del vestíbulo, alborozada, para ir a reunirse con él y quedar súbitamente desolado cuando María le negó la entrada. Eduardo llamó a la criada y le entregó un paquete de golosinas, y ordenó que las repartiera entre las niñas. Esta tomó el paquete, miró su contenido y dijo sonriente:

—Pero es demasiado, señor.

Le hubiera pegado; luego pensó:

«¡Que me espíe cuanto quiera; después de todo, me da igual! ¡A partir de mañana dejaré que vengan las pequeñas!»

Y, desde el día siguiente, él mismo fue a buscarlas a la cocina.

Una vez se encontró con la hermana de Rañi, que se disponía a salir. Ella sonrió y le confió:

—¡Figúrese, dentro de algunos días tendré que volverme a casa!

—¿De verdad, señorita? ¿Y no cree usted que podríamos reunirnos para despedirnos adecuadamente?

La joven compartió su opinión y acordaron encontrarse al día siguiente en la pastelería para repetir el programa de la primera vez; con las niñas, bien entendido. Así se hizo. Rañi estuvo más natural y las pequeñinas locas de contentas; Eduardo, más lanzado que nunca. Y, sobre todo, más perdidamente enamorado cuando se separaron, llevando el joven en brazos, como de costumbre, a Juanita.

El día que se marchó la hermana de Rañi, Eduardo fue a la estación. Estaba rodeada de multitud de amigos que habían acudido a despedirse. Las dos hermanas parecían muy afectadas por esta separación, especialmente Rañi. No paró de llorar, incluso después que saliera el tren.

Eduardo quiso entonces retirarse y dejar solos a los familiares, pero Rañi le detuvo con un «¡Oh, no se vaya!», tan persuasivo que no pudo resistirse.

Sin embargo, Rañi no tenía nada importante que decirle; sin dejar de llorar, iba andando entre Eduardo y sus familiares. Cuando estuvieron delante de la casa donde ambos vivían la joven se despidió de su familia y subió la escalera muy callada. Entonces Eduardo le preguntó si le gustaría, para distraerse, salir a dar una vuelta en coche con las niñas y él. Ella dijo que no con la cabeza.

—¿Mañana, entonces? —imploró Kallen, respetuosamente, mientras abría la puerta.

—Sí, mañana será; muchas gracias... —contestó, atravesando el umbral. Luego le tendió la mano, mientras le miraba fijamente, con sus grandes ojos empañados por las lágrimas.

Después de contemplar su desolación, el joven comprendió cuán pesada le era a Rañi su soledad. Algunas veces sabía aislarse en un mundo de ensueño, pero cuando cualquier circunstancia fortuita la trajese nuevamente a la realidad volvía a sentirse completamente sola.

Al día siguiente la hizo montar, acompañada por las pequeñas, en un espacioso trineo, que él mismo guió.

Después del paseo las acompañó hasta las habitaciones de Kule, que, con voz pastosa, le agradeció sus amabilidades para con las niñas. Kallen pidió que le enseñaran los juguetes y luego, una vez que las chiquillas se retiraron a su habitación, rogó a Rañi que tocara el piano. El paralítico fumaba en una larga pipa que normalmente se ocupaba de cargar su esposa; esta vez fue Eduardo quien se encargó de esta labor.

Entonces vio por primera vez a una criada, vieja y rechoncha, de cara avinagrada y con un acento norteño muy marcado. Hacía las veces de ayudante de cocinera y sirviente de Kule. Al parecer, Rañi disfrutaba de una gran independencia, ocupándose sólo de la música y las niñas.

Tocó la misma sonata rusa que Eduardo ya la había oído ejecutar, si bien en esta ocasión logró una mayor perfección. Aunque, el joven estaba más atento a la intérprete que a la música.

La parte superior de la cara de Rañi, los ojos y la frente, adquirían una expresión completamente nueva para Eduardo, bajo el magnetismo del arte; ahora bien: se veía que aún harían falta mucho tiempo para que la parte inferior del rostro alcanzara la misma perfección. Y casi sería una lástima, porque sus rasgos infantiles eran conmovedores.

A un lado descansaba la enorme mano de Kule; este hombre obeso, arrellanado en su sillón, evocaba la imagen de un hipopótamo con pantalones. Luego se abrió una puerta y entró en la sala otro ser pintoresco: era una anciana de pelo blanco, ancha cara redonda y que usaba gafas con el aro de concha; Eduardo pensó que esta sería la tía de Kule. Era todavía más ancha y fuerte que el enfermo. Entre tía y sobrino, Rañi parecía un frágil junco que estuviera entre dos viejos trasatlánticos. Miró con complicidad a Eduardo; su juventud compartida sentía al mismo tiempo el peso de estos dos seres enormes y monstruosos.

A partir de entonces el joven médico, más enamorado que nunca, no pensó sino en el medio de sustraer a esta flor delicada de una existencia que ni siquiera llegaba a entender. La impresión de esta visita fue tal que se resintió la preparación de su examen. Le pasaban por la cabeza los más locos proyectos: llegó a contarle todo a un primo suyo, profesor en América, para pedirle que tomara como huésped «a una joven noruega».

También abrió su corazón a Rendalen, quien al principio se irritó y se enfadó con Kallen, pero terminó por aceptar los proyectos de Eduardo.

El amor de éste se exasperaba por su misma impotencia; cada vez que se encontraba con la joven, aunque solamente fuera al cruzar la calle, se aferraba más a la idea de que tenía que salvarla, que era suya y de nadie más en el mundo. ¡Y todavía no había cruzado con ella una sola palabra de amor!

Eduardo Kallen era un ser bastante enamoradizo; incluso sin estarlo había poseído a bastantes mujeres; pero jamás había experimentado la necesidad de sacrificarse por alguna de ellas. Esta mujer tan pura, tan ingenua, con tantas bellas cualidades y tan abandonada, le hacía sentirse obligado —obligado sí, pues tal era su forma de ser— a salvarla.

Rañi se iba relajando, según podía apreciarse por múltiples detalles. Una vez, por ejemplo, Eduardo la confesó que si ya no salía por las tardes era por poder hablar con ella y que incluso entreabría la puerta con esta intención; a partir de entonces Rañi se sentaba al piano más horas de las acostumbradas.

Cuando se tropezaba en la calle con ella y las niñas, iban a la pastelería y sentía tentaciones de abrirle su corazón, pero siempre había algo que le detenía. ¿Por qué? Tal vez temía perder esa sincera amistad... Por otra parte, su deseo le impulsaba a buscar una solución rápida, aunque arriesgara el encanto de esas poéticas relaciones hasta entonces desconocidas para él.

Una vez a la semana Rañi asistía a una reunión musical en casa de aquella misma familia donde bailó por primera vez con Eduardo. El estudiante, gracias a su amistad con el hijo de la familia, consiguió ser invitado a estas reuniones, sin otro propósito que poder acompañar después a Rañi.

Era invierno, nevaba y las calles estaban resbaladizas a causa de la capa de hielo que cubría el suelo. Ella había aceptado con efusión el ofrecimiento de Kallen.

Aquella tarde ambos salieron a la calle cansados de oír demasiada música en una habitación tan pequeña. Kallen agarró su brazo.

—Afortunadamente, esta noche hay una luna espléndida —dijo.

Ella pensó que cogerían uno de los trineos que estaban parados delante de la puerta o tal vez uno de los coches que veía venir a lo lejos. Como el umbral estaba muy escurridizo caminó muy despacio por miedo a escurrirse. Pasaron por delante de los trineos, dejaron atrás el último vehículo y, al cabo de un rato, preguntó ella:

—¿Y nuestro coche?

Eduardo se echó a reír maliciosamente, puesto que su plan consistía en dar un paseo junto a ella. Rañi intentó disimular su malestar e hizo grandes esfuerzos para lograrlo, pero con tan poco éxito que al final le pidió que tomara un *fiacre.* Estaba tan asustada que Kallen lamentó su atrevimiento, en ese momento lo único que pudo hacer fue asegurarle que no proseguirían andando más allá de la próxima parada.

El camino no estaba muy escurridizo, pero sí muy empinado. Rañi se agarraba fuerte del brazo de Eduardo, miraba angustiada el suelo y, de hito en hito, dejaba escapar exclamaciones de pánico. Más adelante fue peor aún, pues la calle estaba completamente helada, hasta el punto de que Eduardo se sintió incómodo por tanta debilidad.

Andaban muy despacio, a cada paso hacían una pausa. A su alrededor sólo había jardines desnudos y extensos campos cubiertos de nieve. Estos campos tenían un aspecto muy desolado, al que contribuía la oscuridad del cielo repleto de espesas nubes, que la luna apenas si conseguía traspasar.

Eduardo estaba muy serio, pues iba con el constante temor de que su acompañante pudiera caerse. Si Rañi no hubiera sido tan sumamente miedosa hubiera resultado verdaderamente delicioso patinar a lo largo de las cuestas. Eduardo se percataba de la imprudencia que había cometido, estaba avergonzado. Todo lugar escurridizo se convertía en un peligro, y esos lugares surgían a cada dos pasos. No se miraban y las únicas palabras que intercambiaban eran: «¡Dios mío! —¡Cuidado ahí! —¡No conseguiremos llegar!...»

La salvación empezó a mostrarse, por fin, bajo la forma de altas casas que bordeaban una calle. La parada de los coches no estaba lejos. Rañi se detuvo para coger aliento y hasta, vanamente, trató de sonreír.

—¡No se si encontraremos algún *fiacre!* —dijo—. Está empezando a hacerse demasiado tarde.

Volvió a cogerse del brazo de Eduardo y continuaron caminando. Todavía no era fácil andar, porque la nieve se había endurecido; pero a partir de cierto lugar la ceniza esparcida por la calzada les permitió andar más deprisa.

—¡Gracias a Dios, ya estamos cerca! —exclamó Rañi, como si llegara del Polo Norte.

Pero apenas terminó la frase perdió el equilibrio. La capa de nieve ocultaba un traidor charquito de agua helada.

Rañi arrastró a Eduardo en su caída; éste se levantó, lanzando una maldición, y acudió en su ayuda. Ella estaba tumbada en el suelo, inmóvil y con los ojos cerrados.

El joven se sintió helado de espanto; ¿será una conmoción cerebral? Se puso de rodillas, la levantó cuidadosamente y la desabrochó el cuello del abrigo; los brazos caían inertes y su rostro tenía una palidez cadavérica.

No obstante, cuando empezó a desabrochar el abrigo, ella se estremeció ligeramente.

—¡Rañi!... susurró.

Luego, inclinándose aún más sobre ella, suplicó:

—¡Rañi, mi amor, mi cariño..., perdóname!

Ella abrió los ojos.

—¡Dímelo, dime que me perdonas!

Rañi se ruborizó e hizo un esfuerzo por abrocharse el abrigo. Eduardo estaba feliz; le había cogido la cabeza con ambas manos y la besaba, diciendo una y otra vez:

—¡Cuánto te quiero! ¡Cuánto te quiero!

Por fin comprendió que ella quería levantarse, y la ayudó a hacerlo; pero como no podía mantenerse de pie, la acompañó hasta las tapias de un jardín cercano. Luego se alejó, diciendo:

—¡Corro a buscar un coche!

Consiguió encontrar un trineo retrasado, saltó dentro y gritó al cochero:

—¡De prisa! ¡Allí, a la derecha!... Es una señora que está indispuesta... ¡Sí, allí!

Saltó abajo y corrió hacia su doliente amiga, mientras el trineo se acercaba todo lo que podía. Rañi seguía apoyada en la pared y se había echado el velo por la cara. Maquinalmente, tendió la mano para que la ayudara; pero Eduardo, temiendo que pudiera caerse de nuevo, la cogió en brazos y la levantó.

Todo fue bien. Depositó el precioso fardo sobre los almohadones, la arropó con sumo cuidado con las mantas, pagó y dio la dirección al cochero. Rañi le había rogado que la dejara ir sola y él accedió a este capricho. No le dijo adiós, ni le miró siquiera... El trineo desapareció.

Entonces Eduardo tuvo la impresión de que Rañi se separaba de él para siempre...

Nada es tan humillante para un hombre joven como darse cuenta de las estupideces que ha dicho.

Eduardo estuvo todo el resto de la noche deambulando por las calles. Al amanecer volvió a casa, con la cabeza gacha. Ni siquiera se atrevió a preguntar a la criada; pero por la tarde ella misma le dijo espontáneamente que su señora había estado enferma, que había tenido vómitos y se hallaba en cama, aunque ya se encontraba algo mejor.

Así que esta muchacha de aire impertinente lo sabía todo. Ello aumentó aún más la cólera de Eduardo.

Durante dos días no pudo ver a Rañi ni a las niñas y, aunque se quedó en su habitación para oír tocar a ella el piano, éste tampoco sonó. Supo que las pequeñas y su tía ya no pasaban por el vestíbulo, sino que utilizaban la escalera de servicio. Estaba clara cual era la intención.

Hasta entonces este amor secreto había sido para Kallen un dulce consuelo; en sus momentos de ocio se había imaginado magníficos y quiméricos proyectos. Y ahora que había querido precipitar las cosas, forzar los designios del Destino, se sentía impotente y comprendía que su vida carecía de sentido desde entonces.

Cuanto más analizaba sus actos más se despreciaba a sí mismo. Se lanzó al placer y se despreció aún más. Desde que posara sus labios sobre los de Rañi, desde que la declarara su amor repentinamente, ya no la veía con claridad, sino como a través de una nube. Ya no era la blanca paloma, la pobre artista abandonada de quien su corazón se compadecía: era la mujer que deseaba físicamente.

Pero Kallen tenía el espíritu crítico y el sentido práctico demasiado desarrollados para dejarse consumir por un sufrimiento vano y un deseo irrealizable. Resolvió, por tanto, cambiarse de domicilio poniendo como pretexto un viaje. Este era su plan para poder escapar así del pasado para siempre. Estas puertas que cerraban ante sus narices, la mirada siempre acechante de esta criada maliciosa eran cosas que le resultaban inaguantables. Y nuestro desairado enamorado comparó su caso con el de Rendalen: ¿No se había marchado también sin dar explicaciones? ¿Por qué? Probablemente, por idénticas razones. Esta idea le resultó divertida, hasta hacerle reír a carcajadas: ¡Rendalen había tenido la misma aventura!

Cuanto más pensaba en ello más verosímil le parecía la idea. Recordaba que poco antes de la mudanza Rendalen había recibido la visita de su madre; con tal motivo Rañi había estado mucho tiempo con él. Habían tocado juntos y, además, en el piano de este... Los mano a mano artísticos, a lo que parecía, se habían prolongado después de marcharse la madre... Y al pensar en estas entrevistas Eduardo se sentía humillado.

Por otra parte, no había en el mundo naturaleza más delicada y noble que Rendalen. Indudablemente, éste nunca se hubiera permitido ninguna licencia con Rañi. ¿Entonces?

¿Qué tenía esta frágil muñeca que tanto trastornaba a los hombres? Eduardo intentaba encontrar una excusa para su propia conducta, pero sólo conseguía acrecentar su deseo de poseerla.

Aquella misma tarde dijo a María, la criada, que dentro de uno o dos días se iba a marchar; no lo sabía exactamente. Pidió la cuenta, agregando que, naturalmente, pagaría todo el plazo. La muchacha le miró de reojo como si conociera el verdadero motivo de esta precipitada mudanza. ¿Se estaría burlando o su sonrisa significaría que tenía alguna confidencia que hacerle?

Ella se limitó a preguntar, muy servicial, si el señor Kallen deseaba pagarla más tarde. Recibió una contestación negativa.

Al día siguiente Eduardo no se trasladó; lo dejaría para el otro. Había optado por una solución intermedia: viajar durante uno o dos días, después de haber embalado sus cosas.

Por consiguiente, salió por la tarde y alquiló dos habitaciones en el otro extremo de la población. Una vez hecho esto empezó a buscar en su cabeza una razón que justificara su mudanza ante los ojos de sus amigos, especialmente de Rendalen. Después de pensarlo mucho, decidió contar a éste toda la verdad; en cuanto a los demás les diría algo que no era del todo falso: la falta de tranquilidad a que estaba siempre expuesto en casa de los Kule.

Volvió a sus habitaciones hacia las cinco; entró primero en la alcoba para ponerse las zapatillas y la bata y luego volvió al despacho, se tumbó en el sofá y se durmió profundamente. Estaba tan dormido que ni siquiera oyó a la criada cuando entró a las siete para encender la chimenea.

Un poco más tarde, cuando se despertó, entraba un rayo de luz por la cerradura de la habitación contigua y se oía un murmullo de voces. Acto seguido Eduardo pensó en Rañi, a la que percibía muy cerca. Deseaba con toda su alma que la joven, advertida de su próxima marcha, comenzara a tocar el piano en señal de identidad de pensamiento, puesto que, según creía, en el fondo estaría apenada. Aguzó el oído. Nada.

¿Sería bueno pasar al salón para despedirse y así poder verla por última vez? ¿Convendría avivar el fuego? ¿O sería mejor irse sin más?

De repente escuchó como se abría una de las puertas que daba al vestíbulo y le llegó el murmullo de varias voces; se distinguían dos de mujer, notables por su fuerte acento norteño. Eduardo dedujo que los Kule habían recibido la visita de algunos familiares. Acompañaron a las invitadas hasta la puerta y Kallen distinguió la voz monótona e instructiva de la tía, mezclada con la de un hombre, quizá la de Ole Tuft. Pero esta última se apagó enseguida. Sin duda Ole Tuft había entrado con la tía en la habitación de ésta. Luego llamaron, se abrió una puerta y las niñas entraron gritando alegremente. Querían hacer una visita a su amigo Eduardo. Pero alguien las sorprendió y volvieron a entrar riendo en la cocina.

Entonces una de las invitadas, que había olvidado el paraguas, vino a buscarlo, dando las gracias. Kallen reconoció perfectamente la voz de Rañi, que decía:

—Adiós, señora. Hasta el próximo viernes.

Pero la voz de Rañi no tenía su timbre normal; era una voz singularmente emocionada.

Eduardo se levantó y se colocó al lado de la puerta; sabía que Rañi no había vuelto aún a sus habitaciones y que si en este momento abriera la puerta se encontraría cara a cara con ella. El corazón le latía fuertemente mientras oprimía el pomo de la puerta con infinitas precauciones para no ser escuchado. El vestíbulo estaba a oscuras y aún más para sus ojos que todavía no se habían acostumbrado a tanta oscuridad después de haber estado mirando fijamente el fuego que ardía en la chimenea.

Caminó sin hacer ruido, hasta llegar sin obstáculos hasta la puerta de entrada, que reconoció al tacto de la cerradura; siguió avanzando sin encontrar a nadie. Sin embargo, *ella* no había salido, eso era indudable; tampoco había entrado en su habitación; luego tenía que estar allí cerca.

Su corazón latía apresuradamente; tocó unos vestidos y se estremeció, pero eran solamente unas prendas colgadas en la percha.

Eduardo oyó a Kule carraspear en el salón, las risotadas de las niñas en la cocina; se detuvo en seco, sorprendiéndose él mismo de encontrarse allí y en aquella actitud de merodeador. Las largas y abundantes preguntas de la tía llegaban a sus oídos mezcladas con las claras y lúcidas respuestas de Ole, por lo menos en cuanto al tono, si no al sentido... Pero ¿y Rañi? ¿Estaría Rañi oculta en algún inaccesible rincón de esta habitación desconcertante? ¿Habría escuchado sus pasos, y habría huido?... Iba a tientas, palpando unas veces un abrigo, otras una pared, otras un cristal de la escalera, que se distinguía confusamente.

Llegó hasta la puerta de la cocina, desde donde oía a la criada fregar los platos y el alborozo de las chiquillas; al extender la mano tropezó con un brazo rollizo y cálido...

Eduardo se sobresaltó y se quedó completamente helado... sus ojos brillaban en la oscuridad. Sin embargo, el brazo no se retiraba, lo que le hizo recobrar el valor; y rodeó con su brazo un talle cálido y delicado: Rañi...

Permanecía sin hacer ningún movimiento, sacudida solamente por un espasmo nervioso; él estrechó más el brazo y con la otra mano tomó sus dedos ávidamente. Luego la llevó consigo, sin que ella se resistiese, ni aceptase.

Kallen oía sus propios pasos, pero no los de Rañi. Todo estaba en silencio, no se escuchaba ningún ruido que procediera ni del salón, donde estaba Kule, ni de la habitación de la tía.

Se detuvieron delante de la puerta de Eduardo, de la que escapaba vagamente el resplandor de la lumbre. Este abrió la puerta de par en par y quiso hacer entrar a Rañi; esta se resistió y quiso soltar su mano; Eduardo sintió su respiración jadeante y adivinó su rostro descompuesto. Sin embargo, no cedió; la hizo pasar y después cerró la puerta.

La joven se quedó de pie, con el rostro oculto entre las manos y llorando. Eduardo trató de calmarla abrazándola; pero entonces ella echó a llorar con la desesperación de aquellos que han sufrido a solas durante mucho tiempo.

Tratando de dominarse, Kallen acompañó a Rañi hasta el sofá y la sentó en él con sumas precauciones como si se tratara de una enferma; luego echó los visillos y encendió la lámpara.

¡Cuántas veces no se habría burlado el gallardo Eduardo Kallen de los amantes románticos, de los héroes de opereta que caían de rodillas ante la mujer amada! Y, sin embargo, ahora él mismo apartaba la mesa para arrodillarse ante esta criatura abrumada. Intentó sin éxito acercar su boca al rostro de Rañi, pero ella lo tenía obstinadamente oculto con el pañuelo. Los sollozos sacudían todo su cuerpo; él le suplicó que le perdonara: si la otra noche había confesado su amor lo hizo contra su propia voluntad... Y, sin embargo, ¡la amaba tanto! Estaban hechos el uno para el otro...

—¡No llores más! —imploró—. ¡Me rompes el corazón!

Se sentó a su lado, le cogió las manos y, apoyando contra su robusto pecho la frágil cabecita de Rañi, comenzó a secar sus lágrimas con los labios. Ella seguía llorando... Le ofreció vino y lo rechazó; entonces preguntó Eduardo:

—¿Está motivada tu desesperación porque te haya traído aquí? No me juzgues mal, pero no he podido evitarlo... ¿O tú preferías que me marchara sin despedirme, sin ninguna esperanza de volver a verte?

Ella hizo un gesto negativo con la cabeza y, echándose de bruces sobre la mesa, redobló sus sollozos. Kallen dejó pasar algún tiempo y luego, acercándose a ella, murmuró en tono de súplica:

—¡Mándame! Haré lo que tú desees.

Entonces ella, sin dejar de llorar, se abalanzó a su cuello, envolviéndole en un apasionado abrazo, y en aquel instante comprendió el joven médico cuán noble y fuerte era el amor que les unía.

Alguien se acercaba. Al instante se abrió la puerta y entró María, que traía la cena.

Eduardo se percató enseguida y se levantó precipitadamente, para adoptar una actitud más discreta; Rañi no se conmovió en absoluto y dejó descansar sobre la mesa su atormentada cabeza.

La criada dejó silenciosamente la bandeja que traía en la mano; estaba un poco sofocada, pero se esforzaba por conservar la misma expresión de siempre. No miró a Eduardo ni a su señora, aunque su sonrisita lo decía todo: «Esto era lo que yo me estaba esperando desde hacía mucho tiempo»... Dejó la cena sobre la mesa y salió de puntillas. Volvió a cerrar la puerta, con las mismas precauciones que Eduardo.

—¡Dios mío! —exclamó éste—. ¡Qué desagradable contratiempo!

Rañi no dijo nada. ¡Nada le importaba aquel incidente! Su pena estaba por encima de todas las cosas de la tierra. Cuando él volvió a abrazarla, ella pronunció las primeras palabras, desde que entrara en la habitación.

—¡Dios mío, qué desgraciada soy!

Eduardo no supo que responder y se limitó a acariciarle las manos con dulzura. Cuando Rañi se levantó, por fin, para irse, él no hizo nada para evitarlo y la acompañó hasta la puerta. Pero una vez que estaban en el umbral de la puerta la joven se volvió repentinamente hacia el enamorado y se abandonó en sus brazos como lo hubiera hecho una moribunda al dar su último adiós. Acto seguido Eduardo apagó la lámpara y Rañi salió.

Mientras cerraba la puerta del cuarto de Kallen, la tía abría la suya de par en par. Para angustia de Rañi se apareció sobre este fondo de claridad inopinada como si fuera una monstruosa ballena.

La vieja señora había oído llorar a su sobrina en el despacho de Kallen, lo que le permitió explicarse su extraño comportamiento de los últimas días. Se había puesto al acecho delante de la puerta y tan pronto como apareció la culpable hizo un gesto autoritario, que parecía decir: «¡Entra aquí y no te rebeles!»

Rañi obedeció.

La tía no estaba sola en su habitación. En el sofá estaba sentado un joven rubio y corpulento, de dulce semblante: era Ole Tuft.

El había sido el primero que había escuchado el llanto detrás de la puerta...

Rañi se dejó caer en una silla entre sus dos jueces...

Al día siguiente de esta escena Rañi no se levantó. Cuando Eduardo se disponía a salir recibió una nota de ella en el que le revelaba todo: Ole

Tuft había espiado su diálogo. Y al final con letra casi ilegible, había escrito:

«Nunca más.»

Siguiendo el curso de los pensamientos que culminaran en estas palabras insignificantes «nunca más», Eduardo se sintió tan conmovido que los ojos se le llenaron de lágrimas, al mismo tiempo que el corazón le impulsaba a luchar.

Tenía que hacer algo. La vieja y Ole Tuft habían hecho hablar a Rañi... ¡Y decir que él no había sospechado nada! ¡Pobre, pobre Rañi!

Sacudían su cabeza los más encontrados sentimientos: de un lado una compasión inmensa, una cólera ilimitada, deseos de venganza; del otro, un miedo infantil, la conciencia de su impotencia y, por encima de todo ello, un amor sin límites. Se vistió rápidamente y salió.

¿A dónde ir? En primer lugar, a ver a Ole Tuft, el beato hipócrita que se inmiscuía en los asuntos de los demás. ¡Espía y delator! ¿Qué pretendía él con todo esto? Al parecer, en esto consistía el «camino de Dios»... ¡Sí que era digno: mirar por el ojo de las cerraduras y escuchar detrás de las puertas!

Gracias a su «camino de Dios», este mojigato le había arrebatado ya una hermana bella y arrogante. ¿Aspiraría ahora a quitarle también su amor? Además, si tenía algo que decirle, ¿por qué no se había dirigido a él directamente? ¿Por qué mezclar a la tía en toda esta cuestión?

Ante esta idea Eduardo sintió un ardiente deseo de precipitarse sobre Ole, de golpearle y hasta de matarle como a una alimaña. Y ya se volvía para subir a la habitación del aprendiz de pastor cuando tuvo la súbita visión de los grandes ojos de Josefina... Unos ojos que le miraban fijamente... Eduardo recordó el último adiós de su hermana y sintió nuevamente aquella ardiente mejilla que se apretaba contra la suya...

Mientras evocaba todos aquellos acontecimientos, Kallen se había ido caminando inconscientemente a su antiguo alojamiento. Pensó ir a ver a Rendalen y confesárselo todo: sería un verdadero consuelo soltar todo aquello que le ardía por dentro... Pero cuando ya estaba junto a la casa alguien salió de ella, y ¿quién era? ¡Ole Tuft, el traidor, en persona!

Toda su sangre afluyó a la cabeza del muchacho; pero Ole, que no había visto a su cuñado, tomó otra dirección.

En realidad Kallen sabía cuales habían sido los motivos que le habían impulsado a actuar así. Desde su punto de vista se trataba antes que nada de dos almas que salvar y, en este aspecto, tomaba tan en serio su misión que le hacía perder el sueño y era incapaz de pensar en otra cosa. Seguramente, se le había ocurrido ir primero a hablar con Eduardo, pero al darse cuenta de que su intervención resultaría peligrosa y completamente inútil, decidió ir primero a ver a Rendalen.

Eduardo desconocía todo esto cuando llamó a la puerta de Rendalen. Este vino a abrir en persona; estaba completamente vestido y preparado para salir a la calle, llevaba puestos hasta el abrigo y el sombrero, tan atildado como siempre. Apenas reconoció a Kallen levantó la cabeza y gritó irritado:

—¡Hombre, ya estás aquí!

Eduardo sorprendido ante tan extraño recibimiento, entró; Rendalen prosiguió:

—¡Precisamente iba ahora a buscarte!

Estaba muy pálido, con la boca contraída, y de sus ojillos grises saltaban chispas, sus manos se cerraban crispadas y erizado su pelo rojo le daba un aspecto tan agresivo que inquietó a Eduardo. Preguntó:

—¿Qué diablos pasa?

El otro, intentando reprimir su rabia, contestó en voz baja:

—Ole Tuft ha venido a verme... ¿Comprendes? Sí; ya veo que te has puesto pálido.

Y abalanzándose sobre él le gritó en pleno rostro:

—¡Miserable; ella era el ser más puro de la tierra!

—¿Quieres escucharme de una vez? —repuso Eduardo, fríamente.

Pero Rendalen, fuera de sí, no se oía sino a sí mismo.

—¿Crees que soy un hombre sin sentimientos! ¿Qué no me enamoré de ella? ¿Comprendes ahora por qué huí de aquella casa? ¿Es que crees que yo atraigo a las mujeres menos que tú? ¡Eres un canalla innoble!

Temblaba con tal cólera que Kallen trató de amortiguar tanta tensión burlándose.

—¡Bueno, bueno; no te pongas celoso! —bromeó.

Ante estas palabras Rendalen empezó por enrojecer violentamente; luego, se quedó pálido, muy pálido. Intentó en vano decir algo y, como la lengua no le obedeciera, se acercó mucho a Kallen y le miró fijamente a los ojos. Por último, consiguió balbucear:

—¡Siento.... verdaderas ganas... de pegarte!

—¡Pues hazlo! —respondió Eduardo, poniéndose a la defensiva.

Apenas si había lanzado su desafío cuando la mano de Rendalen se alzó en el aire; Kallen la esquivó hábilmente y se echó a reír. Rendalen, ciego de ira, trató nuevamente de golpear, pero Eduardo consiguió apartarse otra vez y gritó:

—¡Te aseguro que estás completamente loco!

Si alguien se hubiera arrojado por detrás sobre Rendalen para paralizar su impulso no lo hubiera conseguido de una forma tan repentina. Se quedó muy pálido, con la mirada como ida; luego, haciendo un tremendo esfuerzo de voluntad, se dirigió lentamente hacia la ventana.

Respiraba con tanta dificultad que Eduardo temió sufriera un ataque de apoplejía; sin embargo, no se movió: estaba todavía demasiado cercano aquel acceso de furor para que diera el primer paso. No entendía su actitud: momentos antes parecía un toro furioso; ahora, un corderillo sin fuerzas.

No se oía ni un ruido, sólo el ronco resoplido de Rendalen. Entonces Eduardo se fijó en la expresión desencajada, tan ingenuamente desesperada, de su amigo; se sintió conmovido y, movido por su amistad, se acercó a la ventana y dijo:

—¡No te lleves ese disgusto, hombre! La cosa no es tan grave como tú crees...

Rendalen no contestó y continuó mirando por la ventana. Tal vez no hubiera oído o tomaba estas palabras como una broma cruel. Pero Kallen sonreía, y su sonrisa, clara y leal, no podía engañar. Rendalen le sintió detrás de sí y se giró, Eduardo aprovechó ese momento para declarar apresuradamente:

—Te juro, amigo mío, que no le he hecho nada; óyelo bien: ¡eso, no!...

Rendalen no comprendió al principio y Eduardo hubo de insistir: «¡Eso, no!»... Entonces los dos amigos se abrazaron.

Estaban tan emocionados que ambos confesaron sus sentimientos. Así fue como Rendalen supo que entre Eduardo y Rañi había nacido un amor mutuo y sincero. Esto le impresionó profundamente y no trató de ocultarlo; Kallen le preguntó:

—Entonces, ¿es que tú también?

Rendalen cambió de color, sintiéndose otra vez incómodo y Eduardo se arrepintió de haber formulado esta inadecuada pregunta. Hubo una pausa; Rendalen tenía los ojos fijos en el suelo hasta que, finalmente, dijo:

—Yo no tengo derecho a amar a una mujer; por eso me fui de allí.

Kallen se sentía turbado, no entendía lo que quería decir. Contemplaba asombrado a su amigo, que pasaba maquinalmente las páginas de un libro sin prestarle ningún interés.

—En mi familia —prosiguió— existe una enfermedad hereditaria: la locura..., una locura que se transmite de padres a hijos, muy corriente... Mi padre murió loco y, yo presento todos los síntomas, ya conoces lo excesivamente nervioso que es mi temperamento..., que algunas veces pierdo los estribos. Me parezco a mi padre. Esa es la causa por la que me ha dolido tanto que antes me llamaras loco. Mi madre me ha hablado muy a menudo de esta terrible herencia... No tengo derecho a dejarme llevar por mis instintos, no me está permitido amar. Cuando la lucha me resulta muy costosa recurro a la música... Pero también sucede con frecuencia que la música me traicione... Ya me comprendes; ¡desgraciadamente, no es la primera vez!

Tiró el libro y cogió otro, que hojeó de la misma forma. Kallen, muy impresionado, le dijo entonces, sonriendo:

—¿Y por eso me habías escogido como sustituto?

—¡Un cuerno! Te creía mejor persona...

Kallen se pasó toda la tarde escribiendo una larga carta a su fraternal amigo el farmacéutico para pedirle ayuda. Mas, a pesar de sus esfuerzos, no le resultaba fácil explicar el cariño que le unía a este solterón empedernido, a este sabio original. ¿Cómo describirle los sufrimientos de Rañi, para quien imploraba su ayuda? Eduardo terminó por romper la carta y decidió dirigirse abiertamente a su padre. Este ya no ayudaba a Ole Tuft; tal vez pudiera proteger a otra persona. Era muy especial, ciertamente; pero tenía buen corazón y odiaba la injusticia. Y Eduardo no conocía nada más injusto que el destino de Rañi; su padre no dejaría de compartir su opinión.

Por consiguiente, le relató con todo detalle su enamoramiento. A cambio de su ayuda y protección, le prometía convertirse en otro hombre: acabaría provechosamente sus estudios, poniendo todo su empeño en conseguirlo. Y si (lo que tal vez pudiera redundar en beneficio de ambos) no podían casarse hasta pasados algunos años, Rañi y él se esperarían con fidelidad; Eduardo se comprometía formalmente a hacerlo. Terminaba expresando su esperanza de que su padre tendría confianza en él y ayudaría a Rañi.

Eduardo no se había equivocado. Tres días después recibió un telegrama en el que su padre le ofrecía su apoyo; le siguió una carta que le gustó aún más. Una vez en posesión de la preciada carta y después de pedir consejo a Rendalen, Kallen decidió solicitar al primo que tenía en América alojamiento para Rañi. Así que, escribió a Madison rogándole que le diera una respuesta por cable.

Luego, gracias a María, la criada, muy próxima a su señora, obtuvo la primera cita, una corta entrevista con Rañi en la calle, fuera del pueblo y en compañía de la criada.

Eduardo expuso a su amiga el resultado de sus gestiones con su padre y sus planes de alojarla con su primo Madison. Rañi se sintió tan asustada en un principio que el enamorado no se atrevió a insistir: ella no quería abandonar a las niñas de ninguna manera.

Después de esta entrevista Eduardo fue, desesperado, a ver a Rendalen. Este le ofreció una solución: su madre se podría encargar de la educación de las niñas; se lo pediría sin perder tiempo.

En su siguiente encuentro Kallen comunicó este arreglo a Rañi, al principio vaciló. Modestamente se reconocía mucho menos preparada para educar a las niñas que la madre de Rendalen, la célebre institutriz, la maternal directora de aquella escuela modelo a la que había dedicado su vida y su fortuna.

Pero lo que la joven prometía un día lo retiraba el siguiente, pues cada vez que veía a las niñas se le hacía más angustiosa la separación. Además, como era un ser miedoso por naturaleza, las sorpresas le atemorizaban, hasta el punto que tuvieron que suprimir las citas al aire libre. Quedaba el recurso de verse en el alojamiento de Rendalen o en el del mismo Eduardo, pero éste temía que no accediera.

No obstante, tanto insistió por carta y tanto valió el apoyo de la criada —que estaba de su parte—, que Rañi aceptó este tipo de encuentros.

Tuvieron lugar dos entrevistas en las habitaciones de Kallen y otra en las de Rendalen. Pero ante la magnitud de la decisión que había de tomar la pobre criatura permanecía indecisa, dejándose ganar por el desaliento. También la asustaba el viaje. ¡Viajar sola hasta América! ¡Y también sola de Nueva York a Madison, lo que todavía era peor! ¡No podía ser, no quería ni pensar en ello!

María se ofreció para acompañar a su señora y Kallen estaba dispuesto a pagar su viaje, pero Rañi se opuso entonces enérgicamente a que ambas abandonaran a las niñas. Solamente de pensar en ello se ponía enferma. No; María tenía que seguir en la casa, al menos hasta que las pequeñas estuvieran en un lugar adecuado.

Así que decidieron que si Rañi se iba cogería el barco sin que nadie lo supiera. Por tanto, tendría que comprar antes todas las cosas que necesitara para el viaje. Eduardo temía encontrar resistencia sobre este particular, pero Rañi era tan infantil que se dejó convencer de todo cuanto quiso, sin más razones que su afición a ir de compras.

¡Ah! ¡Cuánto le hubiera gustado poder verla todos los días, hablarla y tranquilizarla para disipar sus constantes dudas! Como esto no podía ser le mandaba carta tras carta, unas cartas largas, interminables. Rañi no se atrevía a contestar, temiendo ser descubierta por la criada del marido o por la tía. Sin embargo, como estas cartas estaban inspiradas en el amor, constituían un claro indicio de todas las argucias de los enamorados e inspiraban la imaginación romántica mucho más que las entrevistas personales. Con ellas Eduardo ganaba mucho más terreno.

Estas cartas llegaban siempre a su destino, gracias a los buenos oficios de María, pues la doncellita era totalmente distinta de la tía y del otro mostrenco norteño.

Mientras duraron las gestiones Eduardo no vivió sino para ver en qué terminaban. Y cuando, por fin, le llegó la contestación de América, un cablegrama con un simple «sí», se entusiasmó hasta el punto de forjar el más atrevido de los planes. Consistía en tenerlo todo a punto para el próximo viaje del buque inglés, sin decir nada a Rañi, para no forzar el desenlace, pero arreglándoselas de forma que el día fijado ella tuviera una excusa para salir y permanecer fuera largo tiempo, acompañada por María.

Dos horas antes de la salida del barco citó a Rañi en su habitación. Ella llegó a la hora fijada, acompañada de la sirvienta. El equipaje había sido llevado a bordo a primera hora de la mañana. También tenía preparado un coche. Sin embargo en la habitación no había nada que pudiera hacer sospechar a Rañi. Únicamente pudo dar que pensar a Rañi la acogida de Eduardo. Hasta entonces siempre, en presencia de la criada, se había mostrado sumamente comedido en sus relaciones con la joven, pero ahora ya no tenía que disimular; la abrazó tan apasionadamente que parecía querer afirmar su posesión.

El dolor de Kallen ante la separación inminente no tenía límites; no se anduvo con rodeos, le dijo todo lo que iba a pasar. Con las manos unidas y mirándose a los ojos, le anunció que el gran momento había llegado: las maletas estaban ya embarcadas y el barco partía en dos horas...

—¡Aquí tienes el pasaje! —dijo, para terminar cuanto antes.

Ella comprendió que había de decidir con una sola palabra entre Eduardo y el pasado. Y dijo que sí a su futuro.

Rañi, que en un principio se quedara petrificada, se colgó repentinamente del cuello del joven y permaneció largo rato refugiada en sus brazos; así siguieron muy juntos y mezclando sus lágrimas... La criada se dio cuenta de que por delante de la ventana pasaban muchos transeúntes y bajó las persianas. La habitación quedó en penumbra. Retirada en la habitación contigua la buena muchacha lloraba en silencio.

Eduardo y Rañi hablaron por fin; se expresaban en voz baja y entrecortada por los sollozos. Hablaron de aquel día en que Eduardo iría a reunirse con ella, para no separarse nunca más. Hasta entonces sería un novio fiel; el deseo de volverse a ver compensaría con creces el sacrificio presente. Sus cartas serían como un diario íntimo en el que cada uno contaría al otro su vida cotidiana.

Todo esto mezclado con innumerables palabras amorosas... En realidad, el único que hablaba era Eduardo: Rañi se limitaba a asentir con sollozos convulsivos.

Esta hora triste, esta hora decisiva y llena de angustia, fue el primero y único momento de separación que vivieran juntos hasta entonces. Dijérase que la aurora de una nueva vida que irradiaba a su alrededor coronaba con una claridad dulce, y tranquilizadora la noche del porvenir.

Poco a poco los sollozos de Rañi se fueron transformando en un murmullo. Eduardo insistía en verla el rostro, ella se lo tapaba con las manos y, finalmente, para que se quedara tranquilo, prometió decirle un secreto... ¡El era su Príncipe Azul!

Explicar lo que ella pretendía expresar con esta frase hubiera sido demasiado largo... Rañi había esperado a su Príncipe Azul desde que era pequeña, desde la muerte de su padre, cuando ella tenía solamente doce años. ¡Qué desdichada había sido, sobre todo a su regreso de Berlín, cuando la obligaron a tocar el piano en público! También de esto tendría mucho que hablar... Pero entonces se consolaba pensando que algún día se encontraría con su Príncipe Azul... ¡Y estaba completamente segura de que vendría para salvarla! Más tarde cuando fue cautivada por «las ballenas» —es decir, su marido, la tía y todo el resto de la familia de cetáceos sórdidos—, pero en su interior había algo que le decía que ese Príncipe Azul existía y sabría descubrirla en medio de sus miserias.

Una vez pensó que Rendalen podía ser este Príncipe... Era solamente un precursor y hubo de dejar el lugar al verdadero, al único Príncipe Azul...

Luego habló de su primera conversación íntima, aquella noche después del baile, cuando la nieve caía en las calles. Ya entonces se decía, al mirar a Eduardo: «¡Si fuera *él!*...»

Otra vez que se encontraron él llevaba en brazos a Juanita; entonces Rañi lo supo: ¡era, efectivamente, su Príncipe Azul!

Desde entonces se habían precipitado los acontecimientos y todo había sucedido de una forma muy diferente de como se lo había imaginado.

En voz baja, Eduardo le preguntó qué motivos le habían llevado a aceptar, un año antes, vivir entre las «ballenas». Rañi se estremeció al oír esta pregunta.

—¿Y seguías esperando al Príncipe Azul, aun después de casada? —insistió Eduardo.

—¡Oh! ¡Entonces más que nunca!

—¿Pero es que ignorabas por completo el compromiso que supone el matrimonio?

Rañi se estrechó aún más contra él y no respondió; Eduardo, aunque había tocado un punto de capital importancia para él, no quiso insistir.

Cambiando la conversación la informó del programa que había dispuesto para su huida: a bordo del barco se encontraría con Rendalen; este, que iba a pasar algunos días en su casa, iría con ella parte del trayecto y se preocuparía de que estuviera cómodamente instalada durante la travesía.

Se levantaron. Rañi preguntó vacilante, si Kallen la acompañaría hasta el barco. El joven estrechó contra su pecho la cabeza de la muchacha... No; no se atrevía... Sería demasiado duro.

Esto la intranquilizó; por fin hubo de serenarse. La despedida fue desgarradora.

¿Por lo menos la acompañaría Eduardo hasta el coche? A esto se opuso María formalmente: ¡No podían verles juntos!...

Y cuando Eduardo oyó rodar el coche no tuvo valor para levantarse y seguirla con la vista.

Más tarde, cuando Kallen se refería a esta época de su vida, aseguraba que este momento había sido el más difícil de su existencia.

No salió tampoco para ver alejarse el barco. Solamente al anochecer se dirigió al puerto para contemplar el lugar donde el buque había estado atracado. Luego se dio un paseo por la ciudad. Hizo todo lo posible para que la tía Kule le viera. Esto era parte del plan, pues de esta forma nadie podría sospechar de él. ¿Quién hubiera podido imaginar que aquel que había raptado a Rañi siguiera tranquilamente en la población?

....

Los que aún se acuerdan de lo que pasó están de acuerdo en afirmar que la conducta de Rañi fue juzgada severamente por la ciudad. Al fin y al cabo era una forastera, un ser encerrado en sí mismo, que no había dejado otro recuerdo que el de una artista extraña y apasionada. ¡Y qué poco le pesaba esto a los jóvenes miembros de una burguesía estrecha! Criticaban que, después de haber dedicado su vida —según ella misma decía— a cuidar a las hijas de su hermana, luego las abandonaba sin remordimiento; al fin y al cabo se había casado, sin que nadie la obligara, con este pobre ciego que ninguna molestia le había causado. Y si estaba arrepentida de su buena obra, ¿por qué no confesarlo honradamente? ¿Por qué actuar de esta forma solapada?

Para Kallen era muy duro escuchar estos comentarios. ¿Sería cierto que le había deshonrado? Todo el mundo decía que Rañi tenía un amante. Pronto todos le señalarían con el dedo como el culpable de todo.

Un día, delante de la Universidad, Eduardo se encontró con María y las niñas; estas salieron corriendo hacia él como una flecha. Sólo hablaban de Rañi ¡Rañi sonriente, Rañi que les habría seguido!... Como siempre, acompañó a las pequeñas a la pastelería y le oyó relatar su historia: mamá se había ido en un barco muy grande, pero volvería para Navidad con vestidos nuevos y muñecas muy bonitas.

Sobre una mesa había un periódico ilustrado; Juanita fue señalando a todas las señoras que salían en las fotos y a todas las llamaba «mamá»; su hermana le decía que no pero, la pequeña no se daba por vencida, y ponía el dedito sobre otra figura:

—¡Entonces mamá es ésta!

Aquella misma mañana Kallen había estado en una operación que había salido mal; el enfermo había muerto a causa de una hemorragia, y este incidente, unido al estado de excitación permanente del estudiante, le habían impresionado desagradablemente. Cuando se despidió de las pequeñas le pareció que él mismo era el cirujano desafortunado: había querido salvar a Rañi, pero se había equivocado; ella no perdería su sangre, pero sí su reputación de mujer honrada.

Unos días después estaba Kallen en la biblioteca de la Universidad contemplando unas láminas de Anatomía cuando fue abordado por Ole Tuft, pero un Ole Tuft sonriente y totalmente transformado. Como no sabía dónde vivía había venido a buscarle a la biblioteca.

Ambos jóvenes salieron juntos.

Eduardo ya no pensaba en pegar a su futuro cuñado; no solamente no le miró con malos ojos, sino que le agradeció que no le hiciera ningún reproche, ya que Ole, aunque no hubiera creído los rumores, tenía que conocer lo ocurrido por medio de Josefina, a quien su padre había puesto en antecedentes.

¿A lo mejor no sabía nada? ¿Sería sincera su amabilidad? ¿Dudaría de la honradez de Kallen o creería más bien que una aventura tan mal comenzada tenía también que acabar mal? ¿O sólo intentaba cumplir el segundo mandamiento de «Ama a tu prójimo»?

Ole acababa de anunciar a su amigo que había terminado sus estudios y volvía a su casa. Estaba radiante de felicidad. Esperaba ser nombrado pastor dentro de poco tiempo y daba a entender que se casaría con Josefina. Delante de él se abría, recto y despejado, el camino del porvenir. El objetivo que se había fijado era noble... Y aquel robusto muchacho excitaba la admiración de los estudiosos que poblaban la biblioteca.

Eduardo se quedó pensativo en la escalera mientras veía a Ole Tuft atravesar la plaza andando con lentitud. Sin duda, era un hombre que tenía confianza en sí mismo. Todo en él era macizo, de una sola pieza.

Tercera parte

MADUREZ

1

«La salvación sólo se logra por medio de la gracia de Dios. El pecador, por ser injusto, no podría salvarse a sí mismo; no se merece nada ni tiene ningún derecho a defenderse. Solamente la voluntad divina puede justificarle a los ojos de su justicia...»

El pastor vagaba de un lado a otro de su despacho repitiendo en voz alta lo que leía en un opúsculo. El sol entraba a raudales por dos ventanales, abiertos de par en par, orientados al Suroeste; las hojas de un joven álamo rozaban los cristales; más lejos, a ambos lados de la calle, se distinguían más árboles de la misma especie. Del jardín ascendía hasta la habitación el penetrante perfume de las lilas, las orejas de oso y las torviscas.

El pastor sabía distinguir el olor especial de cada una, puesto que él mismo había plantado estos árboles y estas flores, dedicándoles tantos mimos y atenciones como si se trataran de viejos amigos. Cuando estos aromas se volvían demasiado fuertes eran tamizados por la fragancia sana y fresca de la madera verde que se desprendía de pinos y abedules que traía el robusto aliento de los campos que rodeaban la casa casi señorial de Ole Tuft. Desde aquí parecía como si se sintiera crecer a árboles y plantas.

—Sigamos —se dijo Ole, y continuó:

«¿Por qué Dios concede tantas gracias a pecadores que no se lo merecen? Porque Dios es bueno y es infinita su misericordia.»

A lo lejos, un buque de vapor tocó la sirena por tercera vez. Era demasiado tentador; el pastor se acercó a la ventana: era un barco correo que estaba saliendo del puerto.

Ole sacó su catalejo de un armario. Los muelles estaban llenos de gente; las sombrillas multicolores de las señoras, los negros sombreros de los hombres y los heterogéneos pañuelos de las campesinas se mezclaban en un continuo ir y venir.

Sonaron unos pasos sobre la arena del jardín, en dirección a la casita donde el pastor había alojado a su madre; una mujer joven y un niño se acercaban. Se podía oír la voz infantil que preguntaba:

—Oye, mamá: ¿qué tiene dentro de la barriga el vapor ese?

La madre, una mujer fuerte, apareció dentro del campo visual de Ole. Todo su cuerpo respiraba energía: cuello robusto, pecho abundante; en resumen, un tipo espléndido. Su rostro, ancho, acentuado por una nariz aquilina, tenía un tono bronceado y el pelo era casi completamente negro. Llevaba un vestido de muselina crema estampado con flores coloradas; del mismo color era también el cinturón de seda. El conjunto producía un efecto agradable y contrastaba deliciosamente con su piel oscura, el pelo negrísimo y los grandes ojos.

Cuando descubrió en la ventana la amena cara de *Melanchton,* se ocultó tras una sombrilla encarnada. A su lado correteaba un pequeñuelo de unos cuatro años, que se parecía mucho al pastor.

El niño se soltó de la mano de su madre, abrió la puerta del jardín y corrió hacia la calle.

Al pasar su mujer, el pastor murmuró con un tono irónico:

—¡Enhorabuena! ¡Estás maravillosa!

Desaprobaba *in petto* que la esposa de un pastor vistiera de forma tan llamativa. Ella pasó por delante, sin hacerle caso ni bajar la sombrilla; cruzó la verja y se dirigió hacia el pueblo, seguida de su hijo.

—¡Adónde vais! —preguntó el padre.

—¡Vamos a ver el puerto! —gritó el pequeño, cuando ya estaba bastante lejos.

El señor pastor, silbando por lo bajo, se alborozó al distinguir bajo el sombrero la nuca exquisita de su mujer, su cuerpo ondulante a pleno sol, su caminar ágil y las tonalidades violentas, pero armoniosas, de su atavío.

Ante tal espectáculo se iluminaron sus ojos; pero agarrando con ímpetu la barandilla volvió al interior de la habitación y se sumió otra vez en su lectura:

«Dios no castiga; tiene compasión y salva. La salvación es una gracia...»

—Esto puede que sea demasiado sutil para los simples de espíritu —pensó, comparando las hojas que tenía esparcidas por encima de la mesa con el texto impreso que conservaba en la mano.

Después las evoluciones del navío volvieron a atraerle y miró cómo se alejaba. Espontáneamente, Ole se apoyó en la ventana. No había ni una nube en el cielo; al fondo se divisaban las montañas azuladas y el fiordo; más cerca, la ciudad.

Los aromas que subían hasta él le hicieron mirar hacia su jardincito. Todo esto había sido plantado y dispuesto por él y su hijito Eduardo; en el sentido, claro está de que lo que el padre arreglaba el pequeño se empeñaba en destrozarlo con un celo digno de alabanza.

—¡Eh! —descubrió algunas malas hierbas que habría que arrancar. Ole había decidido que ese año sólo él se ocuparía del jardín. Además, era muy sano inclinarse sobre la tierra, pues así la bilis se mezclaba con la sangre. Esto hizo derivar sus pensamientos hacia los buenos momentos que había disfrutado en esta tranquilidad. Recordó aquellos días en que su esposa desvanecía su cansancio con un tentempié consistente en un dedo de vino y pasteles. La mujer goza de un don especial para adivinar nuestras debilidades y halagarlas.

Saboreando estas consideraciones Ole contempló el camino por donde se había ido Josefina; haciendo un nuevo esfuerzo, se levantó y prosiguió leyendo:

«Dios ha querido la salvación de los pecadores por el sacrificio de Jesucristo.»

Todo estaba muy tranquilo. Solamente se oían a lo lejos unas voces infantiles y el soniquete alternado de un martillo y una sierra en una casa en construcción que había en la esquina de la calle del Puerto. El presbiterio estaba aislado y, por esta razón podía escuchar los ruidos más distantes. Por desgracia estos campos que le rodeaban los venderían para construir en ellos y, entonces, ¡adiós soledad!

Ole empezó a soñar; ¿no debería él mismo comprar aquellos campos! Quería hacerlo; pero la dueña del dinero, así como de la casa y del terreno, era Josefina. Lo único que él poseía era la casita en que había instalado a su madre y el jardín.

Ciertamente, era una ventaja estar casado con una mujer rica, aunque se hubiera estipulado en el contrato que ella se encargaría de administrar sus bienes. La vida era más cómoda y el trabajo menos sacrificado; además, ello le daba cierta autoridad, imprescindible, especialmente para un pastor. Le permitía hacer el bien, lo que estaba muy de acuerdo con su naturaleza... Sí; pero de todas formas, dependía de su esposa, que administraba la fortuna.

Trató nuevamente de leer, pero leía sin entender nada, porque estaba obsesionado con su idea: las Santas Escrituras ordenan a la mujer una obediencia absoluta; pero, si es ella quien posee el dinero, esto crea ya una desigualdad entre los esposos.

Continuaba reinando la calma cuando el aire fue desgarrado por un grito infantil. Ole, asustado, se levantó de un salto. Se escuchó otro grito, más agudo aún que el primero, y luego otros cada vez más débiles. Estaba completamente pálido; unos pasos se acercaban por el jardincillo de la casita: era la madre de Tuft que estaba delante de la puerta, situada entre los dos jardines. Era vieja y débil, llevaba un gorro negro sobre el canoso pelo que encuadraba un semblante seco y un poco inquieto.

—¡No! —exclamó el pastor—. ¡Gracias a Dios, no ha sido Eduardo; la voz era más fuerte!

—Da igual —dijo la anciana—. Al fin y al cabo, se trata de una desgracia, aunque haya sucedido a otro.

—Tienes razón, madre —reconoció el pastor.

Y, silenciosamente, dirigió a Dios una plegaria, rogando por aquel pequeño que tan fuerte gritaba. Luego, creyendo que estaba en su derecho, dio gracias de que no hubiera sido su Eduardo.

Mientras tanto un hombre todavía joven, vestido con un traje claro y tocado con un sombrero americano, caminaba hacia la casa sin perderla de vista. El pastor miró a este hombre, pero no le conoció. El forastero seguía andando en la misma dirección; era corpulento y estaba bronceado por el sol; su forma de andar recordaba algo a Ole..., algo, pero ¿qué?...

Ole entró nuevamente en su habitación. Escuchó en la escalera los pasos del desconocido, que llamó a la puerta.

—¡Adelante!

La puerta se abrió y el individuo permaneció en el umbral.

—¡Eduardo!

El visitante no contestó y Ole Tuft dijo:

—¿Tú aquí, Eduardo?... ¡Sin siquiera avisarnos! ¿Pero eres tú?

El pastor dio un paso y cogió las manos de su antiguo amigo.

—¡Bienvenido seas! —repetía—. ¡Qué alegría volver a verte!

Estaba rojo de alegría.

Eduardo estrechó entre sus manos morenas las gordezuelas de su cuñado; sus ojos brillaban detrás de las gafas, pero continuaba sin abrir la boca.

—¿Así que no tienes nada que decirme? —prosiguió el pastor rodeándole los hombros con el brazo—. ¿No has visto a tu hermana?

—Sí; ella ha sido quien me ha enseñado el camino.

—¿Y te has adelantado para llegar antes?... Es que Eduardito iba demasiado despacio, ¿eh?

Ole estaba muy feliz; Eduardo replicó:

—No ha sido solamente esa la razón de que me haya adelantado a Josefina... ¡Estás muy bien instalado aquí!

—Sí; también tú estarás bien, aunque, en tu lugar, yo hubiera preferido instalarme en el norte de la ciudad mejor que en el centro.

—Tienes razón, pero no podía hacer otra cosa.

—Ya lo sé; si querías comprar el hospital tenías que quedarte también con la casa del médico, que está al lado. Por otra parte, has tenido buena mano; todo el mundo piensa lo mismo: la casa está bien y tienes mucho terreno alrededor. Has pasado mucho tiempo en el extranjero. ¿Por qué no has anunciado tu regreso? Tiene gracia: al principio no te reconocía y, sin embargo, no has cambiado casi nada.

Pero de todos modos, explorando la aguda fisonomía de su cuñado, Ole le encontraba una expresión más dulce que antaño. Eduardo se volvió hacia él:

—Tú, en cambio, Ole, has cambiado mucho.

—¡Bah! Todo el mundo dice que no...

—¡Ahora sí que tienes aspecto de pastor!

—¿De pastor!... ¡Ah! ¿Quieres decir que he engordado? Sin embargo, hago todo lo que puedo por adelgazar: trabajo en el jardín, me doy largos paseos... Pero no lo consigo; mi mujer me cuida demasiado bien y estoy rodeado de excesivas comodidades.

—Deberías hacer como yo.

—¿Y qué haces tú?

—Andar sobre las manos.

—¿De verdad? ¿Aún eres capaz de andar con las manos?

—¡Míralo!

Y Eduardo, de una voltereta, se encontró sobre las palmas de las manos y con los pies en el aire; los faldones de su ligera chaqueta de seda le caían sobre la cabeza; quedaban al descubierto sus tirantes, los calcetines y las suelas de sus zapatos. En esta posición dio una vuelta por la habitación; el pastor no sabía qué decir. Kallen se levantó, cayendo sobre los pies y, sofocado y congestionado todavía por el esfuerzo, se puso a limpiarse las gafas. Mientras lo hacía se iba acercando a la biblioteca examinando los libros con sus ojos de miope.

Entonces el pastor intuyó que algo, y no muy agradable, preocupaba al joven doctor. ¿Le habría dicho Josefina algo que no le había gustado? No; era imposible: ¡le admiraba tanto! Sintió deseos de preguntar a Eduardo para saber cuanto antes qué era lo que pasaba.

Kallen se volvió a colocar las gafas, se acercó a la mesa de despacho y contempló atentamente un grabado del Cristo de Miguel Ángel; luego hojeó el opúsculo que había quedado entre los papeles.

—¡Oh! —dijo—. ¡La *Teología Sistemática,* de Johnson! Yo también la he comprado cuando he llegado a Cristianía.

—¿Tú?

—Sí; es una obra muy difícil de conseguir. Casualmente la vi en un escaparate y entré a por ella. La compré como recuerdo de la primera manifestación que encontraba del alma noruega.

—No, querido —replicó el pastor—; ese libro no representa a Noruega. Es un entramado de disertaciones escolásticas y pedantes.

Muy extrañado, preguntó Eduardo:

—¿Eso piensa la mayoría de los jóvenes teólogos del país?

—En efecto. Tengo este libro sobre la mesa porque quiero contrastar diferentes opiniones acerca de un tema concreto que voy a tratar en mi sermón de mañana.

—Buen procedimiento para conocer una cuestión —repuso Eduardo.

Y, por quinta vez, se acercó a mirar por la ventana. Era evidente que algo no iba bien.

—¡Ya llegan! —dijo, por fin.

Cada uno estaba a un lado de la ventana. Este reconoció la sombrilla roja de su esposa. Esta andaba despacio, llevando a su hijo de la mano; el pequeño debía de ir hablando sin parar, pues volvía constantemente el rostro hacia su madre. Por uno de los lados de la calle iban ellos y por el otro una mujer joven desconocida. Esta se protegía con una sombrilla verde muy elegante; era muy rubia, más menuda y delgada que Josefina, y llevaba un vestido escocés de viaje. Evidentemente, era una extranjera. Era comprensible que Eduardo hubiera dejado esta compañía para venir más de prisa.

—¿Quién es esa señora que viene con Josefina? ¿Ha venido en el mismo barco que tú?

—Sí.

—¿Sabes quién es?

—Sí; es mi esposa.

—¿Tu esposa? ¿Te has casado?

Ole pronunció estas palabras con tanta fuerza que las dos mujeres levantaron la cabeza. Retrocedió un paso, mientras que su cuñado respondía sin volverse:

—Estoy casado hace seis años.

—Seis años...

El pastor miró a Kallen sorprendido; pensaba:

«Seis años..., pero entonces... Hace sólo seis años que...»

Las mujeres se acercaban; Josefina, con su hijo, estaba ya muy próxima a la ventana.

—Dime, mamá; ¿por qué los niños se caen siempre de cabeza?

No hubo respuesta.

—Dime, mamá; ¿por qué no se caen sobre los pies?

Tampoco ahora hubo contestación.

—¡Porque la parte alta del cuerpo pesa más que la de abajo!

Esta explicación imprevista, que parecía venir del cielo, hizo levantar la cabeza a las dos mujeres y a Eduardito. Venía de Kallen. Este se apresuraba ya a salir a su encuentro, seguido del pastor, que, sin embargo, se quedó en el último peldaño de la escalera.

Los ojos de la forastera se llenaron de lágrimas al ver a su marido; intentó disimularlas fingiendo mirar a otro lado. Los de Josefina estaban fríos. Eduardito subió corriendo para contarle a su padre que Nicolás Andersen se había caído en la escalera de la casa nueva y luego..., y luego... que la «señora» le había vendado con su pañuelo.

Como su historia no hiciera en su padre el efecto deseado, el pequeño corrió hacia la casa de su abuela para contarle a ella la historia.

—Creo que no es necesario que os presente —dijo Eduardo teniendo a su mujer cogida de la mano y mirando fijamente a Ole.

Este no sabía qué decir; sin entender nada, miró a Josefina, que no parecía dispuesta a ayudarle.

Hacía apenas ocho días que el respetado pastor, a causa de los numerosos divorcios, sucedidos de nuevos matrimonios, había publicado en un periódico un artículo titulado: *¿Matrimonio o adulterio?* Basándose en las Santas Escrituras había conseguido demostrar que el divorcio sólo era permitido en caso de infidelidad. El esposo que hubiere comprobado que su cónyuge le era infiel podía volverse a casar libremente. No había ningún otro motivo que justificara el divorcio, y por tanto todo segundo matrimonio se consideraría adulterio.

Tan sólo ocho días antes Ole había escrito esto con la aprobación de su esposa. Además, había sido precisamente la aventura entre Eduardo y Rañi lo que le había servido de inspiración. El artículo lo había desarrollado de la siguiente manera: Un día la esposa de un hombre enfermo, habiéndose cansado de la misión que Dios le había encomendado, eligió a otro hombre. Todo fue descubierto y ella huyó, obteniendo el divorcio al poco tiempo. Imaginemos que esta mujer decide contraer matrimonio con su seductor; ¿se puede calificar esta unión de otra forma que con el nombre de adulterio progresivo?

Sí; esto era lo que había escrito y Josefina había compartido su opinión en todos los sentidos, pues odiaba instintivamente a la mujer que había seducido a su hermano. ¡Y ahora la pareja estaba ante ellos y Rañi era la esposa de Eduardo!

Era una sorpresa, pues se creía firmemente que Eduardo tendría otra vez ideas sanas y morales. El, un sabio, un hombre al que le habían llegado a ofrecer una cátedra, a quien envidiaban y admiraban todos sus jóvenes colegas. Era una decepción y muy grande. Ahora tendrían que convivir con unos pecadores, e incluso, presentarlos en sociedad *—a los fieles—* como los señores de Kallen, ¡después de haber calificado su unión como adúltera!

Seguramente Eduardo habría leído el artículo en cuestión; este, que se documentaba acerca de su país hasta el punto de estudiar la *Teología Sintética,* de Johnson, tenía forzosamente que haber echado un vistazo a los periódicos. Esto mismo explicaba su actitud: Rañi, estrechándose, aterrada contra su marido, y él..., él mucho peor, abrazándola públicamente por la cintura, para afirmar la legitimidad de su unión.

Cuando el pastor propuso entrar en la casa todos le siguieron. Hizo los honores de su hogar, mientras Josefina preparaba algo para comer.

Primero fueron al despacho, luego les enseñó el salón, que daba a la calle, luego el comedor y a continuación la cocina. Después visitaron la habitación de invitados y la despensa; en el piso de arriba había varias alcobas. Enseñarles la casa les llevó apenas unos minutos; el pastor daba las explicaciones necesarias con breves palabras. Eduardo hizo observar, no sin ironía, que el matrimonio tenía alcobas separadas; bromeó al pasar por delante de una colección de retratos de teólogos célebres que rodeaban un busto de Lutero. Y cuando Josefina les puso en la mesa el tentempié que había preparado lo rechazó, se despidió y salió.

Rañi le siguió como una sombra. Su larga y fina mano rozó apenas las de sus cuñados, mientras les miraba atemorizada. El pastor les acompañó hasta la escalera y Josefina se quedó sola, junto a la ventana.

Kallen andaba tan de prisa que, en algunos momentos, Rañi tenía que correr para no quedarse atrás. Ole contemplaba esta escena desde la escalera. Esta carrera vertiginosa la hizo ponerse aún más nerviosa, hasta el punto de que cuando llegaron a la mitad de la calle hubo de rogar a su marido que se detuviera; luego rompió a llorar. Eduardo se extrañó mucho de esta manifestación de nerviosismo, tan diferente de la suya. El se sentía más bien irritado. Poco a poco fue comprendiendo que el llanto de Rañi era en gran parte culpa suya, pues estaba motivado principalmente por su forma de comportarse en casa del pastor. Sugirió a Rañi que se apoyara en la tapia del jardín y, poniéndose frente a ella, dijo:

—¿Entonces he actuado mal?

—¡Oh! Te has portado mal, muy mal, y no sólo con ellos sino también conmigo... Ni siquiera me mirabas, como si no existiera.

—Pero, cariño, si precisamente por ti...

—¡Prefiero volver a América! ¡No puedo soportar esto!

Se abrazó a Eduardo mientras éste decía:

—¿No te has dado cuenta de la actitud de Josefina?

—Sí —exclamó Rañi, con el sombrero echado hacia atrás y totalmente despeinada—. ¡Algún día terminará matándome!

Plena de angustia, se estrechó aún más contra su marido.

—No temas, amor; no temas. No podrá hacerte ningún daño. ¿Comprendes ahora por qué he de defenderte?

—Sí, ¡pero no de esta forma! ¡No entiendo como has podido obrar con tan poca diplomacia, Eduardo!

—Escúchame bien —contestó Kallen tranquilamente—. Lo intolerable es lo que ese imbécil ha escrito sobre nosotros. ¡Y el silencio de Josefina, ese silencio era más desgarrador que todas las divagaciones de su marido!

Hubo una pausa; luego ella murmuró débilmente:

—¡No seré capaz de vivir en un ambiente tan hostil!

Entonces Eduardo se inclinó sobre ella, su sombrero cayó al suelo sin que ninguno de los dos se preocupara. Le rogó que no se desesperara de esa forma ni hablara de morir o abandonar el país.

—¡Tenemos que ser fuertes! Me comprendes, ¿verdad?

—Sí —contestó ella, levantando la despeinada cabecita—. Pero tienes que darte cuenta de que ya no estás solo y que cuando hablas lo haces por los dos.

Rañi tenía razón y Eduardo se reprochó a sí mismo.

Tan pronto como se marchó su hermano Josefina entró en el salón que daba a la calle y que estaba alumbrado por un inmenso ventanal.

El pastor miraba por ella. Dijo que consideraba una casualidad desgraciada haber escrito el famoso artículo del periódico, el artículo del divorcio.

—Tu hermano dice que llevan casados más de seis años —dijo.

Al oír esto Josefina se giró de repente; pero después de un momento de reflexión volvió a mirar por la ventana y se limitó a encogerse de hombros:

—¡Qué tontería!

También Ole consideraba que esto era imposible, puesto que no hubieran podido casarse antes de que el divorcio hubiera sido concedido legalmente.

—Tu hermano estaba muy raro —prosiguió Ole—. Imagínate que se ha puesto a andar sobre las manos.

Josefina abrió con extrañeza sus grandes ojos.

—Sí, te lo aseguro; ha dado una vuelta a mi despacho haciendo el pino... ¡Incluso se ha burlado del mismo Lutero! No creas que no he tenido yo también que contenerme.

Estaba claro que, por el momento, Josefina no quería hablar de su hermano; le resultaba demasiado doloroso. Ole se retiró a su despacho y cargó la pipa.

Josefina se había prometido encontrar de nuevo a su hermano y vivir con él. Ese era su sueño, y por eso le costaba tanto admitir que nunca llegaría a realizarse. Tal vez, pensaba Ole, este sufrimiento sea necesario. El mismo, ¿se había comportado en esta ocasión como era debido? Así lo creía sinceramente. Esperaba poder disfrutar siempre de la misma paciencia, pues era de prever que el porvenir sería difícil.

La pipa le supo especialmente exquisita mientras releía el sermón. Sin embargo, no podía dejar de pensar en Josefina.

No le estaba permitido gozar en su interior de esta calma que reina en tantos hogares. Josefina tenía momentos terribles y estos últimos tiempos habían sido especialmente malos. ¿La causa? Pues que todos sus pensamientos eran para este hermano que iba a venir...

—Pero basta ya; ¡tengo que aprenderme el sermón!

Y Ole Tuft releyó en voz alta:

«...Todos los pecados serán perdonados y compareceremos ante Dios tan puros y santos como Nuestro Señor Jesucristo...»

2

Después de reconciliarse en la calle, Eduardo y Rañi iban ahora cogidos del brazo.

En la esquina de la calle del Puerto, Andersen, un albañil, trabajaba en un andamio. Era un hombre robusto, de larga barba negra, y usaba gafas negras para proteger sus ojos del sol; tenía yeso por todas partes. Cuando vio a la señora rubia que acudía a ayudar a su pequeño, del brazo de un señor con gafas, pensó que este señor era el nuevo doctor; la pareja venía del presbiterio y Andersen sabía que el nuevo médico era cuñado del pastor. Dejó de trabajar y saludó. Rañi le vio y susurró algunas palabras que el albañil no pudo oír, debido al ruido de los martillazos. Hizo cesar un momento el estrépito y preguntó:

—¿Decía la señora?

—La señora quería saber si el pequeño está ya durmiendo.

—Sí, ahora está durmiendo; pero nos gustaría que el doctor viniera a verle cuando despierte..., porque usted es el nuevo doctor, ¿verdad?

—Efectivamente, soy yo.

Los vecinos de la casa salieron enseguida a la ventana y los de la casa de al lado hicieron lo mismo. Un transeúnte preguntó qué causaba tanta expectación y corrió el rumor de un extremo a otro de la calle. El albañil aprovechó el momento para hablar de sus ojos enfermos; pidió al doctor que viniera a examinarlos más tarde.

Muy pronto Eduardo y Rañi eran la expectación de todos aquellos que se cruzaron en su camino. Algunas personas les saludaron sobre todo las jóvenes. Esto era lo que necesitaban para olvidar el mal trago que habían pasado en casa del pastor. En definitiva, podrían vivir aquí bastante felices.

Entre las personas que les saludaron se fijaron en un muchacho muy joven que tenía el pelo exageradamente largo. Era alto, delgado, y su fisonomía era simpática, aunque muy demacrada. Al notar que le miraban, se puso colorado.

—¡Ya tienes un enamorado! —bromeó Kallen.

Poco después se cruzaron con un tipo extraño: era un mocetón de anchas espaldas, que vestía ropa de trabajo y un delantal de cuero. Su negro pelo estaba cubierto de polvo y tenía la cara empapada de sudor. Como el hombre llevaba la cabeza descubierta y el pelo cortado al rape se podía detallar fácilmente la forma del cráneo: la frente, ni alta ni ancha, tenía un corte aristocrático; las mejillas, hundidas, y el rostro, huesudo. Sus ojos penetrantes y sus labios delgados le daban un aspecto despreciativo.

—Mira a ese —dijo Kallen.

—¡Qué horror! —murmuró Rañi.

El hombre de los ojos penetrantes pasaba en aquel preciso momento por delante de ellos; Kallen y él se volvieron al mismo tiempo para escudriñar sus respectivos rostros.

Pasó una vieja y Eduardo preguntó:

—¿Quién es ese hombre?

—Es Kristen Larssen.

—¿Es cerrajero?

—Sí, y, además, relojero, armero... ¡Hace de todo!

La calle del Puerto terminaba en el mar donde no había ningún dique. Algunos objetos se corrompían en el agua, así como por las calles. La población entera daba en general la impresión de algo no acabado. Había una casa grande al lado de otra pequeña, una construcción de piedra con una barraca de madera, unas y otras construidas de cualquier modo. Las fachadas no estaban alineadas y la calle muy mal conservada. En cuanto a los vecinos ya no eran campesinos, pero tampoco alcanzaban la categoría de hombres de ciudad. Todos tenían aire de amable desconfianza y Kallen pensó que eran de clase media.

El doctor y su esposa habían llegado, entretanto, a la plaza del mercado, desde donde la calle subía hacia la iglesia. Esta, alta y esbelta, estaba aislada en una colina. En este mismo lugar, aproximadamente, se habían encontrado a Josefina cuando se dirigían hacia su casa. Esta se hallaba situada también sobre un monte a la derecha de la iglesia y rodeada de un parque, cuyas frondas impedían verla.

Delante de la iglesia se bifurcaba la carretera y había que tomar a mano derecha. Desde allí se podía ver el parque, así como los tejados del hospital, y los nuevos habitantes de estos tranquilos lugares caminaban lentamente, invadidos por una dulce emoción. ¡Por fin! Ya veían el jardín y la casa. Era un gran hotel de estilo suizo, con amplios ventanales. La doble rampa de una escalinata conducía desde la galería a un patio de arena. Detrás del patio estaba el jardín y, más allá, el huerto: un inmenso vergel ocupando ambos lados de la cerca iba a parar al pueblo.

Eduardo y Rañi intentaban alcanzar todo el paisaje con sus ojos. ¡Este sería su hogar!... Ambos, cada uno a su manera, habían trabajado durante seis largos años para conseguir algo así. Lo habían soñado en las formas más variadas, excepto precisamente en esta, en la real. Se lo habían imaginado en cualquier lugar del mundo, menos allí.

Pero en este momento ambos admiraban al unísono el soleado esplendor del vasto panorama desplegado ante sus ojos. Sus rostros reflejaban el placer que sentían al contemplar este paisaje.

Resultaba sorprendente que a esta hora no se distinguiera ningún ser humano ni se oyera ningún ruido. Estaban solos, completamente solos y «en su casa». Y la impresión era aún más intensa por compartida.

Rañi se separó de su marido y, cortó una ramita del seto del enebro, que prendió en la solapa de Kallen. Un poco más lejos vio una mata de madreselva e hizo un ramito.

En los accesos de la casa, así como en el patio de detrás, se amontonaban cajas, muebles, paja, virutas y telas de embalaje. Los mozos habían desembalado el gran piano de cola de Rañi.

Rañi sintió de repente una gran angustia; se volvió furtivamente para comprobar si desde allí se divisaba el presbiterio; no. Eduardo se dio cuenta de la preocupación de su esposa y sonrió.

Por las ventanas abiertas se oía el martilleo de los mozos que desembalaban las cajas. Luego sintieron voces y risas en el exterior, mientras ellos descendían la escalera de la galería. Fueron derechos al piano sin notar los trabajadores la presencia de los señores. Hablaban todos a la vez y trataron de levantar el enorme mueble con la torpeza consiguiente a un trabajo desacostumbrado; a continuación, sus pesados pasos volvieron a resonar en la escalera.

Eduardo y Rañi no paraban de mirar los grandes árboles del parque. A través de estos árboles se distinguía el hospital, una sólida construcción de madera sobre base de piedra. Finalmente, se dirigieron hacia la casa.

Los árboles frutales, en flor, eran un indicio de que en aquel lugar no hacía mucho frío. El jardín estaba muy cuidado. Rañi no pensó ni por un segundo que fuera gracias a Josefina; solamente se alegró pensando que pronto podrían disfrutar trabajando en él. Sin embargo, la casa necesitaba una mano de pintura; habría que darle otro color que no fuera este vulgar amarillo... ¡*Su* casa!... ¡*Su* hogar!...

Kallen golpeó tres veces la tierra con el pie; esta tierra era suya. Iba a entrar en la casa, pero Rañi le dijo que quería ser ella la primera en entrar. Le adelantó y subió corriendo los escalones de la entrada. Ambos penetraron juntos en el salón por medio de una puerta de cristal; a un lado había otras dos habitaciones. Los hombres que habían traído el piano se acercaron a ellos, adivinando que se trataba de los nuevos propietarios, y se quitaron gorras y sombreros. Kallen les devolvió el saludo y Rañi corrió hacia el piano, que habían dejado en medio de la habitación. Como si no hubiera otra cosa que hacer más que comprobar su afinamiento, sacó una llave del bolsillo, abrió el mueble y, con las manos enguantadas, atacó el *Swveet home,* de Longfellow.

Cuando oyó las primeras notas de aquel himno al hogar Eduardo se sintió emocionado y se quitó el sombrero. Habiéndolo observado los obreros y creyendo, sin duda, que esta música era un salmo, le imitaron.

La pianista, que daba la espalda a la puerta, no sintió la presencia de dos personas que entraban en aquel momento; el hombre tenía una cara redonda y resplandeciente y la mujer era muy bajita. Luego se abrió la puerta que estaba frente a Rañi y entró una joven campesina. Rañi supuso que esta muchacha era la criada, que venía de la cocina, y, yendo hacia ella, preguntó:

—¿Tú eres Sigrid?

—Sí, señora.

—Muy bien; nosotros, el doctor y yo, somos los dueños de la casa.

—Me lo he imaginado —respondió la doncella, haciendo dos leves reverencias.

Era una muchacha de pueblo, de buen aspecto y bastante educada.

—¿Es la primera vez que vas a servir? —preguntó Kallen.

—Sí señor.

—También es la primera vez que nosotros ponemos casa. Creo que nos entenderemos bien.

Rañi siguió a la muchacha a la cocina, donde acababa de ser desembalada y fregada la vajilla. Pero estaba tan emocionada que sintió la necesidad de estar sola. Volvió al vestíbulo y subió la escalera. La puerta de la alcoba estaba abierta de par en par; entró y de allí salió al balcón, desde donde se divisaba la galería.

¡Qué feliz era! ¿Cómo podría haber merecido una felicidad tan grande: ser la esposa del hombre al que adoraba y tener un hogar tan maravilloso, lujoso y confortable? Veía cumplidos todos sus deseos, incluso más de los que se creía con derecho a esperar por sus trabajos de los años transcurridos.

No obstante, en esta felicidad había un punto negro... Rañi lanzó una mirada hacia el Norte, por donde se hallaba la casa del pastor. Pero no, no se la veía...

Sentía que Josefina la despreciaba. Eduardo, aunque no entendía la actitud de su hermana, la seguía queriendo, le unían a ella muchos lazos de afecto; de esto no había que dudar.

Mientras tanto Kallen recorría las habitaciones de la planta baja. El hombre y la mujer que habían aparecido un momento a la puerta habían desaparecido nuevamente y los obreros continuaban trabajando.

El salón era grande; sus ventanas daban por un lado al jardín y por el otro a la iglesia; pero Eduardo pensaba tapiarlas. Las paredes eran de color gris claro; el techo, azul, sembrado se estrellas de oro. De todas formas, iban a pintarlo todo otra vez. No había nada que estuviera acabado y, sin embargo, no se veía a otros operarios que el hombre y la mujer que tan pronto se marcharan.

En aquel momento la pareja volvió a aparecer.

—Buenos días —dijo Kallen.

—Buenos días —contestó el hombre de la cara resplandeciente, con un acento danés muy pronunciado.

Eduardo se acercó a la mesa en que el hombre estaba trabajando. La mujer se ocultó detrás del marido.

—¿Es su esposa? —preguntó Kallen.

—Sí, señor; mi esposa y mi ayudante.

La mujercita sonrió y los ojos del hombre hicieron un guiño malicioso.

—Creí —observó Kallen— que ya habría terminado su trabajo.

—Se trabaja, señor doctor, se trabaja... ¡Pero hay tantos contratiempos!

La mujer se rió.

—¿También es danesa su esposa?

—No, señor, es noruega; ¡pero, para el caso, como si lo fuera!

La mujercita reía cada vez más fuerte.

En la cocina Kallen encontró una provisión de botellas de cerveza, unas vacías y otras llenas aún.

—¿De quién son estas botellas? —preguntó.

—¿Estas botellas?... Del tabernero, que también vende cerveza.

Kallen entendió entonces cuáles eran los «contratiempos» que retrasaban su trabajo, pensando, al mismo tiempo, que si el hombre estaba borracho la mujer lo estaría aún más. Estas mismas botellas debían ser la causa por la que los mozos habían estado tanto tiempo en la cocina cuando llevaban el piano.

—¿Entonces estas botellas no son suyas?

—No del todo...

—¿Cómo es que no del todo?

—Porque las botellas son del tabernero, pero la cerveza es nuestra.

La mujer reía a carcajadas.

—¿Quiere usted decirme su nombre?

—Soren Pedersen, para servirle.

—Pues bien, Soren Pedersen; ¿quiere usted venderme estas botellas?

—¿Se refiere usted a la cerveza que contienen?

—Sí, claro está; la cerveza.

—Desde luego.

—Bien; así tendremos para beber durante toda la noche. Trabajaremos toda la noche, porque quiero terminar cuanto antes y yo le ayudaré. ¿Le parece?

—¡Como usted mande, señor doctor!

—Muy bien; para empezar, esta noche cenarán ustedes con nosotros.

Una vez solucionado este punto, Kallen subió corriendo la escalera. Rañi, que estaba en el balcón bañada por el sol, se volvió cuando le oyó entrar. Eduardo le preguntó, riendo, si había terminado ya sus oraciones por la prosperidad de su joven hogar. Ella hizo un gesto afirmativo.

De repente, Kallen exclamó:

—¡Qué diablos! ¡No pueden tratarnos como si no estuviéramos casados! Créeme: esto acabará siendo tremendamente divertido...

Rañi le hizo entrar de nuevo. Quería mostrarle el tono de las paredes de su habitación; era tal y como lo había deseado: blanco mate. Todo era blanco en esta habitación, excepto los visillos, las cortinas y las sábanas de la cama, que eran azul pálido, como el resto de los muebles.

Acto seguido se le ocurrió a Kallen visitar el hospital y, naturalmente, Rañi quiso acompañarle.

La primera reforma que se le ocurrió fue hacer que cortaran en el parque algunos de los árboles más viejos porque estaban demasiado cerca de las ventanas. En su lugar el joven médico veía un hermoso césped, un hilo de agua y graciosos senderos.

El hospital, de dos plantas, estaba pintado de amarillo. Las ventanas eran anchas, pero pequeños los cristales. El primer piso era de piedra tallada y estaba ocupada por los enfermeros y la administración, cuyas dependencias, según se podían apreciar detrás de los visillos claros y las flores, tenían un aspecto atrayente.

La entrada principal se hallaba a la izquierda del edificio y delante de ésta había un vasto espacio lleno de arbustos. Kallen se propuso instalar allí para el verano, en aquella misma quincena, tiendas de campaña para uso de los enfermos, de acuerdo con la moda americana.

La puerta estaba abierta de par en par, pero el conserje se encontraba ausente. En el alféizar de la ventana había expuestos para la venta opúsculos bíblicos, folletos de propaganda protestante... En cambio no había ningún letrero que indicara las horas de visita.

Kallen y Rañi encontraron al conserje un poco más lejos, en el patio inferior. Era un señor mayor, de rostro severo y ojos penetrantes, ocultos tras unas gafas, que se quitó tan pronto como vio al médico.

—¿Es usted el señor doctor?

—Exactamente.

El portero se quitó la gorra y saludó muy bajo, formulando un «Bienvenido»..., mientras que el enfermo con quien estaba hablando se retiraba tímidamente. El enfermo en cuestión estaba muy pálido, llevaba en pleno verano una gruesa bufanda enrollada al cuello.

El hospital tenía en cada uno de los pisos un pasillo muy luminoso con salas a ambos lados: muy amplias las de la parte de delante y mucho más pequeñas las de atrás.

El conserje era al mismo tiempo administrador y decano del personal. Haciendo uso de sus funciones fue presentando el personal al doctor, mientras le enseñaba el pabellón. Este personal, tanto hombres como mujeres, parecía muy competente y dos de las enfermeras le parecieron muy simpáticas.

Kallen pensó que lo primero que tenía que hacer era desinfectar a fondo las salas de los enfermos atacados de fiebre tifoidea y crear un pabellón de aislamiento para ellos. La sala de operaciones estaba bien iluminada, pero había que restaurar el entarimado. Los aparatos de ventilación parecían mediocres. Sin contar estos defectillos el establecimiento era de los más adecuados, claro y atrayente.

Había muchos enfermos, entre los que se contaban tres tuberculosos, dos muchachitos y una chiquilla de unos diez años de edad, pobres seres paliduchos a los que el joven médico se planteó instalar al aire libre en las tiendas americanas. La especialidad de Eduardo era la tuberculosis.

El antiguo propietario del hospital, el doctor Kule, que era tío del primer marido de Rañi, había muerto. Por esta razón Kallen había podido adquirirle en muy buenas condiciones, y además no se había presentado otro comprador. Allí podría trabajar a su manera y entregarse a la tarea que él mismo se había impuesto. Recibía una subvención oficial y, aparte de la inspección anual de dos médicos de la comisión de higiene, no tenía que dar cuentas a nadie.

Eduardo y Rañi estaban completamente satisfechos de su primera visita al hospital. Cuando volvieron a la casa Rañi tenía un apetito feroz. Comieron de buena gana y bebieron un vaso de vino cada uno, brindando por el gran acontecimiento: ¡su primera comida en su propia casa!

En el salón los muebles estaban todavía en desorden; no obstante, Rañi se sentó al piano. Durante estos últimos cinco años había traducido al noruego buen número de melodías extranjeras. Excitada por el vino e intimidada a la vez por la novedad del ambiente, tocó algunos acordes y, más que cantar, recitó:

«Aquí está nuestra morada.»

3

Durmieron plácidamente hasta la mañana siguiente.

Era domingo y tocaban las campanas de la iglesia. Por tanto debía de ser muy tarde, aunque tenían excusa ya que habían estado trabajando hasta las tres de la madrugada.

Kallen se levantó el primero y fue de un salto hasta el aseo, donde se dio una larga ducha. ¡Afortunadamente, su antecesor había instalado un cuarto de baño! Luego, a medio vestir, corrió al balcón para deleitarse con la vista espléndida que se divisaba desde allí. Gritó a Rañi que se duchara rápido y viniera a reunirse con él.

Pero ella había encontrado el día anterior el agua demasiado fría y siguió echada, con los grandes ojos abiertos, preguntándose si tomaría la ducha o la aplazaría. Se decidió por lo último y, poniéndose un elegante salto de cama, salió al balcón.

Pero por más que hizo por distraerle, hablando del paisaje, Eduardo no olvidaba la higiene. Ella le había prometido que se ducharía todas las mañanas. Era una necesidad para ella, que se constipaba con mucha facilidad, una necesidad doblemente imperiosa en este clima, donde la temperatura era tan cambiable. Así que, tenía que someterse. No le dio resultado fingir sentirse muy desgraciada y tratar de dar tiempo al tiempo. Eduardo se mostró inflexible y señaló en dirección al aseo. ¿Iba a mantener su promesa o no? Si dejaba de hacerlo una vez lo haría todos los días.

Ella le besó, llamándole «canalla»; él le devolvió el beso, diciendo que era «encantadora», pero que tenía que ducharse. Aparentando rendirse, Rañi entró en la alcoba y se desnudó como para meterse en el agua, pero corrió a acurrucarse bajo las sábanas. Cuando vino Eduardo se ocultó entre las mantas; él la cogió tal como estaba y la llevó hasta la puerta. Pero entonces suplicó tanto, estaba tan asustada, que volvió a llevarla a la cama. La rodeó con sus brazos, susurrándole palabras de amor, y, en contacto de este cuerpo tibio y joven, Eduardo olvidó toda su sabiduría...

Las campanas repicaban con fuerza y se oía a numerosos coches que salían de la ciudad. La puerta de cristal del balcón había quedado abierta y hasta el interior de la habitación blanca llegaba el canto de los pájaros y el zumbar de los insectos. También se mezclaba a este concierto el ligero soniquete de un barco de vapor que se pavoneaba en el fiordo. Eduardo y Rañi habían distinguido ya este barquichuelo, que debía de llevar excursionistas. Tenía que haber alguna fiesta cerca que atrajera a tanta gente.

Soplaba la brisa del Suroeste y la habitación se inundó de los múltiples olores que despedían árboles y flores.

Pocos minutos después, cuando el joven matrimonio acudió otra vez al balcón, vieron a los fieles que se dirigían a la iglesia y los coches llenos de gente que se alejaban de la población.

El barquito estaba ahora muy próximo. A lo lejos también se distinguía el silbato del tren.

Rañi observó que sobre la arena de la escalinata había una pareja de golondrinas y, mostrándoselas a Eduardo, comentó que para el año siguiente colocaría nidos.

Una vez estuvieron completamente vestidos, el matrimonio Kallen bajó a desayunar. Soren Pedersen estaba trabajando; ellos ya habían comido. Eduardo se enteró que toda aquella gente que había visto pasar se dirigía a una parroquia vecina, donde el viejo pastor Meck festejaba su cincuentenario, con motivo del cual celebraba su última misa y ofrecía su último sermón. El pastor Meck, que durante estos cincuenta años había sido ministro de la misma parroquia, era muy querido por todos, y esto explicaba aquel incesante ir y venir de gente tanto a pie como en coche y en barco.

Eduardo y su esposa desayunaron en el salón. Interrumpió su desayuno alguien que llamó a la puerta. Era un hombre de cierta edad, delgado, y que usaba gafas de concha. Parecía sonriente y ameno: se presentó como el doctor Kent, director interino del hospital.

Acababa de pasar consulta, tenía una voz dulce y amable, una sonrisa muy fina acompañaba a sus palabras. Tomó asiento un poco retirado y, mientras el matrimonio terminaba de desayunar, fue dándoles algunos informes sucintos acerca del hospital y el estado sanitario de la ciudad y sus alrededores. Contestó brevemente a las preguntas que le formuló Kallen. También le indicó a qué personalidades le sería útil visitar; incluso estos temas áridos resultaban amenos contados por el viejo doctor.

Cuando su coche se detuvo ante la puerta, ya que el doctor tenía que hacer una visita en las afueras, Kallen le pidió permiso para ir con él; entonces Rañi expresó su deseo de acompañarles y hubo que hacer enganchar un carruaje más espacioso. Todos partieron.

Como el piano necesitaba ser afinado, Rañi había preguntado a Soren Pederson si conocía a alguien que pudiera hacerlo y éste había dicho que Kristen Larssen. Mientras iban en el coche salió a relucir su nombre y Kent contó algunas cosas de este extraño sujeto. Dijo que había nacido en un pueblo pobre y atrasado, que había tenido algunos problemillas con la justicia, por una inocente broma acerca de la religión. También era inventor. Había construido una máquina tricotosa muy útil, así como numerosos accesorios perfeccionados. Era un hombre frío, tan frío como el acero en invierno, y sólo tenía relación con Soren Pedersen y su mujer.

—¿Y qué clase de gentes son Soren Pedersen y su esposa?

El doctor Kent confesó que no conocía nada de su vida anterior. Ella era noruega, de la montaña; él de Fionic, de Dinamarca. Ambos excelentes obreros, pero aficionados a la bebida. El pastor había tratado de ayudarles, pues les tenía mucho aprecio desde que trabajaran en su casa nueva. Al principio sus esfuerzos dieron buen resultado. No solamente consiguió que dejaran de beber durante algún tiempo, sino que Soren se convirtió en un fanático de la templanza, haciéndose muy piadoso. Se sabía la Biblia de memoria, sí, de memoria. Su mayor placer era que le preguntara Aase, su mujer, y en las reuniones recitar, en medio del asombro de toda la concurrencia, capítulos enteros de la Biblia. El pastor quería que ingresara en una escuela evangélica; pero como se le había metido en la cabeza que su mujer tenía que ir con él, lo cual no estaba permitido, fue perdiendo el interés hasta que perdió la fe.

En aquella época fue cuando hizo amistad con el extraordinario Kristen Larssen, que precisamente acababa de llegar al pueblo. Éste, que había oído hablar de la facilidad que tenía el danés para aprender las cosas de memoria, quería gozar también de esta habilidad. Según el cerrajero, esto tenía que tener alguna mecánica, igual que las cosas que él inventaba.

—No —había contestado Soren—. No se trata de ninguna mecánica; es un don de Dios. Para Dios no hay nada imposible.

—Ya sé —replicó Kristen— que así está escrito en el Evangelio de San Mateo, pero en el Libro de los Profetas dice que, queriendo Dios ayudar a los de la tribu de Judá, no pudo, sin embargo, expulsar a sus enemigos porque éstos disponían de carros de fuego.

Y el simple Soren quedó decepcionado de un Dios que no era más poderoso que unos carros.

Todo esto era totalmente nuevo para Soren Pedersen, aunque se conociera la Biblia de memoria. Quería tener la conciencia limpia y en todas las reuniones bíblicas pedía explicaciones al pastor.

El pobre pastor no pudo ayudarle, porque la mitad del auditorio reía a carcajadas, y la otra mitad se escandalizaba. Finalmente, se prohibió a Soren y a Aase acudir a las reuniones.

—Espero no ser indiscreto al decirles —continuó el doctor Kent— que su propio cuñado quiso poner al matrimonio Pedersen de patitas en la calle cuando éste llegó a la Iglesia. Habían acudido los primeros y se negaban a irse. Su cuñado es muy fuerte y Soren se colgaba de él. Entonces pensó sacar primero a la mujer, pero Soren sujetó a su esposa por su parte posterior y cada uno tiraba de un lado como si fuera un saco de patatas.

Kallen y Rañi no paraban de reír.

—Yo mismo he visto una de las luchas entre el pastor y Soren —prosiguió Kent—. El pastor debía inspeccionar la escuela y, como yo soy miembro de la comisión inspectora, asistí al acto. Pedersen se encontraba allí con su esposa y se veía venir lo que iba a pasar. El pastor acababa de decir: «Dios no puede mentir...», cuando se levantó Soren, gritando:

—¡Está escrito en la Biblia que Dios insufló un espíritu de mentira entre los Profetas!

¿Había que expulsar a Soren *manu militari?...*

El paisaje que atravesaban los viajeros se extendía sobre una soleada planicie; tan pronto había vastos campos cultivados como bosques más o menos grandes. Las granjas estaban bien construidas, los campos fértiles y la carretera resultaba muy agradable por sus continuas subidas y bajadas; de vez en cuando salían de ellas caminos hermosos. Para una persona que viniera de las praderas de América o de las llanuras del centro de Europa lo imprevisto de este paisaje resultaba vigoroso. El cielo estaba completamente azul. Había en el aire un olor intenso de hierba silvestre y aromas forestales, cantos de pájaros y, en el suelo, una incomparable alfombra de flores.

Estaba cerca el día de San Juan, es decir, la época en que la flor es abundante. Rañi, a quien interesaba mucho la botánica, comparaba todas estas plantas nunca vistas con aquellas que ya estudiara.

—¿Se han dado cuenta ustedes de que somos los únicos que vamos por la carretera? —preguntó el doctor Kent.

La razón era que todo el pueblo había acudido a la iglesia para escuchar el último sermón del anciano Meck, que conmemoraba su cincuenta aniversario. Había sido nombrado vicario a los veinte años, bajo las inmediatas órdenes de su padre, y, a la muerte de éste, ascendió a pastor en la misma parroquia. Ahora, que tenía setenta años, quería viajar por el extranjero con su nieta.

—¿Entonces se conserva bien? —preguntó Kallen.

—Sí; lleva una vida muy sana. Siempre está andando. Aquí representa el espíritu de la conciliación.

—¿El espíritu de la conciliación?

—Sí; sabe conciliar la ciencia moderna con las costumbres antiguas. Mucha gente se ha hecho rica gracias a él y esta riqueza se ha extendido incluso a los alrededores.

—¿Es muy querido?

—Todo el mundo le adora.

—¿Y qué tal es... como predicador?

—En los cincuenta años que lleva predicando, siempre ha contado anécdotas. Unos se burlan y otros se escandalizan, lo cual no impide que haya hecho escuela y que tenga imitadores.

—¿Qué tipo de anécdotas cuenta?

La última que yo escuché fue esta: «Una mujer de San Luis, en América, había estado presa durante treinta años y, aunque ya fuera septuagenaria, seguía siendo la prisionera más peligrosa. El gobierno decretó se la trasladara a otra prisión, dirigida por una cuáquera. La vieja no quería moverse y se defendía tan bien a patadas y puñetazos que no hubo más remedio que atarla fuerte a una camilla para llevarla. La prisionera fue recibida por la cuáquera.

»—Desatadla —ordenó.

»—No es prudente, porque...

»—¡He dicho que la desateis!

»Tan pronto como la vieja quedó libre de sus ataduras la directora la abrazó afectuosamente, como si fuera una hermana, la besó y le dio la bienvenida. Entonces la desgraciada cayó de rodillas y preguntó:

»—¿Crees de verdad que todavía quede en mí algo de bondad?

»Desde entonces no dejó de ser obediente.»

Kallen y Kent se bajaron del carruaje para subir andando hasta una granja situada a cierta distancia. Un perrazo negro se había incorporado ladrando, pero una vez que reconoció el coche, y olfateó a los visitantes volvió a tumbarse. No se veía ni un alma por allí. El joven cochero del médico dio la vuelta al carruaje y le colocó al borde de la carretera.

Mientras que los médicos entraban en la habitación del enfermo, Rañi se paseó por el patio de la granja. A través de una ventana vio a un viejo acostado y a una vieja que, sentada a su lado, no paraba de cantar salmos. No se interrumpió ni aun cuando los médicos abrieron la puerta.

Rañi iba y venía por el patio, en el que reinaba la más absoluta calma, esta paz profunda que en ningún sitio es tan inmensa como en una granja despoblada, a la hora del reposo dominical. Vio a Kallen que auscultaba al enfermo; poco después el doctor Kent salió con la campesina y, por último, apareció Kallen en la puerta lanzándola una alegre sonrisa.

¡Cuánto le quería!

Rañi pasó la tarde junto a su marido, en el despacho.

Todo estaba ya colocado, excepto los libros.

Soren Pedersen entró, seguido de su esposa. Sus guiños eran más maliciosos que nunca. Aase parecía inquieta. Anunciaron que el pastor y la señora Tuft acababan de llegar.

Eduardo notó perfectamente que Rañi palidecía, pero como no quería que los Pedersen se enteraran de nada, se limitó a preguntar:

—¿Vienes?

Y ambos fueron a recibir a los visitantes.

La entrevista fue fría y afectada. El pastor pidió disculpas por haber ido a hora tan inoportuna: para él era la más cómoda, después del sermón de la tarde. Josefina y él venían, sin más, a pedirles que fueran a cenar con ellos aquella noche.

—Los domingos —añadió Ole— un pastor no dispone sino de sus veladas.

Su voz y su aspecto guardaban todavía el reflejo de la iglesia, de donde acababa de salir. Josefina lo miraba todo para cubrir las apariencias y pronto fue imitada por su marido. El pastor encontró la casa muy confortable y dijo que el piano era un mueble «muy bonito». Josefina aprovechó este comentario de su marido para dirigir por primera vez la palabra a su cuñada:

—¿Me han dicho que toca usted muy bien?

—¡Oh!

—¿Podría tocar algo para nosotros?

El pastor aprobó:

—Sí, sí, aunque sea algo cortito.

Rañi miraba a su marido con los mismos ojos que un náufrago a su salvador. Eduardo respondió por ella:

—Es necesario que el artista esté inspirado...

Entonces Ole transigió con tono de excusa:

—Sí, la señora ha de sentirse aún un poco fatigada.

Todos excepto Rañi se habían sentado, ésta seguía de pie, el pastor delante de Kallen y Josefina a su lado.

—Es normal que estén todavía cansados —prosiguió Ole Tuft— después de un viaje tan largo, seguido de una mudanza. El doctor Kent me dijo que ya habían ustedes casi terminado...

—Así es —repuso Eduardo—. Nos han ayudado mucho Soren Pedersen y su mujer.

Rañi temía que la pareja se encontrara todavía en el comedor; se acercó para echar un vistazo; no había nadie, así como tampoco en el despacho del doctor.

El rostro del pastor adquirió una expresión paternal, mientras explicaba:

—Nosotros mismos hemos tenido que contratar a Soren y a su mujer, porque nuestros obreros habituales no estaban libres, pero no habría que dar trabajo a gentes como ellos.

—¿Ah, sí? —dijo Eduardo.

—Son buenos obreros, eso nadie lo duda, pero son unos borrachos y hay días que no van a trabajar, como ha pasado aquí, por lo que estoy viendo. Esto escandaliza mucho a los fieles de la parroquia.

—¡Vaya, vaya!...

Rañi pasó por delante de su marido y le acarició la cabeza. Buscó algo sobre el piano, que no encontró. El pastor, sin inmutarse por el tono irónico de su cuñado, continuó:

—Hemos hecho todo lo que hemos podido por esos desgraciados, sin ningún resultado. La mujer bebe tanto como el marido. No pueden imaginarse lo bien que nos hemos portado con ellos. Pero trabajo perdido. No quiero hablar más sobre esa lamentable historia —terminó Ole, mirando a su esposa con el rabillo del ojo.

Josefina, muy encorsetada y ceñida por un vestido demasiado justo, orgullosa e impenetrable en una pieza, impecable de los pies a la cabeza, miraba fijamente ante sí, como solía hacer dando la impresión de estar completamente ausente. Eduardo sentía deseos de levantarse y sacudir su sopor con un grito, pero le contenía la muda súplica que leía en los ojos de Rañi.

—Lo malo —dijo— es que el anterior propietario hiciese construir una casa al lado del hospital; resulta molesto tener vecinos tan cerca.

—Indudablemente..., pero ya sabes que, si la hizo, fue para su cuñado que, dicho sea de paso, ha muerto hace poco.

—Lo he oído decir. Si tuviera dinero suficiente compraría también ese terreno, aunque lo cierto es que no tengo necesidad.

Josefina se volvió ligeramente para mirar a Rañi, e insinuó:

—No creo que esa casa esté en venta... Conozco a los herederos.

Hubo un silencio. Luego el pastor sacó otro tema de conversación. Acababa de leer en el periódico un artículo que trataba acerca de la inseguridad que había en América. Hablaba como persona documentada y, dirigiéndose siempre a su mujer, de vez en cuando miraba a Rañi por venir del país de que se hablaba, lo hacía de una manera furtiva y después sus ojos volvían inmediatamente a Josefina.

El pastor Tuft era un buen hombre, bastante representativo. Había engordado ligeramente y los huesos demasiado sobresalientes de su cara ahora se notaban menos. Tenía una voz clara y sonora, sus ojos seguían brillando a lo *Melanchton* y su manera de hablar era insinuante, aunque detrás de la dulzura se sentía la fuerza.

De repente, Josefina le hizo un gesto con la cabeza. Ole se levantó:

—Sí —dijo—; ya es tarde... Empieza uno a hablar y se pasa el tiempo sin darse cuenta... ¿Nos acompañáis?

Josefina se había levantado. Kallen se levantó también y, habiendo percibido una lucecilla suplicante en los grises ojos de Rañi, se disculpó:

—Muchas gracias. Otra vez será; hoy estamos todavía agotados.

Kallen fue con ellos hasta la puerta y luego se asomó a la ventana; contempló cómo se alejaban las fuertes siluetas de su hermana y su cuñado. Ya habían pasado la iglesia... Todo el mundo les saludaba respetuosamente.

El joven doctor permaneció algunos minutos en esta actitud y luego, después de haber dado algunos pasos por la habitación, llamó a Soren y a Aase. No se les veía por ninguna parte. Sigrid, la criadita, aseguró que no les había visto desde que había llegado el pastor. Eduardo hizo un gesto de impaciencia.

—¡Estarán bebiendo! Ve corriendo y diles que vengan a cenar con nosotros; adviérteles que estamos solos.

La criada salió apresuradamente; Kallen gritó aún:

—¡Hazles que vengan, aunque sea por fuerza!

Cuando los tuvo allí, dijo:

—Oigame bien, Pedersen. El pastor afirma que usted y su esposa beben tanto que no ha podido corregirles...

—Es cierto lo que dice el pastor —sonrió Pedersen.

—¿Sabe usted, amigo mío, que eso de beber es perjudicial para la salud y que al final el cuerpo acaba resintiéndose?

—¡Ya lo sé, pero más tarde!

—¿Me da usted su autorización para que le cure esa enfermedad?

—Con mucho gusto; pero le llevará mucho tiempo, señor doctor.

—Dos minutos.

—¿Eh?

Antes de que el incrédulo hubiera terminado de sonreír, Kallen le estaba mirando fijamente a los ojos con toda la autoridad que era capaz de poner en los suyos. Pedersen se asustó y se apartó. El médico le siguió y le ordenó que se sentara. El hombre obedeció:

—¡Míreme bien!

Aase empezaba a encontrarse mal.

—¡Siéntese usted también!

Y bajo la influencia de los ojos del hipnotizador se desplomó sobre una silla.

Después de una pausa, el doctor ordenó:

—¡Abran los ojos!

A continuación les endilgó el siguiente sermón:

—Atienda bien, Soren Pedersen. A partir de hoy va a dejar usted de beber todo lo que sea alcohol, aguardiente, vino o cerveza y durante un mes entero. ¿Entiende? Después de este tiempo —en este momento son exactamente las seis y media— vendrá usted a buscarme aquí, a esta misma hora. Usted también, Aase; cada vez que su marido quiera beber, usted ha de gritar y luego se pondrán a cantar ambos.

—Pero ¡si no sabemos cantar!

—¡Peor para ustedes! ¡Cantarán a pesar de todo!

4

Josefina se ausentó de la ciudad. Partió con su hijo hacia el Oeste para pasar una temporada a la orilla del mar. Ole, que no había tenido vacaciones desde que era pastor, se uniría con ellos unos días después.

Cuando terminó sus estudios, Ole Tuft había sido enviado a este lugar en calidad de vicario; como su labor había obtenido reconocimiento entre los feligreses le nombraron pastor de la ciudad. Durante estos últimos seis años había trabajado mucho y realmente necesitaba un descanso.

Josefina fue a despedirse de su hermano, pero no le encontró. Explicó que estaba a punto de marcharse y se despidió, pidiendo a Rañi que diera recuerdos a Eduardo.

Rañi pensó que este viaje era sólo un pretexto para no tener que presentarla a ella «en sociedad», es decir, en la sociedad de aquella pequeña población. Evidentemente, Josefina Tuft no quería salir garante de una unión irregular.

Sin embargo, Rañi prefirió no contarle esta impresión a su marido, que era menos desconfiado que ella, y que, por otra parte, tenía demasiado trabajo para ocuparse de estas nimiedades. El doctor Kent se iba a marchar al extranjero y, como había tenido a su cargo el hospital mientras que llegaba Eduardo, lo lógico era que éste, a su vez, sustituyera a Kent durante su ausencia.

El otro médico del pueblo era un joven militar que se encontraba por aquel entonces de maniobras. Se llamaba Arentz e impresionaba a todo el mundo por la opulencia de sus pecheras impecables. Era un hombre sin iniciativa, demasiado imbuido de ciencia oficial mediocre, pero de una honestidad absoluta. Como las constantes visitas en la ciudad y sus alrededores llevaban mucho tiempo a Kallen, pensó contratar a Arentz como suplente.

A Rañi le entristecía mucho ver cómo su marido devoraba rápidamente la comida, salía enseguida y no volvía hasta muy tarde para la cena. Algunas veces se quedaba unos momentos con ella en la galería; otras, más raras, le ayudaba si reclamaba sus servicios; los libros le apartaban siempre de ella, la pasión del estudio era irresistible. Luego, cuando regresó el doctor Kent, Eduardo pensó que debía recuperar el tiempo perdido con sus visitas a los alrededores. A partir de entonces se encerraba en el laboratorio cuando no estaba en el despacho. Aquí, por lo menos, podía entrar Rañi. Instaló en el despacho su butaca y puso sus libros en una de las estanterías. El despacho del doctor tomaba poco a poco aspecto de *boudoir*.

Durante largas horas ambos permanecían absortos en sus lecturas, sin intercambiar más de una docena de palabras. Estando absorbido por un estudio laborioso, Eduardo no se daba cuenta de que a su esposa no le gustaba demasiado verle echado sobre el sofá, y mirándola, sin decir nada, o bien perdido en sus reflexiones, se acercara a la ventana para tomar el aire. Creía que de esta forma —su padre había tenido la misma manía— era como mejor se pensaba.

No obstante, Eduardo se sentía muy unido a su hogar; lo evocaba inconscientemente siempre que volvía a él, recorriendo una por una todas las habitaciones. Muchas veces, después de cenar, si bien no estaba muy seguro de oír siempre lo que tocaba.

Ella, sin embargo, cada día que pasaba la vinculaba más a su interior, a cada uno de los objetos familiares que jalonaban su existencia. Eduardo seguía siendo «el Príncipe Azul»; al piano le llamaba «el Sueño» o «la Aventura»; a su habitación «Bajo las estrellas»; los pichones que le regalaran por Pascuas «mis lirios blancos» y Sigrid, la muchacha, «La Siete brazos». Cuando estaba con Kallen en el despacho, cada uno con su libro, tenía la sensación de que viajaban en barcos distintos para descubrir tierras lejanas.

—¿Vamos a embarcarnos? —decía, en vez de ¿vamos a trabajar esta noche?

Eduardo conocía ya esta necesidad de imágenes que sentía su mujer por las cartas que ella le enviaba desde América.

«Estamos trabajando —escribía— cada uno en un extremo de un túnel para terminar encontrándonos. Ya me parece oír el golpear de tu pico, que se acerca.»

Los barcos que cruzaban el Atlántico llevando cartas suyas para Eduardo o de éste para ella iban, según ella, «impulsados por la nostalgia».

Una tarde que llovía se encontraban ambos en la galería.

De repente, dijo:

—Las casas tendrían que tener cabeza...

—¿Cabeza?

—Sí; para esconderla debajo del ala, como hacen las aves.

—¡Bonita idea!

—Sí; yo siempre me siento como debajo de un ala.

—¿Y cómo es posible que no te hayas sentido atraída en tu infancia por las imaginaciones simbólicas de la Biblia? —observó el doctor.

—Porque mi padre, cuando yo tenía diez años, me hablaba constantemente del origen de las especies. Plantas, animales y hombres eran para mí una sola y extensa familia, cosa que me gustaba mucho. Después de la muerte de mi padre, tuve un padrastro que era pastor: decía que la tierra y los hombres habían sido perfectos desde el origen; y que el universo había sido creado solamente para el disfrute del hombre, y a mí me costaba trabajo creerlo. Por otra parte, mi padre era un hombre tranquilo y enfermizo, al que yo amaba, y mi padrastro un hombre fuerte y violento, al que temía. Kallen pidió que le narrase su infancia, su juventud y su desarrollo, pero Rañi se negó obstinadamente.

Kristen Larssen había ayudado al doctor a organizar su laboratorio, el sistema de aireación y la instalación de diversos aparatos. Nunca había conocido Kallen un hombre más introvertido y silencioso ni tampoco que fuera más inteligente.

Un domingo de agosto llegó por la mañana, vestido con sus mejores ropas: una especie de levita de color beige con largos faldones y mangas muy estrechas, un chaleco a cuadros excesivamente corto y un pantalón gris. Normalmente Larssen iba descubierto, pero en las grandes ocasiones solía llevar un sombrero en la mano. Permanecía de pie en el despacho, alto, seco y delgado, mostrando su rapada cabeza y la cara cuidadosamente lavada, pero con la piel todavía negra en el nacimiento de la barba.

El doctor le pidió que tomara asiento y, a continuación, le preguntó cuál era su enfermedad. En vez de contestarle el hombre dirigió al médico una mirada penetrante y aseguró que no tenía absolutamente nada. Luego, con visible dificultad, añadió:

—Me han dicho que la señora ha vivido en América cinco o seis años. ¿Le importaría prestarme algunos libros de inglés? ¿Podría, incluso, darme algunos consejos? Yo ya he estudiado algo ese idioma.

—¿Es que piensa usted emigrar?

—Sí, vagamente. Pero ir a América para estar allí bajo la protección de noruegos, ¡nunca!

—¿Cuántos años tiene?

—Algo más de cuarenta años. (Aparentaba tener bastantes más de cincuenta.)

—Pues bien, Larssen; estoy seguro que a mi esposa no le importará darle clases de inglés.

Al principio Larssen no quería aceptar, pero Kallen le hizo comprender que necesitaba tener una buena pronunciación.

Rañi entró en aquel momento y Kallen le preguntó si consentía en enseñar inglés a Larssen. Le dijo que sería como si le proveyera de unas alas que le permitirían levantar el vuelo.

Rañi enrojeció ligeramente; presentía la carga y no le apetecía mucho. Sin embargo, viendo a este hombre del cual decía su marido que estaba tan bien dotado tuvo compasión. Permanecía cortésmente ante ella y leía una página de inglés, cuyo sentido comprendía bastante bien. Entonces no solamente se ofreció a darle clase, sino que hasta le obligó a aceptar.

Esa misma tarde, hacia las cinco, llegó Larssen para asistir a su primera clase: tradujo palabra por palabra una página de inglés bastante sencilla. Y cuando Kallen volvió contempló ante sí el curioso espectáculo de dos cabezas inclinadas sobre el mismo libro: una cara larga, huesuda y negra, arrugada y desconfiada, y un semblante fino, de ojos juveniles, un cutis de rosa y una sonrisa adorable.

Rañi tenía el pañuelo sobre la boca y hacía grandes esfuerzos para mantenerse al lado del hombre. Entonces Eduardo recordó que Larssen tenía una halitosis sumamente desagradable y en lo sucesivo hizo todo lo posible para que, maestra y alumno tuviesen cada uno un libro y así pudieran sentarse separados.

Tan pronto como pudo Rañi se apresuró a escapar. Para compensar esta falta de entusiasmo Kallen invitó a Larssen a cenar y, durante la comida, intentó que se sintiera cómodo. Pero el invitado permaneció tan frío y desconfiado como a su llegada.

El carácter de este hombre extraño intrigaba a Kallen. ¿Quién era, en definitiva, y cómo había llegado hasta aquí? Buscó un pretexto para ir a su casa a visitarle.

Allí se encontró con la esposa de Larssen, una mujer delgada y seca, con la cabeza envuelta en un gran pañolón. No había niños; tampoco lumbre, se preparaba la comida de una vez para varios días. Kallen comprendió que era por economía y con el afán de ahorrar para el viaje a América.

Para justificar su visita sacó un revólver que necesitaba ser reparado. Le había llevado en el cajón del coche, sin percatarse de que no tenía municiones.

—¡Oh!, eso es lo de menos —dijo la mujer, examinando el arma—; nosotros tenemos de todo lo que hace falta. Este revólver es bueno —añadió, guardándolo bajo llave en una caja que colocó, acto seguido, en una estantería situada sobre el banco de trabajo de su marido.

Tanto el banco como la estantería estaban llenos de objetos para reparar.

—Ahora hay demasiado trabajo de fuera para poderse dedicar a todas estas bagatelas.

Una sola habitación servía al mismo tiempo de taller, cocina y alcoba. Un reloj colgado de la pared, una mesa, una cama, un sofá de madera y tres sillas eran todos los muebles que había; un olor fuerte e irresistible flotaba en el ambiente.

Kallen, al marcharse, pasó por delante del tallercito de guarnicionero de Soren Pedersen, el cual él le había ayudado a adquirir e instalar. Kristen Larssen estaba allí. De pie, con una botella en una mano y un vaso en la otra; junto a él, Soren y Aase, intentando entonar una canción, lanzaban lúgubres aullidos como si fueran perros enfermos.

Kristen Larssen reía de una manera singular: risa satánica, risa de extrañeza ante un hecho inexplicable, quizá risa de compasión por estos dos pobres seres: nadie lo sabrá jamás..

Rañi pronto se dio cuenta del don que tenía su marido para tratar a la gente.

En una reunión mundana tuvieron oportunidad de conocer al viejo pastor Meck y a su nieta Tilla Kraby. Ambos habían llegado de un viaje al extranjero y se disponían a partir de nuevo. Durante su corta, y posiblemente última estancia en estos parajes, el venerable ministro fue muy festejado. Esta reunión había sido organizada en su honor y Kallen y su esposa, que solían hacer una vida muy retirada, habían aceptado la invitación sólo por conocer a este hombre célebre.

Los invitados de honor se retrasaron un poco. Mientras tanto una joven bonita y muy compuesta, de apenas treinta años, muy metida en carnes, fue presentada a Rañi. La asustó grandemente cuando dijo:

—Debo decirle una cosa que tal vez le resulte desagradable: soy hermana de Soren Kule.

Entonces, percatándose del profundo desagrado de Rañi, la llevó aparte y dijo en voz baja:

—Entre nosotras, tengo la seguridad de que yo habría hecho lo mismo que usted..., sobre todo —añadió, estrechándole la mano— para tener la dicha de encontrar un marido como el suyo.

Era corpulenta, agradable, un poco vulgar, que no se daba cuenta del suplicio que imponía a este ser fino y delicado que era su ex cuñada.

Para Rañi ya era demasiado que esta mujer, por sus rasgos y corpulencia, le recordara la raza de «las ballenas».

Por fin, el anciano Meck hizo su entrada, del brazo de su nieta. Los dueños de la casa, el doctor Kent y su hermana —ya que el doctor no estaba casado— se acercaron hacia ellos, seguidos por sus invitados. Se oyeron muchos «buenas noches», «bienvenidos»; luego, «¡qué buen aspecto!», y aún «¡qué suerte para Tilla poder viajar!» Rañi y Eduardo, permaneciendo un poco apartados, observaban al pastor y a la joven, preguntándose dónde diablos habían visto ya a estos personajes.

El pastor Meck era alto, ancho de hombros y corpulento. Llevaba muy erguida la cabeza, su pelo era canoso.

Rañi murmuró, de repente, a su marido:

—¡Ya lo sé! Creo que son familia de aquel joven que nos encontramos el día de nuestra llegada, aquel muchacho del pelo largo...

—Sí; es verdad. Tiene el mismo perfil aguileño; parece como si fueran Borbones.

El anciano, con una voz baja y melodiosa, daba las gracias a todos los que le saludaban. Sus ojos no eran vivos, sino medio penetrantes, medio velados. No tenía aspecto autoritario, sino más bien dulce y amable. Cuando algún alto cargo hablaba con él se mostraba ceremonioso y modesto, a la antigua usanza.

Le presentaron al nuevo doctor. La señora Lilli Bing dijo a Rañi a quema ropa, designando a Eduardo:

—¡Qué felices tienen que ser ustedes dos! Parecen hechos el uno para el otro. ¿Me permite usted que la presente? La señora de Kallen. La señorita Tilla Kraby.

Las dos jóvenes se saludaron tímidamente y luego empezaron a charlar. Rañi supo que el joven que vieron el otro día en la calle era primo de Tilla y un buen músico. Entonces empezaron a hablar de música y no se separaron durante toda la noche.

Pocas veces —exceptuando a su marido— había encontrado Rañi a una persona que le inspirara tanta confianza. Tilla, tan tranquila, amable y rubia, tenía además unas ideas propias, muy originales. ¡Qué pena que dentro de poco tiempo se fuera para siempre de la ciudad! La perspectiva de una separación tan próxima aumentó el encanto de su corta intimidad. Esto contribuyó a decir a Rañi para que se pusiera a tocar cuando se lo pidieron: le apetecía que su nueva amiga viera como manejaba el piano. En el momento de sentarse al piano, susurró a Tilla:

—Quédate delante de mí de forma que pueda estar viendo una cara conocida mientras toco.

Decidió empezar con la canción de Solveijg, de *Peer Gynt,* la deliciosa ópera de Grieg.

A priori el auditorio pareció un poco defraudado; esperaba un gran número, una pieza de resistencia y no una cancioncilla. Pero el piano «entonaba» tan melodiosamente que el gobernador, camarlengo honorario de estas reuniones, pidió que tocara otra vez la canción, lo que fue concedido. Siguió otro trozo de Grieg, y luego, como contrapunto encantador, los *Juegos de niños,* de Selmer.

Rañi tocaba con la más fina y aguda inteligencia de que era capaz. Interpretó aún una antigua romanza de Sinding, luego una agradable melodía de Svendsen y, finalmente, una gran marcha triunfal de Selmer. Aquella tarde la artista no tenía miedo a nada; sus grandes ojos deslumbraban a Tilla y a muchos otros: eran unos ojos que recordaban a los de las princesas de los cuentos de hadas.

El gobernador recorrió el salón celebrando el entusiasmo general; el anciano Meck quiso saludar personalmente a la pianista, mientras que Tilla murmuraba:

—El abuelo es muy aficionado a la música.

Una hora más tarde, el pastor Meck y su nieta se despidieron. Siempre se retiraban temprano. Eduardo y Rañi les acompañaban.

Aunque la noche fuera más cálida de lo normal a finales de agosto había sido necesario recurrir a los abrigos. La calle estaba llena de gente. Cuando por fin llegaron delante de la casa de los Kallen, Rañi, tan comedida normalmente, suplicó al pastor Meck que les hicieran el honor de entrar, a lo que el anciano accedió galantemente, «con la condición de oír un poco más de música».

Entraron; se encendieron las lámparas y pronto la notas de una barcarola invadieron la noche por las ventanas abiertas de par en par.

El pastor estaba encantado. Incluso le pidió permiso a Rañi para que su nieto, todavía alumno del Instituto, viniera a oír a la señora. Al muchacho, según explicó, le gustaba tanto la música que a los diecinueve años aún no había terminado el bachillerato.

Rañi contestó que sería para ella un honor y Kallen se encargó de invitar al muchacho; el anciano estaba muy agradecido y rogó al doctor que aprovechara la oportunidad y reconociera al mozalbete, que no estaba bien de salud.

Kallen contestó que ya lo había observado, que incluso creía haber adivinado la causa del mal.

El pastor se puso, a su vez, al piano:

—Escuchen una de las composiciones de mi nieto —dijo.

Y con dedos mucho más ágiles de lo que se hubiera podido suponer y bastante estilo, aunque con voz débil, tarareó un *Himno a la mañana.*

El tono y el acompañamiento tenían mucha personalidad, y Rañi dijo:

—Pero ¡si ahí hay verdadera inspiración!

Kallen preguntó quién había escrito la letra. Tilla contestó que sólo eran versos encontrados en un periódico.

Cuando estuvieron solos, Rañi confió a su marido que aquellos versos de mujer eran una traducción suya. El propio primo de Kallen los había publicado en un periódico americano-noruego, y luego fueron traducidos en Noruega.

Esta coincidencia singular empujó a Eduardo a presentarse al día siguiente al joven Carlos Meck. Tres días después éste se mudó con piano, libros y ropas a una espaciosa buhardilla en casa de los Kallen, con vistas al parque.

Rañi se había opuesto a recibir a este huésped; Kallen había insistido y al fina Rañi cedió.

5

Desde aquel día se vio en la mesa de los Kallen a un muchacho joven, de pelo largo, introvertido, con los pies siempre recogidos debajo de la silla, los dedos achorizados y llenos de sabañones y tan húmedos que a

Rañi le daba asco tocarlos. Incluso le resultaba molesto dirigir la palabra a este muchacho demasiado guapo, después de lo que Eduardo la había contado acerca de sus placeres clandestinos. Las revelaciones del médico habían despojado automáticamente a este adolescente de todo lo que en un principio encontrara en él de bello y atrayente.

Cuando entraba en el salón lo hacía con movimientos torpes e irregulares, como si no pudiera hacerlo de otra manera, y se enganchaba con el pomo de la puerta o tropezaba con las sillas. Nunca miraba a los ojos. Sus bellos ojos estaban apagados, somnolientos; las mejillas, de color ceniza. En la mesa se quedaba embelesado con el dibujo de los platos o de la panera de China. Nunca se unía a la conversación, y cuando le dirigían la palabra se limitaba a contestar con monosílabos, en un tono apagado. En cambio, según Rañi, comía como una bestia. Si le veía secarse las húmedas manos en el pantalón o en la copiosa y grasienta cabellera le encontraba más repugnante aún que a Kristen Larssen.

¡Oh! ¡Tener que sentar todos los días a su mesa a este desagradable mocito! ¡Y aguantar todas las tardes el insoportable aliento de Kristen Larssen! ¡Y si hubiera parado ahí la cosa! Pero todavía quedaban las viejas mendicantes que Eduardo llevaba a su casa para proporcionarlas jerséis de lana, la chiquillería que había que vestir de pies a cabeza, así como los amigos del doctor ¡sus queridos amigos los tuberculosos! Y por si no era suficiente el desagrado que le producía a Rañi esta mezcolanza sucedió que, como todas las puertas estaban siempre abiertas, muy pronto ya no tuvo ninguna habitación para ella sola ni ningún momento en que poder aislarse. ¿Hablar de ello a Eduardo? ¿Quejarse? No serviría de nada, pues lo que para ella constituía un martirio representaba para Eduardo la mayor felicidad del mundo.

Así, pues, Rañi se sentía en cierto modo celosa por el interés que él mostraba por todas estas cuestiones ajenas a ellos, sin preocuparse por ella ni por las molestias que esto le causaba. Entre otras cosas ya no se preocupaba de sus dificultades con Josefina. Hacía ya mucho tiempo que los Tuft habían vuelto de sus vacaciones y Josefina les había hecho cierta mañana una corta visita para traer a Eduardo unas flores de la tumba de su padre.

Los dos cuñados se encontraban de vez en cuando en la calle o a la cabecera de los enfermos; donde también acudía muy a menudo Josefina, pues era muy bondadosa para los pobres. Pero nunca iban los unos a casa de los otros ni el pastor, en contra de lo que todo el mundo esperaba, había ofrecido una cena en honor de los Kallen.

Rañi sabía cuál era la razón de todo esto. Eduardo no llegaba a comprender lo insoportable que le resultaba a ella esta situación falsa, pues, a decir verdad, le cerraba los salones de todo un clan de la sociedad local. Y, no obstante, tenía que sufrir en silencio. Eduardo, un hombre de acción, un hombre entregado de lleno a la medicina, ¿no tenía, acaso, el derecho de apartar lejos de sí todo aquello que le molestara, o se opusiera a su obra?

Al fondo, muy al fondo del patio grande del hospital, había un cobertizo que se utilizaba para almacenar las provisiones y la leña. Kallen instaló allí un gimnasio y todas las tardes, hacia las seis, venía para trabajar con el joven pálido. Este entretenimiento le resultaba tan agradable que tomó la costumbre de volver todos los días a la misma hora. Había descubierto otros aceptos de la gimnasia, y él, el jefe de todos, también practicaba. Al principio no consiguió buenos resultados; luego, poco a poco, fue haciéndose ambiente y la innovación resultó un éxito.

El muchacho pálido y tímido apenas si había tocado el piano desde su llegada, pues temía la crítica de Rañi. Por las tardes Kallen subía a su habitación con un libro en la mano y durante la media hora que estaba allí le obligaba a tocar. Hablando de hombre a hombre había conseguido que Carlos Meck le hiciera confidencias y le vigilaba con benevolencia. El flaco muchacho entraba ya en el salón con mayor decisión y no salía tan precipitadamente. Llegó un domingo que Rañi, a instancias de su marido y haciendo de tripas corazón, dijo al muchacho:

—¡No se vaya usted tan rápido a encerrarse en su cuarto! Venga, vamos a tocar a cuatro manos; yo escogeré fragmentos fáciles.

Carlos daba la sensación de estar desesperado; pero quiso la suerte que tropezara con su taburete y diera con él en el suelo; al levantarlo, faltó poco para que tirara también el de Rañi. Esto les hizo reía a los dos: el ambiente se hizo más distendido.

Rañi, fresca y esbelta, ataviada con un vestido de seda color rojo guarnecido de encajes, se sentó a su lado y sus finos dedos de pianista rozaban constantemente con los dedos enrojecidos de su discípulo. A menudo volvía hacia él su rostro espiritual; un perfume delicado de heliotropo se escapaba de su corpiño y de sus cabellos.

Carlos se sentía cada vez más torpe; se encontraba feo y se le hacía insoportable el olor que desprendía su pelo. Se esforzaba, pero se equivocaba muchas veces, y esto le preocupaba hasta el punto de hacerle perder todo su valor.

—Indudablemente —dijo Rañi, levantándose—, hoy no está usted inspirado.

Carlos se retiró como un perrillo castigado. Se atormentaba a sí mismo y, por enésima vez, pensó en escapar, abandonando la casa. No bajó a cenar, y, como no le encontraban por ningún sitio, Kallen pidió explicaciones. Entonces Rañi le contó el pésimo resultado del concierto a cuatro manos. Se había cansado al cabo de media hora: un muchacho que no era capaz de un esfuerzo progresivo la disgustaba.

—¡Siempre serás una esteta! —dijo Eduardo, poniéndose a buscar a su huésped.

Entonces Rañi prometió a su marido, con acento cariñoso, que sería amable con Carlos Meck y Kristen Larssen.

Este llegaba precisamente en aquel momento. Con paciencia ultraterrena Rañi se sentó en el despacho y dio su clase al cerrajero.

Al principio este hombre le daba pena; pero luego pensó que su presencia le era incómoda y molesto su aliento y que, al fin y al cabo, era una cobardía por su parte doblegarse a estas lecciones que la disgustaban.

Kristen llegaba a la hora en punto, ataviado con su larga levita de estrechas mangas y llevando consigo un insoportable olor a sudor. Su aliento era tan fuerte que pasaba al otro lado de la mesa hasta Rañi. Se sentaba, abría el libro, buscaba la página y a continuación buscaba con sus ojos fríos y penetrantes la mirada de la joven. Una de sus manos negras y velludas sujetaba el libro, mientras que con la otra seguía los renglones, alargaba el cuello y solía comenzar planteando sus dudas sobre algún punto de la lección anterior, de cualquier punto que se le hubiera escapado. Hacía las preguntas con inteligencia, pero se mostraba desconfiado como temiendo que Rañi hubiera podido equivocarse. Esta desconfianza recalcitrante le había alejado para siempre la confianza de Rañi. Despacio, trabajosamente, avanzaba frase por frase, palabra por palabra. Si Rañi le interrumpía para señalarle una falta, dejaba el dedo sobre la palabra culpable y la miraba con hostilidad; ella tenía que repetir cuál había sido el error. Nunca encontraba suficiente la explicación y solamente aceptaba la corrección a la tercera y, como si dijéramos, a beneficio de inventario. Sucedía igual siempre que le interrumpía; Rañi conocía ya el mecanismo y se prestaba de antemano a sufrir, por encima de la mesa, el aliento insoportable de su contradictor.

¡Ah! ¡Se comprendía el empeño de este hombre para presentarse siempre bien preparado, para no caer nunca en el mismo error! A pesar de su simpleza, se revelaba en él un raro talento de filólogo a cada una de sus preguntas. Pero inspiraba un loco terror a su improvisada maestra. A Rañi este hombre se le parecía a un viejo mono que un día vio en una revista ilustrada.

En cambio Rañi encontraba en su vida doméstica un consuelo: trabajar con su doncella. Muy pronto llegaron a ser grandes amigas. Rañi ordenaba los trabajos y la muchacha los hacía con habilidad e inteligencia.

Quince días después del malogrado ensayo hecho con Carlos Meck, Rañi dijo al muchacho:

—¿Qué le parece a usted si empezamos desde el principio?

—No, gracias...; creo que no podría —contestó con aspecto aterrado.

—¡Pues claro que sí! Yo misma he adaptado un fragmento muy fácil para tocar a cuatro manos. ¡Ya verá usted qué fácil!

Le enseñó el fragmento; Carlos, muy avergonzado no se atrevía a acercarse, la miraba desde lejos, pasándose la mano por el pelo.

—¿Lo conoce? —le preguntó.

Él no dijo nada. Era un fragmento de una composición suya titulada *La montaña,* que había tocado muchas veces a Kallen en su buhardilla.

Con el fin de enmendar el fracaso de la primera vez Rañi la había arreglado para que pudiera ser tocada a cuatro manos.

—¡Venga! —le dijo.

Estaba vestida con el mismo vestido rojo, guarnecido de encajes, que le caían sobre las muñecas y los dedos ahuesados de artista; tenía los mismos ojos extraños, plenos de ensoñación, que hacían estremecerse al joven Carlos de los pies a la cabeza, cuando le miraba. El estaba vestido también con un traje nuevo y se había cortado el pelo; tenía un aspecto impecable.

Rañi tocaba con mucha agilidad; pero cuando él no podía seguirla, le esperaba. Al final la cosa no se torció y la joven prometió amablemente que volverían a empezar. Tan pronto como terminaron se levantó Carlos y se inclinaba ya para despedirse, cuando Rañi le dijo:

—Hoy es domingo, no creo que tenga usted nada que hacer.

—Efectivamente.

—¿Le gustaría salir de paseo conmigo?

—Como quiera, señora.

Bajó enseguida con el abrigo y el gorro de piel puesto. Ella llevaba un elegante abrigo y un sombrero de plumas, americano.

—Vamos a subir esa cuesta —propuso Rañi y pronto nos encontraremos con el doctor.

Tan pronto como hubieron dado algunos pasos Rañi reparó en que todo el peso de la conversación recaería sobre ella, porque Carlos era tímido y muy callado. Le hizo una descripción de las praderas de América y de los daños que causaban en ellas los huracanes y la nieve. Carlos observó para sí mismo cómo se acaloraba al hablar de este tema y qué de prisa podía andar, pese a sus pequeños pies.

Era un día de octubre nublado, pero sin frío. El campo estaba triste y sombrío; las hojas de los árboles ya empezaban a caerse. Carlos no veía nada de lo que le rodeaba; sólo la veía a ella. Le impresionaba que la mujer más elegante y artista que conocía se dignara pasear en su compañía.

Por ella, ni que decir tiene, se hubiera revolcado en el lodo, se hubiera matado de un tiro o ahogado en el largo. Iba al lado de esta mujer, cuya elegancia realzaba al pueblo, de la cual estaban enamorados todos sus compañeros del Instituto... ¡Y le hablaba a él, a Carlos, en presencia de todo el mundo!

El padre de Carlos se llamaba Otto; era médico e hijo del pastor Meck. Casado con la hija de un rico propietario rural, vivía en medio de sus bosques como un campesino. El chico había asistido allí a las talas de árboles, a partidas de caza, con lazo y escopeta, e hizo una descripción bastante lograda de estos parajes salvajes y alejados. Contó las costumbres del gallo del abedul, su forma de cortejar a la hembra, de jugar y de volar; imitó con tanta perfección su canto que Rañi le llamó a partir de entonces «el gallo del abedul».

Como no encontraron a Kallen regresaron por el mismo camino y, una vez en casa, tocaron de nuevo el fragmento de antes, pero esta vez les salió mejor. Decidieron practicar durante todo el día para dar por la tarde una sorpresa a Kallen, pues para Carlos el doctor era el ser supremo, el hombre que más admiraba en el mundo.

Evidentemente, Rañi tenía una enorme influencia sobre el joven Meck. Se fue acostumbrando a su rostro ovalado, a su humor voluble, tan pronto alegre hasta la locura como sombrío y melancólico, a verle unas veces violento, e impaciente o humilde y sumiso, a que trabajara intensamente o se entregara al *dolce far niente.* Unos días vestía con una elegancia rebuscada y otras con un descuido excesivo.

Empezó a considerarle un muchacho encantador y ya podía soportar estrecharle la mano. Le ayudaba a hacer sus deberes, sobre todo los de inglés. Como su instrucción adolecía de muchas lagunas, Kallen propuso que abandonara la escuela y que estudiara en casa, lo que el padre de Carlos aceptó encantado.

Desde ese momento Carlos pasaba mucho tiempo en el salón, con sus libros y cuadernos; tocaba el piano y leía, leía y tocaba el piano, solo o las más veces junto a Rañi.

Cuando terminaban de comer daban juntos largos paseos. Aquel año la nieve llegó pronto, a principios de noviembre; a partir de entonces salían todos los días al encuentro del doctor para tener el placer de acompañarle a su vuelta, uno a cada lado.

Cuando el hielo cubrió el fiordo se dedicaron con entusiasmo al patinaje. Solamente un deporte siguió siendo privilegio exclusivo de Kallen y de Carlos: andar sobre las manos. Con la mayor seriedad el médico sostenía en el aire las largas piernas del muchacho hasta que éste no podía más. Al principio, este ejercicio tenía lugar solamente en el gimnasio; luego lo practicaban indistintamente en el salón o en el despacho, antes de comer y después de cenar.

—¡Las piernas en alto, muchacho! —gritaba Kallen.

Rañi se reía a carcajadas cada vez que Carlos se caía, pero le inquietaba que no pudiera sostenerse, según decía, porque «era demasiado blando». Quería verle fuerte y sano; sus dulces modales, sus embelesamientos, sus juegos infantiles la ponían de los nervios.

Pero Carlos no soportaba las regañinas y algunas veces se mostraba también mal alumno. Entonces ella le castigaba, no hablando con él... Y no le servía de nada fingir estar afligido o disculparse... Llorar también era inútil. Mantenía en pie la amenaza de contarle todo a Kallen. Si le pedía que le ayudara a hacer sus deberes no le dirigía, en cambio, ninguna palabra que no estuviera directamente relacionada con los estudios. Se negaba a pasear con él y aparentaba no verle, pero en presencia de Eduardo hablaban como si nada hubiera pasado.

Por otra parte, el doctor no se enteraba de nada de todo esto. No hablaba con nadie: le faltaba tiempo. Tenía tantos pacientes que decidió contratar al joven médico militar Arentz. Este arreglo tuvo lugar a finales de noviembre. Desde entonces Kallen podía dedicar más tiempo a la vida familiar, así como a la educación de Carlos, que se iba mostrando más formal.

El padre del muchacho fue a la ciudad en viaje de negocios y visitó a los Kallen para darles las gracias por todo lo que estaban haciendo por su hijo y para invitarles a pasar las Navidades en su pueblecillo, perdido en las montañas, en compañía de Carlos.

Otto Meck era más fuerte y corpulento que su padre, el pastor; su rostro, más ancho y más «Borbón», si cabe, estaba impregnado de melancolía.

Kallen aceptó la invitación y arregló las cosas con sus colegas para poder tomarse unas vacaciones. Desgraciadamente, cuando llegó el momento de emprender el viaje el doctor Kent cayó enfermo y Rañi, a pesar de su oposición, fue obligada a marcharse sola con Carlos. El doctor dijo que el iría más tarde.

Rañi se compró para el viaje un abrigo de pieles, botas y una bolsa de piel para meter los pies. Carlos le regaló un magnífico gorro de piel de zorro, que le daba aspecto de esquimal.

Kallen les acompañó a la estación. Rañi lloraba un poco a causa de esta separación, la primera desde su matrimonio, y Eduardo necesitó poner toda la fuerza que pudo de su parte para que subiera al vagón.

El médico contemplaba con satisfacción a Carlos, joven, fuerte y rebosante de salud, que estaba sentado al lado de Rañi.

—Mi querido Carlos —dijo—. Permíteme que te tutee a partir de ahora. ¡Eres un buen chico!

Carlos saltó al andén y se abrazó al doctor. El tren emprendió la marcha.

Kallen permaneció solo, leyendo mucho y sin sentirse demasiado molesto por su soledad; en estos últimos tiempos Rañi y Carlos le habían quitado mucho tiempo a sus trabajos. Pero el tercer día ya se sintió solo y pensó ir a sorprender a los viajeros; el doctor Kent estaba ya mucho mejor.

Aquella noche, era Nochebuena, salía de casa de Kent para ir al hospital cuando vio ante la puerta del edificio una muchedumbre de gente. Por la puerta del hospital salía un caballo arrastrando un trineo; el trineo estaba cubierto de paja y mantas. Seguramente habían llevado un enfermo y al doctor le pareció oír el llanto de un niño.

¿Un accidente!... ¿Quién era la víctima?... Andersen, el albañil, el hombre que desde lo alto de una casa en construcción había sido el primero en saludar a los Kallen el día de su llegada.

Durante el invierno, como no había trabajo, Andersen se dedicaba a la venta ambulante. Al atravesar un arroyo en el bosque había resbalado y dando un paso en falso se hirió. Incluso había sido una afortunada casualidad que se le encontrara en el camino.

Kallen encontró a la esposa del albañil llorando en el cuarto de las enfermeras. Ella le contó que Andersen, durante todo el invierno había andado de un lado para otro y ahora había forzado la marcha para poder estar en casa en Nochebuena y cenar en familia; tal era el amor que sentía por su hogar. Había tomado un atajo, pero, desgraciadamente, traicionado por sus ojos enfermos, se había escurrido y, al caerse, se había roto una pierna. Ahora no podía moverse...

—¡Triste Navidad!... —gemía la desgraciada— ¡Y nosotros, que le esperábamos con tanta ilusión!...

Kallen se apresuró a ver al enfermo, que habían tumbado en una habitación caliente.

Este hombre enorme, con la inmensa barba negra desparramada sobre la camisa, estaba desconocido. Tenía los ojos cerrados e inflamados los párpados. Los ojos estaban muy irritados y la córnea gravemente afectada; hasta la más débil luz le molestaba. El caso revestía gravedad.

La cara estaba cubierta de manchas azuladas, y los dedos, muy pálidos, completamente insensibles; las manos, abotargadas por el agua. La pierna derecha, fracturada hasta la rodilla. La herida tenía una profundidad de unos cinco centímetros y el hueso salía por entre los tejidos como un dedo enhiesto.

Andersen sólo decía que no quería que le amputaran la pierna. El doctor sólo pudo decirle que eso no lo sabrían hasta el día siguiente por la mañana.

Después dejaron la sala en penumbra; le pusieron compresas boricadas sobre los ojos. Una enfermera se situó al lado del lecho. Cubrieron el rostro de Andersen con aceite y sus manos con algodón hidrófilo. Con ayuda de una jeringuilla desinfectaron la herida con ácido fénico, pararon la hemorragia y se trataron los bordes de la herida con yoduro; luego sujetaron la pierna con un alambra de acero. Al marcharse, Kallen ordenó que le inyectaran al enfermo morfina en el caso de que los dolores se hicieran demasiado intensos.

El herido se adormeció, pero cada vez que despertaba le acechaban inaguantables calambres en el pie y volvía incesantemente a sus temores de amputación.

Al día siguiente, a las nueve, Kallen le encontró mejor. Estaba más despierto pero todos sus pensamientos se concentraban en una sola preocupación: conservar su pierna.

Manifestó el deseo de ver a su amigo el pastor; su mujer corrió a buscar a Ole Tuft antes del servicio del domingo por la mañana. Mientras llegaba atendieron los ojos del herido, menos hinchados, pero que seguían soportando mal la claridad. Se recurrió a la atropina y le pusieron vendajes nuevos.

Kallen esperaba el regreso de la mujer de Andersen y del pastor y les salió al encuentro. Según él, era necesario desarticular la pierna; es decir, amputarla por la rodilla. Pero no había que decirle nada al paciente. La mujer, que hasta entonces había soportado la desgracia con bastante calma, se abandonó a un dolor tan violento que Kallen no se atrevió a dejarla ver a su marido. Así que, el pastor entró solo.

Ole Tuft se impresionó al encontrar a su amigo yaciente en esta habitación en penumbra. No distinguía sino la larga figura del gigante, que gemía en su lecho, y le costó trabajo reconocerle con los ojos vendados, la cara envuelta en algodón y las manos metidas en bolsas de goma. Lo único que pudo hacer fue admirar su valor y su fe ingenua cuando, a pesar de sus dolores, dijo al ministro:

—Todo el mundo me conoce en el pueblo, señor pastor. Haga usted lo que pueda, se lo pido por favor, para que hoy pidan en la iglesia por mí.

El pastor se lo prometió y allí mismo dirigió una elocuente plegaria al cielo, por Andersen y su familia.

Esta oración elevó visiblemente la moral del enfermo, puesto que dijo:

—Siento como si Dios me hubiera prometido que conservaré mi pierna.

Una hora más tarde llegó el doctor Arentz y Andersen fue llevado al quirófano.

Le dijeron que habría que anestesiarle para reconocer a fondo la herida y, como tenía muchos dolores, consintió en todo cuanto quisieron, repitiendo, siempre:

—¡Sobre todo, no me corten la pierna!

El examen demostró que la fractura había tenido lugar muy cerca de la rodilla y que, desgraciadamente, habiendo formado trombo una vena, se había extendido por encima del muslo. La única solución era operar. Tuvieron que amputarle la pierna, lo que no llevó más de un cuarto de hora.

Entonces los médicos recomendaron a todos los que fueran a verle que no le contaran lo que acababan de hacerle. Había que evitar como fuera la más pequeña emoción para que no tratara de incorporarse, pues el coágulo venoso podría desprenderse y provocar una embolia mortal.

Volvieron a tumbar a Andersen en su cama, fijándole el muslo sólidamente con un aparato. Luego le despertaron suavemente, exhortándole a permanecer tranquilo. Se le hicieron tragar algunas cucharadas de vino, caldo y yemas de huevo, con lo que no tardó en dormirse.

Tan pronto como Kallen se hubo quitado la ropa de quirófano bajó a la habitación de guardia, donde le esperaba la mujer de Andersen. Le contó como había transcurrido la operación, indicando el peligro gravísimo que amenazaba a Andersen si experimentaba algún sobresalto. Le complacía la cara enérgica y honrada de esta mujer, cuya fuerza de carácter admiraba.

—Pase lo que pase, incluso en el caso de que sucediera una desgracia, recuerde usted que tiene amigos que no la dejaran sola —dijo.

—¡Dios será compasivo! —repuso ella.

Hacia las cuatro se despertó Andersen y tomó caldo y un poco de vino. Se encontraba bien: únicamente sentía un fuerte dolor... en el muslo y en el talón.

Un poco más tarde, sintiéndose más valiente, pidió ver de nuevo al pastor. Este vino antes, incluso, de que fueran a buscarle.

Kallen informó insistentemente a su cuñado de la necesidad de dejar creer al paciente que seguía teniendo su pierna. Era evidente que el enfermo no pensaba en otra cosa.

—Creo que esta vez —decía— el buen Dios ha escuchado mi plegaria. Tengo que agradecérselo de forma adecuada.

Esto emocionó mucho al pastor; buscó un subterfugio y alabó a Dios, porque esta gran desgracia le hubiera unido aún más a Andersen.

El herido meditó unos segundos; luego dijo:

—Señor pastor, ahora pida también a Dios que me conserve la pierna en el futuro.

—¿Por qué dice eso?

Porque me duele mucho el pie.

—Si dice usted que Dios ya se lo ha concedido...

—Lo sé, pero siempre es útil rogar constantemente.

Ole no veía cómo poder dirigir al cielo acciones de gracias que, a su juicio, se convertían en blasfemias. Por último, a ruegos de la mujer de Andersen, se resignó a hacerlo, cargando sobre ella la responsabilidad del pecado.

Kallen acababa de volver a su casa cuando apareció el pastor, muy pálido, y le contó la escena que había sucedido momentos antes. Terminó diciendo:

—¡No lo haría por segunda vez!

—Te aseguro —dijo Kallen— que has realizado una buena acción.

El pastor se percató del tono ofensivo que había empleado y replicó:

—Sólo podemos acercarnos a Dios, al verdadero Dios, siendo siempre fieles a la verdad. ¡Adiós!

Después de esta explicación, Kallen no se arriesgó a marcharse a la montaña. Explicó sus razones a Rañi, prometiéndola que iría tan pronto como le fuera posible.

A la mañana siguiente encontró al enfermo en mejor estado. Le aconsejó que no se moviera y que intentara hablar lo menos posible.

Después de comer Andersen pidió los Santos Sacramentos, respondiéndole la enfermera que le estaba prohibida toda emoción.

—¡Quiero renovar mi pacto con Dios! —insistía.

No se atrevieron a negárselo abiertamente; aunque tampoco se podía hacer nada sin el beneplácito del doctor, y Kallen estaba atendiendo un parto. La enfermera consultó al conserje que, desde hacía largo tiempo, era todopoderoso en el hospital. Habiendo renovado Andersen su petición ante esta autoridad, el portero consideró oportuno acceder.

Poco después el pastor estaba ocupado en calentar en la portería el vino del sacramento: el tiempo había cambiado bruscamente y hacía mucho frío. Cuando Ole y el portero entraron en la habitación de Andersen este se puso muy contento.

—¡Ya sabía yo que vendría! —dijo.

Y a la pregunta del pastor, repuso:

—Sí; tengo algo que decirle.

Todo el mundo se marchó. Entonces, el herido confesó al sacerdote que cuando era joven había dado una patada a un niño con este mismo pie que ahora tenía enfermo y que este niño había sufrido después una hernia.

—¿No cree usted, señor pastor, que Dios me está castigando por esto!

—No, hijo mío.

—Pues yo así lo creo y precisamente por ello he pedido los Santos Sacramentos.

—¿No tiene nada más que decirme?

—No.

El pastor pidió al penitente que se recogiera, pues iban a rezar juntos.

Una vez terminada la oración, Ole Tuft anunció:

—Ahora le voy a dar, con el pan y el vino, la absolución de sus pecados.

—¡Oh! ¡Espere un momento! ¡Con el perdón de mis pecados quiero obtener también el perdón de mi patada! Me sentiría más tranquilo...

—Pero, mi querido Andersen, si ya ha recibido la absolución de todas sus faltas, incluida la patada.

—Sí, ya lo sé. Pero es igual; me parece como si Dios pudiera conceder así con más facilidad a mi mujer y mis hijos la curación de mi pierna.

El pastor, muy aturdido, sudaba por todos los poros; sin querer, murmuró:

—No; esto sí que no puedo hacerlo...

Andersen se sobresaltó y agitó las manos bajo los vendajes. Quiso tocarse los ojos, pero también los tenía vendados.

—No podemos forzar la voluntad de Dios —prosiguió Ole—. Lo que le pedimos puede, en algunos casos, ser imposible.

La oposición del pastor y el tono de su voz hicieron sospechar a Andersen. Sin decir nada se quitó el vendaje de los ojos, se levantó, apartó las mantas, comprobó la pérdida de su pierna y cayó de nuevo sobre el lecho... Se llevó la mano al pecho, gritando que se ahogaba...

El coágulo había subido al pulmón.

Tuft dejó precipitadamente sobre una mesa los objetos del culto que tenía en las manos y corrió a la puerta; allí vio al conserje y las enfermeras, que se lanzaron a la búsqueda de Arentz y Kent. Pero antes de que volvieran llegó el mismísimo Kallen. El pastor se había marchado.

Aquella misma noche Andersen murió.

6

El conserje fue el primero en ser castigado por este incidente. Aquel mismo día quedó despedido.

Kallen fue inmediatamente a buscar a la viuda de Andersen y dijo:

—Sé que usted es valiente, honrada y trabajadora; vengo a ofrecerle el puesto de conserje y la administración del hospital. Acéptela, por favor, y trasládese con los niños mañana mismo. Así, por lo menos, tendrá usted menos tiempo para deprimirse. ¿Tiene usted una buena criada?

—Sí, la tengo.

—Tráigala con usted; es todo lo que necesita. La portería está en orden y, además, le ayudarán las enfermeras.

La encargada de las enfermeras también fue duramente castigada. Kallen no la despidió: tendría ocasión de enmendar su falta ayudando a la viuda de Andersen en todo lo que necesitara.

El doctor no fue a ver al pastor, pero se enteró de que estaba enfermo, lo que, al fin y al cabo, era lógico. Se cruzó con Josefina en la calle algunos días más tarde, pero fingió no verla.

El suceso conmocionó a la ciudad. Los que tenían fe no entendían como una mentira hubiese podido salvar a un hombre.

Como era de suponer, el conserje junto a toda su familia, fue a parar a casa del pastor. Josefina tuvo que ponerle una librería, gastándose mucho más dinero del que le hubiera gustado. Desde ese día, Kallen tuvo en el ex conserje un enemigo íntimo e irreducible.

Después de este suceso Eduardo partió al pueblecillo de los bosques, sin avisar a nadie de su llegada. Una noche, con un magnífico claro de luna, se apeó del coche delante de la granja de los Meck. El patio estaba lleno de trineos ya enganchados. Toda una muchedumbre de jóvenes y viejos se preparaba para asistir a un baile en los alrededores.

Nadie reparó en Kallen. Todos se vestían rápidamente en el vestíbulo y creyeron que sería de la expedición, sin preocuparse por su presencia.

Entre las continuas idas y venidas de la gente envuelta en pieles Rañi, que acababa de ponerse su pelliza, sintió como la agarraban por detrás... Gritó y se dio la vuelta... ¡Qué alegría!

Carlos, que estaba en un rincón, poniéndose unas gruesas botas, las dejó sin decir ni una sola palabra, se quitó también el abrigo y, andando sobre las manos, corrió a saludar a Kallen. ¡Ahora ya era capaz de hacerlo!

El padre de Carlos, con su aspecto melancólico, presentó su esposa al doctor. Esta era pálida y callada, tenía poquita voz y el acento de la región. Kallen no tuvo tiempo de observar nada más.

Los caballos relinchaban y se oían gritos y risas. Cuando todo el mundo estuvo preparado, los trineos empezaron a deslizarse uno a uno y se pusieron en fila a toda velocidad. En cada uno iba una mujer sentada y un hombre que conducía en la trasera. El camino, cubierto de nieve, serpenteaba a través del bosque, cuyas sombrías profundidades retumbaban muy pronto con el ruido de las campanillas, el estallido de risas, gritos, restallar de látigos y ladridos de perros.

Eduardo, iba en un trineo grande con su mujer. Le pareció tan hermosa rodeada con sus pieles que no pudo resistir la tentación de besarla, pretensión temeraria en aquel artefacto.

¡Oh! ¡Qué buenos ratos había pasado! Al escucharla comprendió Kallen que hasta este momento no había empezado ella a disfrutar de su juventud. Nunca había visto a nadie tan feliz y nunca, tampoco, había imaginado la necesidad de divertirse que tenía Rañi. Este pensamiento volvió a acecharle durante la velada, mientras bailaban y jugaban, así como en la cena. ¡Verdaderamente, estaba haciendo todo lo posible por resarcirse! ¡La pobrecilla trataba de recobrar los largos años de tristeza de su juventud!

Se la veía con el mismo semblante extasiado y la misma exuberancia cuando bailaba con un robusto habitante de los bosques, que apenas si la dejaba poner los pies en el suelo, como cuando se dejaba llevar por un muchacho como Carlos o alguno de sus compañeros de la escuela.

El baile tenía lugar en una sala del primer piso, muy amplia, a pesar de eso la concurrencia ocupaba también las habitaciones de al lado, llegando, incluso, hasta la cocina, cuya puerta estaba abierta. Era inútil que los viejos buscaran un rincón tranquilo para jugar a las cartas: pronto venían a buscarles para bailar. La alegría lo llenaba todo y no entiende de edades.

Al día siguiente, Rañi dormía aún a las once de la mañana. Cuando se despertó hacia el mediodía, cansada y un poco aturdida todavía, se enteró, sorprendida, de que su marido, no sólo se había levantado sin despertarla, sino que además había vuelto a marcharse. Le había llegado un telegrama del doctor Kent, y Kallen se había apresurado a acudir. Escribió una carta a su esposa mientras desayunaba tratando de consolarla. Decía en ella que, al verla reposar después de una noche tan agitada, no había tenido valor para despertarla y mucho menos para llevarla con él: le gustaba tanto verla disfrutar.

Lo primero que se encontró Kallen a su regreso fue una invitación para asistir al baile del Casino, que se resignó a aceptar. La invitación, escrita por la Hermana ***—una de las directoras— estaba dirigida «al doctor Kallen y su esposa». ¿Sería cosa de telegrafiar a Rañi? No; sin duda, se lo pasaba mejor donde estaba.

Por otra parte, una nueva preocupación vino a absorberle. Su primera paciente de la tarde fue una pobre madre de familia con muchos hijos. Esta mujer era lavandera y se llamaba Sissel Aune. Había contraído una pulmonía.

Sobre todo a causa de esta mujer había enviado el doctor Kent su apremiante telegrama. Hasta entonces no había hecho crisis la enfermedad y si pasaba bien esta noche se habría pasado el punto crítico de los nueve días y las nueve noches fatales. Pero ¿conseguiría la enferma pasar la noche?...

El pulmón estaba afectado de arriba abajo, el corazón trabajaba con dificultad y el pulso era débil. Se podía intentar estimular el corazón con atropina; era un remedio nuevo, aconsejado en estos casos. Y durante todo el día, mientras hacía otras cosas, Kallen no dejaba de preguntarse: «¿Será necesario ensayar la atropina?»

Los cinco niños de la lavandera habían sido recogidos por Soren Pedersen y Aase, que se estaban portando muy bien.

Kallen volvió por la tarde a casa de la enferma, decidido a luchar contra la muerte como fuera.

La sala tenía tres camas, era pequeña, pero estaba muy limpia. En la ventana había un geranio anémico y en la pared un retrato ecuestre, con marco del rey Carlos XV, algunas fotografías y un violín, cuya cuarta cuerda colgaba tristemente a lo largo de la pared.

Sissel Aune tenía que haber sido guapa; si conseguía superar la enfermedad, volvería a ser una mujer fuerte y robusta. Ahora yacía sobre la cama, delgada y muy débil, con las manos, sus pobres manos gastadas por el trabajo, reposando sobre una manta hecha jirones. El marido estaba sentado a la cabecera y no era, indudablemente, tan fuerte como ella, pero tenía buen aspecto. Solamente estaba exhausto por las vigilias, aunque los vecinos hubieran venido a relevarle.

A Kallen le había impresionado mucho ver como estos mismos vecinos permanecían de vigilancia a ambos lados de la calle para impedir que los alegres festejantes de Navidad pudieran pasar por allí e hicieran ruido bajo las ventanas de la enferma. Una mujer vino, hacia las once de la noche, para ofrecer su ayuda, pero sólo había trabajo para el doctor, y aun éste no sabía qué hacer.

Por fin se decidió a ponerle una minúscula inyección de atropina: un tercio de miligramo; inmediatamente el pulso se hizo más fuerte. Kallen se sintió más tranquilo, pero no se atrevió a comunicar esta vaga esperanza, que podía ser engañosa, a la muda pregunta de los ojos del marido.

El pulso se mantuvo bien durante dos horas, luego empezó a debilitarse otra vez. Después de una nueva inyección subió otra vez. Con los nervios en tensión, Kallen seguía esperando.

Había traído un libro y, acercando la lámpara, trató de leer, pero no podía concentrarse. No se oía nada; solamente suspiros. Ya había desaparecido el ruido de las campanillas de los últimos trineos; todas las puertas se habían cerrado en la noche tranquila y sombría.

Eduardo pensaba en los cinco niños, el mayor de los cuales tendría apenas diez años, y que iban a perder a aquella que les daba de comer; en este hombre encorvado por la fatalidad, que en su angustia tan pronto se frotaba las manos como levantaba los ojos desde la enferma hacia el doctor. También para él la existencia de ésta representa el pan de cada día.

Tan pronto como el pulso decaía una nueva inyección le aceleraba, lo que alentaba a Kallen. Pero la crisis continuaba; el término fatal había sido sobrepasado y, sin embargo, la lucha continuaba encarnizadamente.

Kallen se levantó, cogió el libro y, volviéndolo a poner sobre la mesa, se sentó. De vez en cuando se levantaba para vigilar la temperatura. Desgraciadamente, las fuerzas se iban terminando. El marido adivinó todo esto por la expresión del médico y tuvo que hacer un esfuerzo para no desesperarse.

Otra inyección y la enferma se durmió. ¿Dormiría verdaderamente? Kallen escuchó atentamente: sí, no había duda; ¡dormía tranquilamente!... Kallen miró al marido, que leyó la victoria en la cara del médico. Incapaz de dominar la emoción, se puso en pie.

—Ahora, acuéstese —le aconsejó Eduardo.

El pobre hombre se dejó caer sobre una cama, ocultó el rostro entre las mantas y lloró de alegría. Kallen dio instrucciones a la enfermera que se encargaba de la convaleciente, prometió volver por la mañana y se fue. Nevaba intensamente. La única luz que había en la calle era la de la habitación de los Aune. Al pasar por delante del taller de Soren Eduardo no pudo resistir al placer de llamar a la puerta. Todos dormían profundamente. Llamó otra vez: sabía que los esposos Pedersen dormían en el taller, y habían dejado su habitación y su cama para los niños de Aune.

—¿Quién es? —gruñó, de repente, el violento acento danés de Soren.

—¡Soy el doctor Kallen! ¡Dígales a los niños mañana, cuando se despierten, que su madre está fuera de peligro.

—¡Gracias a Dios! —dijo el hombre.

—Vengan mañana a comer a mi casa con los pequeños.

Y el doctor siguió su camino en la noche serena.

7

Durante toda la noche y el día siguiente no paró de nevar. Al atardecer se levantó un fuerte viento que la amontonó; luego el viento amainó, pero siguió nevando.

Los vecinos de los alrededores, que tenían intención de acudir al baile, hicieron limpiar la carretera con una máquina quitanieves especial, la misma que tuvo que despejar dos veces las calles del pueblo.

¡Un baile! ¡El primer baile de Navidad!... En las grandes ciudades, donde se alterna mucho, no se imagina la importancia que tiene para los jóvenes de un pueblo pequeño estas sencillas palabras: ¡el primer baile de Navidad!

Kallen, que se encontraba de muy buen humor, permaneció placenteramente recostado en el sofá. La buena Sissel Aune estaba a salvo... Su marido se sentía, desde primera hora de la mañana, el hombre más feliz del mundo. Estaba ebrio de alegría y de aguardiente, que los vecinos le servían con moderación. Los niños desayunaron en casa del doctor, contrariando a la criada, que, en consonancia con su señora, no era aficionada a estas cosas.

Los pequeños Aune no se habían mostrado tan revoltosos como los hijos del difunto Andersen, que también fueron invitados. Kallen, para distraerles, había tocado el piano muy mal, pero había andado sobre las manos con verdadera maestría.

Soren Pedersen empezó a divagar lamentablemente acerca de la muerte de Andersen, pero de una forma tan desordenada que ni siquiera su mujer logró entenderle.

Eduardo tenía en el bolsillo de la camisa, cuidadosamente doblada, una larga y eufórica carta de Rañi. Acababa de releerla por segunda vez. Carlos había añadido algunas líneas: una descripción humorística de la primera —y verosímilmente última— excursión de Rañi con esquís. Todo el mundo se había divertido mucho con la falta de valor demostrada por la joven señorita de la ciudad.

Kallen tenía ahora que ir al baile: un baile organizado por cierta esposa de un pastor, conforme con su querida amiga Lilli Bing... ¡Habría tomado Josefina la iniciativa de este baile contra la voluntad de Ole...? Así se rumoreaba y Lilli se lo había confirmado a Eduardo.

Josefina era la que mejor bailaba de la ciudad y los hombres se disputaban el honor de dar algunas vueltas con ella. Eduardo se imaginaba a su hermana, de pie ante él, descotada, con los ojos oscuros y el semblante animado. No dejaría de bailar con ella... En realidad le apetecía verla... Guardó la carta de Rañi, apartó el libro, apagó la luz y, después de dar algunas instrucciones a la doncella, subió a cambiarse.

Nevaba de una manera increíble; no eran ligeros copos lo que caían: eran verdaderas masas de nieve. De haberse levantado el viento no hubiera podido hallar el camino. Los faroles alumbraban muy poco y no se oía ni un alma. La lluvia tiene mil sonidos distintos; la nieve es como un silencioso soberano que cubre todas las cosas.

Las casas tenían relieves fantásticos; dos barcos, inmóviles, daban la sensación de ser unos enormes elefantes blancos, y el mar parecía una inmensa sábana. Aunque el almanaque anunciaba luna llena, esta apenas si se veía con la nieve.

Eduardo escuchó, por fin, el sonido de un clarinete, que acompañaba al chirrido de un violín. Dio algunos pasos más: una luz incierta se filtraba a través de las puertas de una casa. ¿Sería aquí?

Entró. La sala en que se encontró tenía más bien el aspecto de un merendero. El aire olía a tabaco y apestaba a causa del ponche y el gentío. Algunos hombres obesos permanecían apoltronados en sus sillas, incapaces de moverse, como unos cerdos bien cebados. No vestían de etiqueta. Kallen consiguió llegar hasta la escalera, allí saludó a otros caballeros, estos correctamente vestidos, que se encaminaban hacia la habitación donde se fumaba y bebía.

Kallen, que aborrecía el ponche, el tabaco y la vida de café, menospreciaba a estos hombres que no sabían bailar sin antes tomar estimulantes. Cuando se tiene tanta preocupación por el sentido estético hay que intentar no llegar al baile demasiado tarde. Eran ya las once de la noche y Eduardo creía que eran solamente las diez. Los jóvenes que pasaban por su lado al salir del salón estaban sofocados y sudorosos. Se abrió camino entre esta atmósfera densa para tratar de dejar el abrigo en algún sitio. Dos hombres ya maduros, congestionados y calados de sudor, corrían uno junto a otro diciendo obscenidades y reían tontamente, abriendo estúpidamente los ojos. Tres o cuatro señoras, como rosas muy abiertas, pasaron también diciendo tonterías y dispuestas a dejarse llevar por la música. La orquesta tocaba desafinada; el gas estaba enrarecido por los vapores y el polvo.

Había demasiada gente. Costaba trabajo caminar, porque un grupo de adolescentes que no bailaban obstruía el paso. ¿El público...? Una mezcla de personas distinguidas con otras vulgares; la verdadera nota noruega.

La concurrencia bailaba. Kallen se limpió las gafas, alzándolas mucho para que no se rompieran por los empujones. Advirtió que su hermana no estaba entre los que bailaban; tampoco la vio en la sala. Pero no tuvo tiempo de fijarse mucho, pues todo cuanto veía era nuevo para él. De Noruega, Eduardo solamente conocía la parte occidental y Cristianía. Un baile en las pequeñas ciudades del resto del reino es una cosa muy especial. Señoras elegantes y correctísimos caballeros que no desentonarían en un salón de París se codean sin problema con gentes que ni siquiera sabían bailar, pero que intentaban divertirse a su manera. Se ven trajes negros y chaqués; mujeres con la espalda al aire y otras con traje de calle; ancianos y niños, decididos unos y otros a pasárselo lo mejor posible sin preocuparse del vecino

Desde que Kallen llegara a aquel local que apestaba a alcohol y a tabaco se había puesto de muy mal humor. Aunque le agradaba la franca alegría reinante en la sala de baile. Aquí bailaba una pareja, él con chaqué y ella con un vestido de lana; muy juntitos, no paraban nunca y daban vueltas con un aire de cómica gravedad. Un muchacho rubio y alto, que llevaba una chaqueta excesivamente corta, era un marinero que disfrutaba el permiso de Navidad, hacía girar a una corpulenta cuarentona que debía de ser su madre. Un empleado muy conocido en la estación, alto, delgado y enfundado en un traje negro muy estrecho, saltaba alternativamente sobre sus pies, moviéndosele todo el cuerpo, respiraba una ingenua alegría y su pareja le incitaba con gracia.

Un comerciante y un oficial, ambos muy elegantes con trajes de excelente corte bailaban en forma distinguida con dos jóvenes muy bien vestidas. Un individuo que parecía estar demente, con el pelo alborotado, pasaba a través de la multitud abrazado a una corpulenta morena... Iban de un lado a otro de la sala como dos locos; todos huían cuando se acercaban, como si se tratara de dos caballos desbocados. Ahora bien: todos admitían que cada uno hiciera lo que le diera la gana, divirtiéndose a su gusto.

¡Por fin ve acercarse una pareja que sabe bailar! Sale de un saloncito contiguo; él es un teniente de Caballería, impecable, aunque imberbe; ella, una mujer arrogante, tan arrogante... que Kallen abrió mucho los ojos. ¡Si era Josefina!

La hermana de Eduardo ataviada con un vestido de seda color amapola adornado con encaje negro. Con su garganta soberbia, sus brazos morenos y torneados, su magnífica cabellera y su cintura de diosa, era sin duda la reina de esta fiesta. Bailaba con salero, muy segura de los movimientos de su cuerpo fuerte y ágil.

Kallen se acercó, muy orgulloso de su hermana. Le parecía que todo el mundo miraba a este bello grupo artístico que oscilaba de derecha a izquierda, de izquierda a derecha, o giraba en el mismo sitio, con mucha facilidad; efectivamente, algunas parejas se habían parado para admirarles. El teniente no era más alto que Josefina, pero llevaba con soltura a su pareja; era un verdadero placer ver bailar a estos dos seres resplandecientes de juventud e igualmente elegantes.

Eduardo sintió un ardiente deseo de bailar con su hermana. Cuando pasó delante de él la miró a los ojos y ella se paró en seco, como si alguien la hubiera cogido por la cintura.

—¡Muchas gracias! —dijo a su caballero.

Ahora Kallen estaba a su lado, al igual que Lilli Bing, que decía:

—Ven a sentarte a mi lado.

Luego se dirigió a Kallen.

—Ha sido usted muy amable viniendo.

—Yo soy quien ha de dar las gracias —repuso Eduardo, dirigiéndose a ambas jóvenes—. Me apetecería bailar contigo, Josefina.

Se puso los guantes e, inclinándose ante el teniente, dijo:

—¿Me permite, señor? —y volviéndose hacia Josefina, añadió—: ¿Vamos?

Josefina dudó un poco, pero sus ojos se iluminaron al murmurar: «¡Sí!»

Como había mucha gente, ambos hermanos aguardaron tranquilamente a que se calmara; luego, viendo que no disminuía, Kallen cogió a su hermana por la cintura.

—Así no podremos —dijo ella.

—Ya verás como sí.

Se lanzaron al torbellino y Eduardo llevaba a Josefina con tanta convicción que atravesaron la sala bailando sin tropezar con nadie. Al menor riesgo, más que llevarla la transportaba; luego se dio cuenta de que la precaución era innecesaria, pues ella obedecía con sumisión y rapidez a la menor presión de su brazo.

Parecía como si quisieran disfrutar de una especie de tregua antes de romper nuevamente las hostilidades y se miraban con interés, muy sofocado él y muy pálida ella. La música les parecía perfecta, las parejas jóvenes y alegres y lujosa la sala.

Josefina y Eduardo no habían vuelto a bailar juntos desde que, muy joven, él era el muchacho al que todos aclamaban en los salones y ella una mocosa inaguantable con la que solamente bailó una o dos veces, por hacerle un favor. Y ahora, incluso, que iban al unísono, les era imposible, a pesar de su acercamiento momentáneo, analizar sus íntimos sentimientos. Solamente sentían, aunque confusamente, las afinidades de su naturaleza común y todo lo que hasta entonces les separara ahora no existía. Una especie de hechizo les trasladaba al pasado, a los tiempos de su infancia. Josefina sentía el roce del aire ardiente de España; volvía a verse montando a caballo con Eduardo, a ambos lados de su padre... ¡Qué guapo estaba Eduardo a caballo! El, que dominaba a su hermana a causa de su altura, miraba la ancha frente de Josefina, que le recordaba la de su padre. Ella se fijaba en el perfil aguileño de Eduardo y evocaba también los rasgos del padre, aunque en realidad él se parecía más a la madre. El aspecto bondadoso y dulce de esta franqueaba la máscara de dureza del médico. Josefina hubiera podido confiarse a él igual que a una madre y sentía un enorme deseo de abrazarle como hiciera aquella noche que comenzó su noviazgo con Ole.

El vals había terminado. Agarrados del brazo, emocionados y satisfechos, se dirigieron hacia los sitios que les había reservado Lilli Bing.

Con las manos en los bolsillos del abrigo y embutidos los pies en pesadas botas de piel de foca, Kallen se encontró fuera, andando sobre la nieve. En el estado de ánimo que se encontraba no podía sino quedarse a solas con su hermana o marcharse, pues se sentía demasiado emocionado. La quería mucho y ella, tal vez, le quisiera aún más. Nunca se habían sentido tan cerca uno del otro como esta noche. Normalmente había algo que les separaba. ¿Qué? Probablemente la religión. Ahora ¿no se dejaba llevar Josefina libremente, sin otra guía que su capricho? Y, sin embargo, era menos libre que muchas otras...

Seguía nevando sin parar, pero le parecía que el aire estaba más claro. La música no dejaba de sonar en su cerebro; veía a Josefina, con los brazos desnudos y suelta la magnífica cabellera, mirándole fijamente, con ojos resplandecientes...

Sin embargo, cuando estuvo en la habitación blanca que la criada se había encargado de mantener bien caliente, empezó a recordar el baile del pueblecillo perdido en las montañas. Vio a Rañi en los brazos de un indígena grueso y pesado, que la levantaba de manera que no llegaba con los pies al suelo; luego, bailando con muchachitos, Carlos o amigos suyos de la ciudad. Y al dormirse, le parecía como si la oyera exclamar: «¡Qué feliz soy, Eduardo!»

Al día siguiente, cuando acabó de cenar, entró sin pensarlo en el salón donde Rañi solía tocar el piano para él. Se abrió la puerta... ¡y apareció la mismísima Rañi en persona!

Apenas si creía a sus ojos. Y, sin embargo, este paquete de pieles era efectivamente Rañi. La vio salir de entre las pieles, blanca como la leche, fresca y maravillosa, y la abrazó fuertemente.

—...No —dijo ella algunos momentos más tarde, cuando estuvieron sentados juntos—. Ya no me apetecía pasar más tiempo allí. Siempre era igual y, además, empecé a echarte de menos...

—¡Tienes la naricilla roja por el frío!

—¿Y tú, Eduardo? ¿Has ido al baile?

—¡También tienes la nariz roja!

—Pero casi no se nota... ¿Sabes que Carlos no es tan simpático como parece?

—¿Carlos?

—Sí; conmigo es encantador, pero con sus hermanas y hermanos es completamente distinto: violento, caprichoso y autoritario.

—No me extraña.

—En cierto modo también ha sido esa una de las razones de mi regreso. Siempre está aquí con nosotros, ¡y sería tan agradable poder estar solos algún tiempo, solos!...

—¡Dios me perdone, pero creo que ya estás aburrida también de ese muchacho!

—No he dicho que esté aburrida, pero tenerle siempre a mi lado me resulta...

—¡Fastidioso!

—Sí; fastidioso, si quieres. Ya sé que soy mala, pero quiero pedirte una cosa: Sé bueno y no me llames esteta...

—¿Qué es? —preguntó Kallen.

—No le digas a Kristen Larssen que ya estoy aquí. No lo hagas... ¡Estemos solos un par de días!

—Sin embargo, tengo algunos niños que...

—¡No, no; niños tampoco!

Rañi empezó a llorar.

—Pero, mi querida Rañi...

—Tal vez sea egoísta, lo sé; ¡pero me da igual! Es más fuerte que yo, no puedo evitarlo.

Poco después el piano lanzaba al aire sus más bellos acordes: era el himno alegre del regreso. Y los duendecillos de la belleza tomaron de nuevo posesión del hogar.

Estos espíritus revoloteaban por todas partes: subían hasta el techo, se posaban sobre puertas y ventanas, inundaban la habitación, la cocina, el despacho, arrastrando en su recorrido a los muebles, a la vajilla, a los microbios que el doctor cultivaba en su laboratorio, a la cafetera que dejó caer el café en la lumbre y hasta el vestido nuevo que habían regalado a Sigrid por Navidad, que, muy alegre, bailaba sola en su buhardilla.

8

Kallen fue a ver a Sissel Aune, la lavandera, y volvió de muy mal humor. El marido, con la alegría de esta curación fortuita, había reparado su violín y, después de estar borracho, se había ido a tocar en las pequeñas reuniones que se celebraban por Navidad.

El doctor quería tratar de quitarle este vicio a Aune, como lo había hecho con Soren, y, por eso, fue a la casa de éste para buscar al violinista.

Pero sólo estaba Aase; para entretener a uno de los niños de Sissel le había montado a caballo sobre una silla, mientras que los otros tres jugaban en el suelo y el último dormía en la cama del matrimonio.

Aase dijo entonces al doctor que su marido había ido a ver a Kristen Larssen, que estaba enfermo.

—¿Enfermo?

—Sí; ha tenido muchos vómitos hasta que ha terminado echando sangre por la boca. Pero dice que no quiere que le vea el médico.

Kallen quiso ir *ipso facto* a ver al enfermo, pero antes insistió para que Aase aceptara algo de dinero para atender los gastos que le originaran los niños. La mujer se negó rotundamente. Dijo que aquel mismo día había vendido una cama y una piel de foca; los negocios marchaban bien. Incluso habían decidido recoger a una sobrinita que también se llamaba Aase, de forma que, para distinguirla de su mujer, Soren la llamaba «Aase segunda».

Kallen encontró a Kristen Larssen en la cama. Aunque estaba trabajando, ocupado de reparar un objeto, mientras Soren leía en voz alta. Metida en un rincón, entre la mesa y la ventana, la mujer del cerrajero hacía punto de media, con la cabeza cubierta con un mantón. El ambiente de la habitación estaba muy cargado.

El enfermo causó muy mala impresión al doctor; estaba más sucio, grisáceo y delgado que nunca.

—¿Ha comido usted algo diferente con motivo de estas fiestas? —preguntó Kallen.

—Sí; salpicón de cerdo.

—¿Ha tenido anteriormente dolores como los de ahora?

—Sí; alguna vez...

—Pero no tan fuertes como hoy —aclaró la mujer.

—¿Le duele ahora?

—En este momento, no; me vienen a ratos.

—¿Debajo del pecho, en el vientre?

—Sí.

—¿Y los dolores se presentan a menudo?

—Sí.

—Con mucha frecuencia —recalcó la mujer.

—El médico examinó al enfermo y notó en el abdomen la presencia de un tumor del tamaño de una nuez. Larssen ya sabía que tenía tal tumor.

—¿Ha crecido muy rápido?

—Sí.

Los ojos de la mujer seguían los movimientos del doctor, tejía más despacio y parecía más torpe. Kallen intentaba ocultar sus impresiones, pero la mujer se daba cuenta de que algo malo pasaba. Los ojos fríos de Larssen adivinaban también su pensamiento.

La primera instrucción que dio Kallen fue que abrieran la llave de la estufa y que la dejaran encendida día y noche. ¡Si se gastaba mucha leña mala suerte! Soren se levantó y cumplió la orden sin rechistar. Kristen y su mujer no parecieron muy satisfechos..., pues la leña que ardía era suya...

Para tomarse un compás de espera y poder reflexionar tranquilamente, Eduardo se puso a hojear los libros que había sobre la mesa: eran los manuales de inglés que él mismo prestara al enfermo y un tratado de mecánica. Se fijó en el objeto que Larssen tenía en la mano.

—¿Qué es? —preguntó.

Soren Pedersen explicó que se trataba de una innovación de la máquina de tejer de Larssen. Este puso en movimiento ruedas y agujas, mientras que Soren explicaba el funcionamiento, y solamente entonces, durante un segundo, la cara inteligente de Larssen tomó una expresión agradable.

La habitación estaba llena de cosas que necesitaban ser arregladas; los había sobre la mesa, en el banco de trabajo y hasta en el suelo. Relojes, escopetas, máquinas de coser, molinillos de café, cerraduras y herramientas rotas. El revólver de Kallen estaba también fuera de la caja: el doctor supo que era lo único que Larssen había tenido tiempo de hacer en Navidad.

Durante la larga charla de Soren el doctor había reflexionado. Ahora sabía qué hacer. Le dijo que tenía que hacer dieta, la recetó unos calmantes y, por último, se llevó a Soren con el pretexto de que fuera a buscar los medicamentos.

En la calle, Eduardo explicó al guarnicionero que estaba convencido de que Kristen Larssen tenía un cáncer, ya muy avanzado, en el vientre.

—Estaré totalmente seguro dentro de poco; entonces sería oportuno que usted, que tiene más confianza con ellos que yo, le pusiera en antecedentes con todas las precauciones posibles.

Al doctor se le había olvidado por completo hablar de Aune.

A los pocos días el pueblo entero sabía que «el hombre que hacía de todo» estaba muriéndose de un cáncer en el vientre. Incluso se llegó a publicar en un periódico bajo el título de: *Mecánico e inventor muy conocido en el país.*

Desde entonces no pudo Kallen entrar en una casa ni hablar con alguien en la calle sin que le preguntaran como seguía Kristen Larssen.

Cuando regresó a casa del enfermo, que ya había sido informado por Soren sobre lo que le pasaba, no se habló de la enfermedad. Larssen seguía en la cama, con su invento en la mano; estaba muy débil y había tenido muchos dolores. Le había crecido la barba y tenía un aspecto horrible. Su mujer que, como siempre, estaba haciendo punto, permanecía al pie de la cama. Pero ya no había ni rastro de los libros de inglés, claro indicio de que se habían abandonado los proyectos para el futuro.

Desde allí Kallen se dirigió a ver a Soren, quien le contó que el antiguo conserje del hospital había ido a visitar a Larssen para tratar de convertirle, evitándole así que fuera directamente al infierno después de su muerte. Larssen, muy tranquilamente, había rogado al predicador que le dejara tranquilo, porque tenía prisa por acabar su trabajo.

Luego fue el pastor. Este se había expresado con más delicadeza y cariño, pero tal vez esta había sido la causa de que Larssen perdiera la paciencia. Toda su vieja amargura acudió a su boca y se vertió en crueles palabras; entonces la mujer se levantó sencillamente y abrió la puerta. El pastor se fue pacíficamente, sin ira. Después de la muerte del albañil Andersen, su carácter había cambiado mucho.

Sin embargo, los feligreses de la parroquia se escandalizaron mucho por el comportamiento de Larssen. Al salir de una reunión del círculo religioso los jóvenes cantores del mismo se citaron delante de la casa del escéptico y entonaron un cántico. Algunos transeúntes se unieron a ellos. Esta concentración tuvo lugar precisamente en el momento en que Larssen sufría un fuerte ataque. Sentía como si millares de pinzas le atenazaran el vientre. El canto le irritó y Kallen tuvo que mediar para que no volviera a suceder.

Dos catequistas, uno de ellos el antiguo conserje, fueron al hospital para entrevistarse con Kallen. Le dijeron que todo había sido hecho con las mejores intenciones y que no había que alejar a Dios del lecho de un moribundo. El doctor se enfadó muchísimo y les respondió de malas maneras.

Por la noche, cuando fue a ver a Kristen Larssen, le pareció notar que pegados a los cristales, había algunos rostros que le espiaban. El enfermo acababa de preguntar a Kallen cuánto tiempo le quedaba de vida y si aumentarían los dolores. El doctor, en su preocupación, hizo caso omiso de las personas que acechaban y se limitó a pedir a la mujer de Larssen que colocara una manta sobre la ventana. No sabía si sería oportuno o no decirle al enfermo toda la verdad. Finalmente, se decidió a hacerlo y explicó al enfermo que le quedaban dos o tres meses de vida y que los dolores serían cada vez más intensos y se sucederían con mayor frecuencia. La mujer de Larssen oyó esta sentencia al mismo tiempo que su marido.

Cuando salió Kallen no encontró a nadie delante de las ventanas; pero algo más lejos distinguió una silueta femenina que caminaba de un lado a otro, como esperando a alguien. Al ver al doctor se acercó: era Josefina.

—¿Eras tú —dijo él— la que espiaba detrás de las ventanas de Kristen Larssen?

Ella se ruborizó:

—No tengo por costumbre espiar a nadie —dijo.

—Disculpa; es que he visto a alguien.

—Yo también.

—¿Sabes quién era?

—Sí; pero no he venido a hablarte de esto. Tengo que decirte algo, Eduardo. Sabía la hora en que sales de aquí...

—¿Qué quieres?

En ese momento se dio cuenta de que estaba muy agitada.

—¿Es cierto que tú has dicho: «Tomo bajo mi responsabilidad que Larssen vaya al infierno»?

—Yo no creo que exista el infierno.

—Eso da igual; ¿lo has dicho o no?

—No lo sé a punto fijo... Pero no creo.

—Piensa que hay personas que sí creen y a las que hieren tus palabras. Así pierdes todo el terreno que ganas. He querido prevenirte.

Eduardo reconocía perfectamente a su hermana en este lenguaje. Respondió:

—Sin duda hay cosas que es mejor no decir, pero peor es venir a decir tonterías a un hombre como Kristen Larssen; creo que bien podrían dejarle en paz.

—No es a él a quien critican.

—¿Entonces a quién?

—Lo sabes tan bien como yo, Eduardo. Por tu bien te suplico que no desafíes a personas buenas y formales.

—No he querido hacer daño a nadie.

—¿Tal vez Larssen es demasiado indiferente?

—Que se sea indiferente o no depende sobre todo de la disposición individual, así como de la forma en que se ha vivido.

—Se puede vivir de forma que la indiferencia penetre en el alma, y ese es, probablemente, el caso de ese hombre.

—Tal vez; pero conozco a alguien que no es nada indiferente y que piensa exactamente igual, sobre este asunto, que Kristen Larssen. Ya ves cómo no estás en lo cierto.

—¿De qué depende, entonces?

—De muchas cosas. La persona de que te hablo piensa normalmente por imágenes. Vio una vieja luminaria en la que se representaba a la Santísima Trinidad con un cuerpo muy grande provisto de tres cabezas. Desde entonces no ha podido admitir la Trinidad y se ríe de ella. Sin embargo, te garantizo que esta persona no es, en modo alguno, indiferente.

—Bien —replicó enfurecida—. ¡Tal vez no sea indiferente, pero puede que sea *impura*!...

Kallen sintió que el golpe iba dirigido contra Rañi y le hirió en lo más profundo del alma. Josefina estaba en uno de sus días malos; tenía la misma expresión maliciosa que cuando era niña. Eduardo se transformó también en el muchacho de antaño.

—¡Toma, para que hables! —gritó, enojado, al tiempo que le suministraba una sonora bofetada que, aunque amortiguada por el abrigo de Josefina, la recibió abiertamente.

Ella se enderezó amenazadora, con los ojos brillantes, como en los tiempos en que ambos se peleaban.

—¡Te has vuelto loco!... —gritó, colérica. Después consiguió dominarse y se alejó altiva.

Kallen se quedó preocupado. ¿Les habría visto alguien? Menos mal que estaban solos en la calle... Estaba disgustado: Josefina se vengaría de una forma u otra, probablemente, contra Rañi.

Suponía que la palabra «impura» empleada por su hermana hacía referencia al pasado, al primer matrimonio de Rañi, y eso era lo que le había sacado de sus casillas. ¿Quién hubiera podido pensar que él sospechara que con la palabra «impura» Josefina pretendiera estigmatizar el presente?

Cuando, al regresar de su veraneo, el pastor y su mujer dejaron de visitar a los Kallen la razón fue que Kristen Larssen el blasfemo, era bien recibido en casa del doctor, quien hablaba con él afablemente, mientras que Rañi le daba clases de inglés. Este Larssen encarnaba a los ojos de la mayor parte de los feligreses ni más ni menos que al demonio, y cuando unos recién llegados como los Kallen no les importó relacionarse con un hombre así y luego con Soren Pedersen, pareció ante los ojos del pueblo un desafío. Algo más tarde se instaló en su casa Carlos Meck; se le veía continuamente en compañía de Rañi, incluso se había ido con él a la montaña. ¿No había allí pasto para la maledicencia, máxime tratándose de una librepensadora, de una divorciada, de una adúltera?

Josefina había venido esta noche con la sincera intención de informar a su hermano. Si este la hubiera dejado hablar le hubiera explicado todo esto, porque no era tímida y le quería de verdad.

Ahora volvía hacia su casa sintiendo sobre su cabeza todo el desprecio de Eduardo. Salía como un retoño de amor fraternal, agudizando el odio hacia todo aquello que separaba a estas dos almas unidas por una misma sangre y especialmente el odio hacia Rañi.

Pero había algo más. La muerte del albañil Andersen, que inquietaba místicamente a Ole Tuft, fue el primer motivo de discusión entre el pastor y su esposa en un momento en que su matrimonio pasaba una crisis. La madre de Ole, esta vieja campesina seca que vivía a su lado, era una protesta viva y constante contra el matrimonio del pastor. Nunca iba a su casa, cuando tenían visita; los demás días venía también muy raramente, salvo las horas de oración, por la mañana y por la tarde. Fuera de alguna comida familiar en las grandes solemnidades religiosas. No le gustaban nada los modales, los bailes, los vestidos y las amistades de su nuera; la actitud de eterno enamoramiento que Ole tenía siempre para con su mujer se le antojaba impía.

Convirtió a su nieto en un espía. Cierto día de verano Josefina había oído desde su jardín cómo la vieja preguntaba al niño acerca de las visitas que habían tenido el día anterior, si habían tomado vino y los tipos de licores que habían bebido. «La abuela me ha preguntado —dijo el niño una vez— si mamá iba a volver a salir a la calle». Y otro día: «La abuela me pregunta qué es lo que le dice papá a mamá cuando ella vuelve a casa y si papá ha dormido esta noche en la misma habitación que mamá y yo». Josefina aguantaba todo esto con paciencia. Pero adivinando a su suegra detrás de la recomendaciones y los piadosos consejos de su marido, sentía muy pocos deseos de doblegarse a ellos. Ella quería vivir como quisiera; él estaba en libertad de hacer lo mismo.

Para él representaba la renovación de la lucha de su juventud cuando sacrificara sus proyectos de misionero. Y en esta lucha siempre vencía su amor por su esposa. No era que tratara de tentarle, ¡bien al contrario! Algunas veces, cuando Josefina se sentía cansada de Ole como de todo aquello que había tenido una vez, a Ole le parecía más bella y deseable, como las mujeres de las Sagas. Entonces estaba vencido de antemano.

Sin embargo, Ole Tuft comenzaba a darse cuenta de que no había seguido bastante el camino de Dios, que había sido demasiado débil, demasiado conciliador, puesto que estos eran los frutos de su condescendencia. Ahora bien: empezó a darse cuenta de todo esto precisamente en el momento en que Josefina, impactada por la bronca con su hermano, se sentía también muy infeliz.

Después de haber recibido la bofetada de Eduardo solamente pensó en una cosa: en vengarse. Pero al reflexionar se dijo que Kallen era demasiado listo para no haberse dado cuenta de que el matrimonio de Josefina no iba bien del todo. Después del baile entendió que su hermano era la única persona en el mundo que la comprendía; pero también que desde su último y deplorable encuentro él la despreciaba por mezclarse en asuntos que no la concernían. Realmente no le faltaba razón. En el fondo, Josefina nunca había profundizado personalmente en cuestiones religiosas, le bastaba con el respeto que todo el mundo sentía hacia su marido y su obra, con tal que a ella no la molestaran. Pero hoy esto no le bastaba: no podía soportar el desprecio de su hermano.

En el hogar de Ole Tuft se hacían en común las oraciones de la mañana y de la tarde. La primera en llegar solía ser la abuela, luego la criada y después el pastor. Josefina faltaba a menudo a la oración matinal y, a veces, cuando tenía visita, descuidaba la de la tarde. Ole hacía siempre una homilía adecuada a las circunstancias y en esta época del año sus ejercicios piadosos eran tan largos y fervientes que Josefina prefería no acudir.

¡Y los solemnes exámenes de conciencia! Josefina los temía como la peste, sobre todo cuando se hacían en público. Normalmente las peleas entre ambos esposos tenían lugar en estos momentos, después de la oración, cuando se quedaban solos antes de acostarse, y Eduardito dormía ya. Si Josefina notaba en el ambiente que se acercaba alguna escena de éstas se daba prisa en irse a la cama y Ole no siempre subía, sabiendo que arriba no pisaba un terreno demasiado firme para él.

Esta noche, sin embargo, subió. Josefina oyó sus pasos en el despacho, luego en la escalera. No cerró la puerta con llave y dejó encendida la lámpara grande, pero cuando tocó el pomo de la puerta, le gritó:

—¡No abras!

—Tengo que hacerlo...

—Pero no mientras me desnudo.

—Esperaré.

Volvió a bajar y Josefina se desnudó lo más despacio que pudo.

La alcoba, que estaba encima del despacho, daba al jardín; un cortinón ocultaba la entrada al cuarto de baño de Josefina; delante había una especie de armario y, al lado de la puerta, estaba la escalera que bajaba al despacho.

Ya acostada, Josefina oyó a su marido subir por segunda vez. Sin llamar antes de entrar, abrió la puerta. Ella estaba en la cama, con un camisón blanco, el negro cabello peinado como durante el día y apoyada sobre la mano izquierda. Ole se sentó en la cama y Josefina se levantó inmediatamente, como si este contacto le resultara desagradable. El estaba triste y preocupado.

—Me irritas, Josefina —dijo—, y haces mal. Necesito tu ayuda y tu consuelo, pues sufro con mis antiguos tormentos. Es necesario que hablemos y aclaremos las cosas.

La contemplaba dolorosamente; ella también le miraba, pero no decía nada.

—Sabes perfectamente —prosiguió— que sufro. Vivo aquí en el bienestar y la abundancia y me estiman los feligreses. Pero vivir así no desarrolla en nosotros la esencia divina que forma al cristiano. He examinado mi vida hace algunos días y la he encontrado algo ligera...

Aludía a la muerte del albañil. Se tapó el rostro entre las manos y estuvo largo rato inmóvil, como si rezara.

Al fin alzó los ojos.

—¡Josefina, mi querida Josefina, necesito tu ayuda! Tenemos que cambiar nuestra manera de vivir. Tengo que trabajar en otras condiciones por la salvación de mi rebaño.

—¿Qué quieres decir con eso? —preguntó Josefina.

—Así no soy un verdadero pastor y tú no eres la esposa de un pastor.

—Todos tus proyectos de cambio, Ole, comienzan siempre por mí y por mi casa. Harías mejor empezando por ti mismo. Yo soy como quiero; haz tú lo mismo. Nuestra forma de vida es el de las personas que tienen alguna fortuna y un poco de buen gusto. Si no es como quieres, tienes una casa para ti en la que puedes vivir como te plazca. Si quieres comer de forma distinta que nosotros, no tienes más que decirlo.

—¡Y crees que todo esto se puede reparar con una simple mudanza y un cambio de menú!

—Sí; porque no hago ningún caso de tus lamentos cuando generalizas sin concretar nada.

—Porque no intentas ver el original espiritual de ellas.

Josefina palideció y contestó secamente:

—¡Nunca he sido tan perceptiva como tú! Si el mal ha comenzado es culpa tuya.

—Siempre dices lo mismo —replicó Ole—. Sí, no lo niego; te he deseado todo lo que un hombre puede desear a una mujer e incluso más, porque tú te negabas... Sí, sí... Todo eso es verdad, todo es cierto... Pero no me negarás, sin embargo, que después he querido cambiar nuestra vida.

—No niego nada. Me he limitado a pedir tranquilidad para mí, rogándote que empezaras por ti tus reformas.

Ole se levantó:

—No me comprendes ni entiendes tampoco lo que Dios exige de nosotros. Estás demasiado apegada a las vanidades de este mundo. Tú nunca has sentido el verdadero arrepentimiento ni has gozado nunca de la inmensa felicidad de la oración. No aspiras a la eternidad: la tierra te basta. Quieres ser cristiana, pero no haces nada para merecerlo... ¿No dices nada? ¿No querrías intentar una nueva vida junto a mí?

—¿Quieres otra vez hacerte misionero y llevarme con los negros de África del Sur? —contestó ella, con ironía.

—No; pero... Tenemos que pedir a Dios que nos ayude a ser mejores, a...

Sin terminar la frase, volvió a sentarse humildemente en el borde de la cama.

—No comprendo nada de lo que me estás hablando desde hace una hora. Dime con claridad y franqueza qué es lo que pretendes que hagamos.

—Puesto que creemos en Jesucristo hemos de vivir como él entre los pobres y los humildes.

—En cuanto a eso lo consigo mejor que tú. Nunca pasarías una noche al lado de un enfermo en una casa pobre. Yo sí lo hago y muy a menudo; también he sido yo quien ha fundado *La Auxiliadora.*

Así se llamaba una Asociación de ayuda dirigida por las señoras bien acomodadas de la ciudad. Cada miembro tenía sus pobres y sus enfermos. Josefina era la directora de esta Asociación.

—Sí, lo reconozco. Tú tienes el sentido de la administración, como lo tenía tu padre. Pero ¿no comprendes tú misma que no es suficiente vivir uno en el lujo y dignarse de vez en cuando a ayudar a los pobres? Lo que hace falta es vivir entre ellos y para ellos.

—¿Quieres que vendamos nuestra casa? ¿Quieres irte a vivir al barrio de los pobres? ¡Dime de una vez cuáles son tus intenciones!

—Sí; eso es, si tal es la voluntad de Dios. Pero hay que hacerlo modestamente y en nombre de Jesucristo, sin que consideremos, que es un mérito nuestro.

Ella no contestó:

—¿Qué dices, Josefina? ¿No quieres que intentemos llevar una vida auténticamente cristiana?

Sus ojos estaban suplicantes; su mano buscaba la de su mujer, mientras que murmuraba:

—¡Josefina...!

Ella apartó su mano y dijo:

—No veo porqué voy a tener que llevar una vida tan molesta; no sería de utilidad para nadie y muy incómodo para mí.

—¡No digas eso! ¡Intentemos, en nombre de Jesucristo, vivir solamente para los demás!

—¡Valiente estupidez!...

—¡Si creyeras en Jesucristo no dirías eso!

—No he dicho que no crea en El.

—Pero actúas como si no creyeras. ¿No comprendes lo que lleva consigo creer? Me siento responsable de ello, puesto que hace años que vivimos juntos y no he conseguido cambiarte...

Se inclinó sobre ella, llorando:

—¡Qué dichosos seríamos si desearas inclinarte ante Dios, tú que tienes tan buenas cualidades y eres tan fuerte! ¡Cuánto te amo!

Quiso estrecharla entre sus brazos, pero ella le rechazó:

—¡Déjame! —dijo con sequedad.

Ole se levantó repentinamente, como si algo le hubiera picado. Ella volvió a tumbarse, con los ojos ardientes y las manos bajo la cabeza, mientras que su pecho vibraba vivamente a causa de la agitación. Ole replicó:

—No sé si ante Dios debemos continuar con este tipo de vida.

—Haz lo que te parezca.

Ole se dio la vuelta. Pensó que contestar sería una falta de dignidad. Eduardito se agitaba en su camita, a punto de despertarse a causa del ruido. Ole se le quedó mirando: esta frente era suya sin duda, así como el pelo y las manos de cortos dedos. Desafortunadamente, tal vez llegaría el día, si seguía haciendo este tipo de vida, que su hijo también se alejaría de su lado.

Hizo un esfuerzo supremo:

—Sí, Josefina; esto no puede seguir así. ¡Que Dios venga en mi ayuda: lucharé hasta el final!

Todo aquello que detrás de su gran bondad había en Ole de espíritu de inflexibilidad y de dominación se adivinaba en estas palabras y Josefina lo notó.

Durante largo tiempo oyó el paso enérgico de su marido que paseaba en su despacho; tampoco ella podía dormir.

Al día siguiente de saber su enfermedad, Kristen Larssen se suicidó. Todo el mundo estaba horrorizado; la gente ni siquiera se atrevía a pasar por delante de su casa. Llegó a decirse incluso que Kallen le había prestado su revólver a Larssen para que se suicidara, aunque el rumor fue desmentido por la viuda, por Soren Pederson y por el propio Kallen.

La verdad era que el mecánico se había quitado la vida sin decírselo a nadie. Solamente le había comunicado a su esposa que prefería morir cuanto antes, pero no había concretado más ni se despidió de ella. La envió a buscar a Soren Pedersen y durante su ausencia, con la fuerza que le caracterizaba, se había ahorcado.

El entierro ordinario fue negado. Para enterrar al condenado se destinó un rincón aislado en la parte norte del cementerio, donde tuvieron que trabajar duramente tres hombres para cavar una fosa. El día del entierro fue muy frío; algunos feligreses vieron en ello la mano de Dios.

A una hora intempestiva, sin pastor, sin cánticos, sin doblar de campanas, fue enterrado Kristen Larssen, el maldito.

Poca gente fue al entierro; Aune, muy borracho y tan ligeramente vestido que daba frío mirarle. No sirvió de nada que Soren Pedersen tratara varias veces de que permaneciera tranquilo. Del semblante encarnado y lúcido de éste sólo se veían la nariz y los ojos: el resto de la cara estaba tapado con un enorme gorro de pieles y una inmensa bufanda. Soren había engordado; el abrigo le estaba demasiado estrecho y lo grotesco de su vestimenta le hacía parecer un arenque. Aase, con un abriguito, acompañaba a la viuda; esta, alta y delgada, envuelta en un abrigo muy usado, llevaba en la cabeza un pañuelo de lana.

Aune iba de uno a otro; contaba que había sido él quien había llevado el equipaje de la viuda a la estación y el que había cerrado la casa; para demostrarlo, enseñaba la llave. La viuda debía tomar el tren inmediatamente después del entierro para irse provisionalmente a casa de unos parientes que vivían a algunos kilómetros. Después volvería a su ciudad natal.

En el cortejo iban también dos sepultureros; uno de ellos, que llevaba un grueso abrigo, mascaba tabaco sin parar; el otro tenía una larga barba negra, caminaba encorvado y tenía los ojos enfermos. Al lado del muro Carlos Meck se había situado sobre un enorme montón de nieve junto a Rañi. Esperaban a Kallen, que había sido retenido en el último momento. Por fin llegó corriendo, saludó a la viuda, fue saludado por todos los asistentes y se acercó a la fosa.

Tenía intención de pronunciar algunas palabras de despedida; pero, creyendo que tendría lugar alguna ceremonia antes, esperó pacientemente. Luego, en vista de que no hacían nada, se quitó el sombrero y dijo:

—No conozco en absoluto el pasado de este hombre que estamos enterrando y, a decir verdad, casi ni le he conocido a él. Me han dicho que pensaba de manera diferente a los demás acerca de la religión y que había sido castigado por ello. Su intención —y creo que también la de su mujer— era ir a vivir a la libre América... (en este punto la viuda empezó a llorar en su pañuelo)... Intentó aprender inglés; para él era procurarse unas alas que le permitirían volar más allá de los mares. Pero cuando haya dicho esto y cuando haya añadido que era el hombre más inteligente de este pueblo habré dicho todo lo que sé acerca de Kristen Larssen. Es por esto por lo que me niego a condenar su acto de desesperación. Muchas veces he tenido la sensación, en el curso de nuestras relaciones, de que sufría una gran frialdad interior; tal vez esta frialdad le haya llegado al alma. Las circunstancias han querido que solamente estemos reunidos aquí para acompañarle a su última morada cinco o seis personas. Pero cualquier individuo que haya sacado provecho de su inteligente trabajo y de sus inventos, todos aquellos a quienes ha hecho el trabajo más fácil arreglándoles sus instrumentos y la vida más dichosa, tienen con él una deuda de gratitud. Y esta gratitud es lo que yo traigo a su tumba.

Todo el mundo estaba en silencio, y nadie pensaba en irse. Entonces Aune se adelantó no sin esfuerzo hacia la tumba y dijo...

—Sí...; gracias por el violín que me regalaste... y que Dios te perdone tus pecados... y ¡hasta que nos veamos allí arriba!...

Soren Pedersen le apartó escandalizado y luego dijo a su mujer:

—Escucha, Aase; tú, que sabes tan bien el Padrenuestro, rézale ahora.

Aase se quitó los guantes, cruzó las manos y rezó la oración. Los hombres se habían quitado las gorras.

La tierra helada y dura cayó pesadamente sobre el ataúd...

La viuda se adelantó hacia Kallen y, por primera vez, este la vio mostrando sus sentimientos, ahogada por las lágrimas, agotada por las noches en vela, en el límite de sus fuerzas, con la desesperación de todos sus sueños truncados. Agarró con fuerza la mano del doctor y, como no podía hablar sólo le dio las gracias con un gesto de cabeza al tiempo que le miraba fijamente con unos ojos profundos y enérgicos que delataban una emoción reprimida. Kallen pensó que nunca había sentido un agradecimiento tan sincero.

Acto seguido la viuda emprendió apresuradamente el viaje a la ciudad; a Soren y Aase les costaba trabajo seguirla. Rañi se cogió del brazo de Eduardo, que hacía lo posible por no llorar.

9

La casa de Kristen Larssen quedó vacía, sin que nadie quisiera comprarla o alquilarla. La gente rehuía incluso, de alguna manera, a aquellos que habían sido amigos suyos. Si Soren Pedersen no hubiera tenido una buena clientela en el campo no podría haber sobrevivido con lo que ganaba en la ciudad.

Rañi no entendía por qué ahora todo el mundo la miraba, por qué se espiaban hasta sus menores actos. Por otra parte, ella no se preocupaba demasiado.

En esta pequeña ciudad era ya todo un golpe para ella que el pastor y su esposa se negaran a visitarla. Pero contra lo que ahora se decía de ella se encontraba indefensa, puesto que no lo sabía. Para la gente era muy significativo que patinara sobre el hielo cogida de las manos de Carlos Meck, que éste la hiciera reír al calzarle los patines, que se divirtiera haciéndola caer del trineo y que tocara el piano con ella. Había incluso personas indulgentes que habían contemplado una mirada elocuente, oído una palabra equívoca, que les habían visto tomarse libertades, ciertas familiaridades que daban mucho que pensar...

Por otra parte, ¿no había engañado Rañi a su primer marido con un huésped?

Era natural que Kallen esperara correr la misma suerte.

Esta campaña estaba dirigida en primer lugar, por los miembros de la familia Kule. Estaban muy extendidos por la región y su imaginación se disparaba con mucha facilidad, sobre todo tratándose de un tema escabroso. ¡Ah! Había que oír contar a Lilli Bing cómo en otros tiempos Rañi iba «todas las noches» a la habitación de Kallen, entonces estudiante. Hipócritamente, decía:

—No había en ello ningún mal, puesto que se querían. Además, nadie hubiera soportado vivir con ese espantoso Soren Kule.

Luego terminaba indulgentemente.

—Al fin y al cabo, no creo que se pueda considerar como una gran desgracia que Rañi no tenga hijos.

Ni Rañi ni Eduardo escuchaban los rumores; tampoco recibían ese tipo de anónimos que suelen dirigir individuos tan poco honrados como «bien intencionados». Además, podía decirse que no se trataban con nadie, y la reducida sociedad de esta pequeña población comprendía que el doctor no daría crédito a chismes de este tipo. Un librepensador, ni que decir tiene, concede muy poca importancia a las cuestiones de moral.

En la primavera se vio a Kallen acompañar a su mujer y a Carlos Meck hasta el barco que había de conducirles hasta sus vacaciones de dos días en el otro extremo del país; se observó que fue a buscarles el siguiente lunes, permaneciendo fuera durante todo el día.

Carlos pasó sus exámenes bastante bien; se acercaba el día en que habría de dejar a los Kallen. En medio de todo, Rañi había encontrado agradable la compañía del muchacho, aunque le molestara su desigualdad para el trabajo. Carlos se había desarrollado mucho musculosamente; su naturaleza se expresaba con contundencia. Sentía hacia Rañi un profundo afecto, muchas veces incómodo para ella, que amaba la paz y la tranquilidad. Preveía, y no se lo ocultaba a Carlos, que éste tendría muchas dificultades en la vida, porque aspiraba a mucho.

Por otra parte, se alegraba ante la idea de poder vivir algo de tiempo a solas con su marido, pero Kallen bromeaba diciendo que no pasarían ocho días sin que echara de menos a Carlos.

El joven Meck tenía que pasar en su casa las vacaciones de verano para, después ir a Alemania a estudiar música. Aunque también él se hubiera acostumbrado a vivir siempre con Rañi, a la que adoraba, tenía prisa por sentirse su propio dueño y comenzar su vida de hombre joven. No era previsible, por tanto, que se produjera una despedida dramática ni por una parte ni por otra.

Sucedió, sin embargo, que, poco antes de marcharse Carlos, se encontró con un compañero, el único amigo con el que seguía hablándose desde que vivía en casa de los Kallen; este muchacho le dijo:

—Bueno, ¿y qué tal van tus relaciones con la señora Kallen?

Carlos no entendió en un primer momento el alcance de la pregunta y se deshizo en alabanzas a Rañi. El otro le interrumpió:

—Sí, sí, de acuerdo con que es encantadora; pero ¿es o no tu amante? Eso es lo que se cuenta.

Carlos exigió, enfurecido, una explicación. Su amigo le dijo que había obrado de buena fe y que, precisamente porque acababa de escuchar esos rumores que circulaban, había considerado oportuno advertirle. No le reprochaba su acceso de indignación, pero tampoco comprendía que se extrañara de que hubiera murmuraciones después de las imprudencias cometidas.

Los Kallen no entendieron el comportamiento de Carlos: no volvió a aparecer por el salón, no estaba en casa casi nunca y se mostraba tan serio y huraño como al principio. Se podía pensar, indudablemente, que estaba entristecido por tener que abandonar a sus amigos, especialmente a Rañi; pero era verdaderamente extraño que esta amargura hubiera hecho acto de aparición exactamente el miércoles por la tarde, entre las tres y las cinco. A las tres Rañi y él habían estado tocando el piano con el mejor humor del mundo y a las cinco, cuando Rañi quiso ensayar con él, se había mostrado tan extraño y renuente que hubo que dejarlo. A partir de entonces no había abandonado sus comportamientos incomprensibles.

Eduardo se burlaba de su mujer diciendo que Carlos estaba enamorado de ella y murmuraba: «Dos pichoncitos enamorados...»

Incluso anunciaba que dentro de poco Rañi recibiría una declaración, probablemente estaría en verso. Carlos era incluso muy capaz de suicidarse por amor...

Y cuando el muchacho contemplaba a Rañi sin comer, cuando tocaba piezas melancólicas, cuando, por fin, se iba con aire abatido, Kallen bromeaba:

—¡Ah! ¡Qué dura es la vida en algunas circunstancias!

Imitaba la mirada mortecina del sombrío muchacho, suspiraba como él, lloraba y aparentaba padecer su misma amargura.

Pero cuando llegó el momento de marcharse todos estaban serios; la pena de Carlos era tan grande y sincera que, por respeto hacia él, se acortaron las despedidas. Rañi no había querido acompañarle a la estación, porque su dolor era demasiado expresivo. Pero cuando Carlos contempló a Rañi en lo alto de la escalera bajó del coche y subió hacia ella. Ella retrocedió y él avanzó hasta que, finalmente, estalló en sollozos sin dejar de mirarla. Faltó poco para que la criada llorara también, impresionada por un dolor tan profundo.

Rañi estuvo fría y distante. No comprendía toda la profundidad de los sentimientos de Carlos en este momento.

En la estación algunas personas se fijaron en la tristeza de Carlos y el aspecto serio de Kallen. Se comentó con curiosidad la ausencia de Rañi. ¿Se habría enterado el doctor de algo, por fin?

La forma en que había tenido lugar su separación de Carlos Meck dejó a los Kallen un sentido dolor. Evitaban hablar de él y ambos se preguntaban si no habría sido un error alojar en casa a este muchacho, pues hubieran debido suponer que se enamoraría de Rañi. No obstante, cada uno se guardaba estas reflexiones; pero, a pesar de ello, su intimidad y su amor fueron mayores que nunca.

Jamás había permanecido Eduardo tanto tiempo en la casa ni mostrado tanto cariño hacia el hogar.

Durante el verano el matrimonio tuvo mucho trabajo con el montaje de las tiendas de campaña al aire libre para uso de los enfermos. Cuando se hubieron dotado de los métodos sanitarios más modernos, la población en pleno se sintió entusiasmada con esta nueva instalación.

Sin embargo, en su interior, entre esta vida compartida con el hospital, el piano, el jardín y los estudios, se había deslizado algo completamente novedoso, una preocupación de la que no hablaban y más grave posiblemente por esta misma causa. ¿Por qué no tenían hijos? ¿Era culpa de Rañi? ¿Era que no los quería?

Como sabía de la timidez de Rañi, Kallen no se atrevía a ser él quien hablara primero de esta cuestión. ¿Por qué no tomaba ella la iniciativa? ¿Tenía miedo de que la reconocieran? ¿Temía una operación? Siempre que Eduardo contemplaba a su esposa se daba cuenta de que la asaltaban los mismos pensamientos que a él; ella, por su parte, pensaba:

—Lamenta no poder ser padre.

Hacia finales de agosto, Rañi recibió una larga carta de Carlos Meck, fechada en Berlín. Eduardo y Rañi se sintieron felices, mucho más dichosos de lo que les gustaba confesar.

Carlos había asistido en Bayreuth a los festivales wagnerianos y los describía con un enorme entusiasmo. Toda la carta estaba consagrada a Wagner. Solamente al final había cuatro o cinco renglones de despedida, uno de los cuales decía: «¿Me permite que vuelva a escribirle?»

Se veía claramente que toda esta larga carta no había sido escrita sino como un pretexto para estas últimas palabras, lo que encantó a Kallen. Rogó a Rañi que se escribieran regularmente, hasta cierto punto, consolaría al pobre muchacho de su soledad en el extranjero.

Sin mucho entusiasmo, como antaño cuando trabajaba con él, más bien por obediencia y por bondad, contestó a Carlos en un tono intrascendente. A partir de entonces fue recibiendo de Alemania carta tras carta, casi un diario íntimo.

Uno de los primeros días de octubre se encontraba Rañi en el huerto recogiendo frutas y verduras cuando vio llegar un coche por la carretera de la iglesia y, dentro de él, a un hombre muy corpulento, al que los baches hacían botar en su asiento. Los pichones de Rañi volaron hacia el carruaje y el hombre, sorprendido por el estruendo, preguntó al cochero:

—¿Son pichones?

Rañi, que se estaba subiendo a una escalera de mano para recoger unas manzanas, tuvo que hacer un esfuerzo para no caerse, pues acababa de identificar al gordinflón que iba en el coche, Soren Kule, su primer marido.

¡Soren Kule aquí! Un hombre ciego y paralítico no viajaba por diversión. ¿Sería, entonces, la herencia, aquella casa tan cercana de la del doctor, lo que le habría decidido a venir...?

Eduardo llegó poco después. También él se había encontrado a Kule, se veía claramente, y comprendió al instante por qué se había ocultado Rañi en el salón. Ella se echó en brazos de su marido, nerviosa e inquieta.

Kallen se decía: «Si Soren Kule ha seleccionado de entre toda su herencia precisamente esta casa, a nuestro lado, seguramente es que Josefina ha tenido algo que ver con ello; veo su sentido de la justicia inmutable. También es posible que yo esté equivocado con respecto a este hombre ciego. Voy a visitarle y a hablarle con toda sinceridad. Se hará cargo de que, por Rañi, no puede vivir aquí al lado.»

Eduardo no había tardado en saber que la casa de Soren Kule se encontraba exactamente tras la suya, en el parque contiguo a la parte trasera del hospital. Así que ésta era la herencia de Soren Kule... ¡Por tanto, habría que soportar a diario su presencia!

Kallen estaba tan conmocionado que tuvo que hacer un verdadero esfuerzo para dominarse cuando se encontró delante de la casa de Kule. Era un edificio de ladrillo, de dos pisos, y con un jardincito en la parte delantera. En el pasillo se oía ruido de vajilla, y Eduardo se encontró con la robusta criada norteña. No había cambiado en absoluto. También ella reconoció a Kallen y le dirigió su más amable sonrisa:

—¿Usted es el señor Kallen?

—Sí.

—Ayer por la tarde supe que vivía usted aquí... «¡Hipócrita del demonio, bien de tiempo hará que lo sabes!», pensó Kallen; luego, en voz alta, dijo: —¿Desde cuándo están aquí?

—Desde ayer.

—¿Vienen de Cristianía?

—Sí; el señor Kule ha recibido en herencia esta casa que ve; dicen que aquí la vida es más barata que en la capital.

Se abrió una puerta enfrente de Eduardo y salió un mocetón de anchas espaldas y ojos inteligentes, que avanzó, con recelo, hacia el visitante.

—¿Es tu marido? —preguntó Kallen.

—Sí, señor; nos hemos casado este verano.

El hombre que ahora se había plantado ante Eduardo tenía aspecto de marinero.

—¿Puedo ver al señor Kule?

El criado se mostró serio y dijo que iba a informarse de si el señor Kule estaba visible. Así permaneció ausente durante largo rato. Se oían murmullos en la habitación contigua, alternando la voz monótona del criado con el pesado acento de Kule.

Mientras esperaban Oline estuvo hablando de su marido. Había hecho estudios de teólogo laico, pero después se examinó para marino. Sabía español y era el secretario, el hombre de confianza del señor. Luego habló de las hijas de Soren Kule, internadas en el pensionado de la señora Rendalen, en el Oeste. El establecimiento era ahora propiedad del hijo de la señora Rendalen.

—...Aquel que vivió con nosotros —precisó. Súbitamente preguntó: —¿Y la señorita Rañi? ¿Así que ahora es su esposa? Será muy gracioso, cuando nos volvamos a ver...

La puerta se abrió de nuevo y el individuo de anchos hombros le mostró el camino a Kallen, que entró en la habitación de Kule.

Este permanecía en el mismo sillón de ruedas; de las paredes colgaban las mismas litografías y, alrededor de la habitación, los mismos muebles, aunque algo más usados.

Solamente habían desaparecido el piano y los juguetes de las niñas.

Kule estaba todavía más gordo y tenía el pelo encanecido. Cuando Eduardo se presentó no dijo nada, pero el temblor de una de sus manos y algunos sordos gruñidos evidenciaban que estaba nervioso. Kallen también se sentía incómodo y abordó inmediatamente el objeto de su visita:

—¿Usted ya sabrá que somos vecinos? —dijo.

—Sí; ya lo sabía.

—Nunca lo hubiera sospechado —repuso Kallen, con un tono glacial. Kule permaneció en silencio.

—¿Y su intención es vivir aquí..., a pesar de todo?

—Sí.

Kallen observó la faz impenetrable del ciego y comprendió que era inútil insistir; aquel hombre era incapaz de la menor prudencia. Se levantó.

—En tal caso no tengo nada más que añadir —dijo.

—¡Mis respetos a su señora! —replicó el enfermo, no sin cierta ironía, mientras salía Eduardo.

¡Así que habría que vivir con esa insoportable vecindad! Desgraciadamente, también ellos tendrían que aguantar el pasado.

Kallen dio un paseo por las afueras de la localidad, pues no quería regresar a casa bajo esta impresión; Rañi era tan sensible y delicada que habría que contárselo con tacto.

Ella estaba en el despacho y había encendido las lámparas cuando volvió Eduardo. Adivinó inmediatamente la mala noticia en el semblante de su esposo y se dejó caer sobre una silla, como si ya no tuviera energías suficientes para vivir. Kallen se esforzó en hacerla comprender que, no habiendo hecho ningún mal, no tenía nada que temer; Rañi sacudía la cabeza: no era esto lo que la causaba tanta pena, sino la maldad que mostraba Kule; lo que la torturaba era su insensibilidad, la sequedad de alma.

—¡Bah! ¿Qué nos importa a nosotros? Todavía nos queda toda una vida de felicidad —dijo Eduardo.

—No, Eduardo; no. ¿Y mi reputación? Al poner mi honor en entredicho, estas gentes me arrebatan toda la alegría de vivir.

—Pues nos marcharemos; dejaremos esta región.

Como si hubiera pensado largo tiempo en esta idea, replicó:

—¿Y qué médico sería lo bastante rico para comprar todo lo que tú tienes instalado aquí?... ¿Y esta obra que es toda tu vida? No, Eduardo; es imposible.

—Es que yo tampoco podré desempeñar mi oficio si sé que eres desgraciada —dijo él, al tiempo que la besaba.

Como no le contestaba él insistió.

—¿En qué estás pensando?

—Creo, a pesar de todo, que...

—¿Qué?...

—Que podrás trabajar y ser feliz sin mí...

Y rompió a llorar.

Eduardo sujetaba a su mujer desesperada contra su pecho, pero no quiso repetir sus palabras, porque deseaba que Rañi entendiera todo el daño que le habían causado. No obstante, ella insistió:

—No, Eduardo; no. Lo cierto es que yo ya no soy para ti.

—¡Bobadas, Rañi!

—Sé lo que me digo: soy para ti un compañero, el mejor que puedas tener en el mundo..., ¡lo que ya es bastante! Quisiera poder seguir siéndolo mucho tiempo más.

Le estrechó entre sus brazos, y la besó apasionadamente, como para suplicarle que no continuara con esa conversación.

10

El día que siguió a esta escena estaba muy nublado. Aunque Rañi había dormido bien se levantó con dolor de cabeza: esta mañana plomiza y helada incrementaba en su corazón la sensación de desesperanza del día anterior. ¡Ah! ¡Se había apagado toda claridad y había muerto toda la alegría!...

Desde el principio del día quiso poner los pies en la cocina, convencida de que desde allí tenía que verse la casa de Kule; luego, cuando entró en ella, haciendo de tripas corazón, comprobó que, afortunadamente, no era cierta su sospecha.

Después fue su rutinario paseo por el jardín, que no se atrevía a dar por miedo a que Kule pasara en coche por la carretera. Se sentó un momento al piano, pero le faltaron fuerzas para tocar.

Entonces empezó una carta para Carlos. Este la había escrito ya algunas veces sin obtener contestación pero había que matar el tiempo...

Rañi estaba indignada; escribió a Carlos que la cosa más detestable del mundo era la maldad, en todas sus formas: traición, calumnia y disimulo. La maldad es un síntoma de un corazón gélido y precisamente contra ese frío es contra lo que hemos de luchar, puesto que la vida es calor.

«Algunos seres —decía— son más susceptibles de acatarrarse que otros; algunos tienen predisposición para la tuberculosis. Lamentablemente, creo ser parte de estos últimos... Desde mi infancia ha soplado en mi alma un viento helado y ya apenas si me queda calor para combatirlo.»

La carta, sin embargo, se frenó; al recordar su infancia, todos los sufrimientos de su juventud, hasta su matrimonio con Kule, Rañi sintió deseos de trasladarlos al papel en forma de memorias, para que —más tarde— Kallen pudiera tener conocimiento de ello.

¿Relatar su vida verbalmente? No, eso sería demasiado triste; pero escribirla sin testigos de ninguna clase, se sentía con fuerzas para hacerlo. Un sombrío presentimiento la llevó a comenzar sus confesiones aquel mismo día.

Rañi tuvo que hacer un gran esfuerzo para aparentar calma y alegría cuando volvió Kallen. La miró escrutándola; pero él mismo estaba demasiado preocupado con otro asunto. El joven doctor quería emprender una importante operación en contra de la opinión de los dos médicos que trataban al enfermo y la de otro que había sido consultado también.

Un coronel, uno de los hombres más respetados de la región, padecía, desde hacía algún tiempo, una enfermedad en su vientre y se habían mostrado síntomas de septicemia. El médico militar Arentz trataba a su enfermo por el procedimiento tradicional: cataplasmas y opio. Pero como el paciente no mejoraba decidió consultar a Kallen.

La esposa del coronel se opuso en un primer momento, no porque fuera una católica ferviente, sino porque Kallen le resultaba molesto. Era una excelente persona, pero algo nerviosa, y las personas de su tipo sienten filias y fobias inexplicables. En cambio era muy amiga del pastor Tuft, quien le había salvado por sugestión, de una crisis de anemia cerebral.

Por estas razones buscaron al principio a un médico forastero y luego al doctor Kent. Ambos se mostraron de acuerdo en la inutilidad de cualquier intervención, consideraban que la muerte había de sobrevenir, y que una operación solamente serviría para acelerarla.

Pero contra la opinión de sus colegas, abrió el vientre del enfermo e hizo lo necesario. Tuvo que agarrarse a toda la fuerza de su carácter para actuar así en contra de sus colegas. El coronel gozaba de tanta estimación en la ciudad y sus alrededores que todo el mundo seguía preocupado del desarrollo de su enfermedad y, además, su esposa le amaba tanto que lo más probable era que perdiera la cabeza si él moría. Todo el odio injustificado que aquella extraña criatura había sentido hacia Kallen se había transformado ahora en una ciega confianza, hasta el punto de parecer que su sola presencia la hipnotizaba. Todo esto alteró al doctor excesivamente.

Rañi no tuvo tiempo de pensar en sí misma cuando percibió la sobreexcitación, la preocupación y la intranquilidad de su marido durante el período crítico de la operación. Cuando le sentía así tenía una particular habilidad para alejar de él toda preocupación vana; sabía fortalecerle, alegrarle, en una palabra; vivir únicamente para él. Era un inmenso consuelo para este pobre ser dolorido sentir que podía apoyar a un hombre como el doctor Eduardo Kallen.

El coronel se curó. Eduardo recuperó su buen humor, Rañi volvió a tocar el piano, se ocupó de las tareas del hogar como antes, incluso se aventuró en el jardín y se atrevió a contemplar abiertamente la casa de Kule. Se acostumbró a escuchar sin temblar en exceso, el paso del coche del ciego. Tomó la costumbre de charlas con la criada norteña cuando ésta, con la cesta bajo el brazo, se dirigía al mercado. ¡Oh!... Al principio sentía como la mordedura de una víbora, pero lo cierto es que no murió de ello.

La temperatura había bajado mucho. Un glacial viento del Norte hacía caer las hojas, el campo estaba helado y por las mañanas repleto de escarcha. Las chimeneas tiraban hasta el extremo de producir tal ruido que ahogaba el de los carruajes que pasaban por la calle. Todas las mañanas se preguntaban si no habría llegado el momento de colocar las contraventanas y de cerrar definitivamente la puerta que daba al balcón, pero la esperanza de que aún volverían días buenos les hacía demorarlo.

Una mañana Rañi recibió varias cartas: una de América, otra de su hermana y una tercera de Berlín, de Carlos. Las había abierto todas; pero, estaba tan atareada con los preparativos para el invierno que, no había leído ninguna. Después de comer leyó la de su hermana, bastante triste, por cierto: la salud de la muchacha estaba muy quebrantada. Rañi pensó hacerla venir a su lado.

Rañi no tenía ninguna prisa por leer la carta de Carlos, ya que las anteriores estaban tan impregnadas de melancolía y tristeza como ella misma. Sin embargo, aquella misma tarde, cuando disfrutaba en el despacho de una novela americana de Horwell, un estudio psicológico muy profundo, hubo algo que le hizo pensar en Carlos Meck y desplegó su carta.

Casi siempre se trataba de una carta muy larga, páginas y más páginas bastante interesantes, pero excesivamente melancólicas. Cuando llegó a las últimas líneas la hizo detenerse una nota escrita con tinta roja:

«Para ser leído únicamente por usted.»

Y escribía:

«Desde que recibí su gélida carta en que me hablaba del "frío del alma" y de la "hostilidad del ambiente" me he preguntado mucho tiempo si debía o no confesarla hasta qué punto entiendo el significado de estas palabras. Desgraciadamente, hace ya largo tiempo que conozco y padezco las viles calumnias que han difundido acerca de nosotros. ¡Qué infamia!

»Si; esa fue la razón de que me faltara muy poco para volverme loco este verano, me enteré de aquellas insensateces pocos días antes de mi partida. Era horrible. Creí entonces que nada en el mundo me podría hacer sufrir con mayor crueldad, pero soy mucho más desgraciado ahora, que usted misma, tan pura y buena, se ha enterado también de la calumnia.

»He reflexionado durante semanas enteras, por usted y por mí, y creo que es mejor haber hablado. Pero no le diga nada a Kallen. Estoy tan apesadumbrado, me siento tan horriblemente desgraciado... Por lo menos, se lo ahorraremos a su marido.

»Esta es la razón de que esto se lo cuente en una hoja aparte; continuaré comunicándome con usted de la misma forma. Lo haría así también por otra razón. Desde que usted se mostró tan amable conmigo, la amo más de lo que usted podría imaginar. Ahora que una infame injuria nos ha herido a ambos, solamente pienso en usted desde el amanecer hasta el atardecer.

»Sí, ¡la quiero! Se lo escribo llorando: ¡la amo, la amo!... Tal vez esta palabra le enoje más que la calumnia que es la causa indirecta de mi repentina sinceridad, pero si usted supiera con qué gozo escribo esta palabra, ¡estas letras que han de ser leídas por usted! Es usted tan buena, tan adorablemente indulgente, que no dudará usted ni por un momento del profundo sentimiento de respeto que siento por usted...»

....

Cuando Kallen regresó a las ocho de la noche la cena estaba servida en el comedor. Habían encendido el fuego en el despacho, que estaba también iluminado; a Rañi no la encontraba por ninguna parte.

Sigrid trajo el té y anunció:

—La señora está descansando.

—¿Acostada? ¿Es que está enferma?

—No; creo que es solamente cansancio.

Eduardo subió inmediatamente hasta la habitación. A pesar de la oscuridad, distinguió el brazo de Rañi cubierto con el camisón, que descansaba sobre la colcha.

—Tienes que perdonarme —dijo Rañi—. Pero estaba completamente agotada. Además, he recibido una carta de mi hermana que me ha entristecido mucho... No, no enciendas una luz, por favor. ¡Se está tan bien, así a oscuras!

Kallen derramaba salud y energía por los cuatro costados y su voz sonó claramente al preguntar:

—¿Está enferma tu hermana?

—Sí; está mala por aquel clima tan perjudicial.

—Entonces que se venga aquí con nosotros.

—Precisamente iba a pedírtelo... ¡Qué bueno eres! —exclamó, sollozando.

—Bueno, amor mío; ¿por qué has de llorar? Te aseguro que si no te lo he dicho antes ha sido por creer que tú preferías que siguiéramos solos.

—Indudablemente, que es delicioso... Pero tratándose de una enfermedad...

—¿Quieres callarte? Nadie tiene que estar enfermo. Tú estás ahora perfectamente... ¿No es así? A ver: la frente un poco caliente. Déjame que mire si tienes fiebre... Bien; en realidad, no necesitas más que un poco de reposo; has hecho bien en acostarte. Yo voy a bajar a cenar, porque tengo un hambre feroz. Te dejo... ¿Has recibido carta de Carlos?

—Sí, la he puesto en tu despacho.

—Bien; la leeré mientras ceno; después tengo que trabajar. Que descanses bien, amor mío.

La besó; ella le agarró del cuello, exclamando:

—¡Mi amor!

Eduardo salió de la habitación. Rañi oyó sus pasos descender por la escalera, luego el ruido de la puerta de abajo al abrirse y volverse a cerrar.

Volvía a sentir un dolor profundo en el pecho, dolor que había olvidado mientras hablaba con su marido. Era espantoso: sentía que no sanaría jamás. Además, estaba helada... Sí; había venido el frío, el terrible frío que tanto temía Rañi y había penetrado en su corazón. Ahora comprendía lo que sus enemigos buscaban, por qué habían hecho venir a «la ballena» y por qué Kule no quería irse...

—¡Qué habré hecho yo para padecer de este modo!— se quejaba, escondiéndose bajo las mantas.

Por último, pensó en Carlos y en su confesión. Pobre pequeño, ¿qué podía hacer ella? Había arrancado la última página de la carta; ¿debería mostrársela a Eduardo?

Cuando este subió a acostarse, poco después de medianoche, Rañi estaba dormida; al menos, por el momento, se había olvidado de su pesar. Eduardo encendió una vela, contempló su rostro y escuchó su respiración. Dormía inocentemente, con los labios entreabiertos.

Al día siguiente por la mañana, igualmente apesadumbrada y confusa sobre la conducta que debería seguir, Rañi paseaba delante de la pared de la casa orientada hacia el mediodía. La nieve caída durante la noche se había fundido; pero, por la parte de las montañas, una espesa cortina de niebla impedía la visibilidad.

Rañi sentía frío; sin embargo, no se atrevía a alejarse de la casa, como hacía todas las mañanas, porque hoy temía ser vista por cualquier vecino; de ahora en adelante sentiría miedo de mostrarse en público. Golpeaba el suelo con los pies, sin conseguir entrar en calor. No quería ir más lejos, pero tampoco volver a entrar en la casa antes de haber tomado una decisión. ¿Debería enseñar la carta a Eduardo? o ¿sería mejor no hacerlo?

Pensó en las hijas de su hermana muerta, sobre todo en Juanita. Volverlas a ver hubiera sido para ella una tremenda alegría, sobre todo sabiendo que no encontraría a Kule junto a ellas. Podría intentar el viaje al pensionado de Rendalen. Además, esto le serviría de distracción; mientras tanto, no tendría que pensar en Carlos ni en lo que habría de hacer con su carta. Le contestaría solamente con brevedad, rogándose que no volviera a escribirla, al menos por el momento, o incluso se lo haría saber por telegrama en el transcurso del viaje.

Se había apoderado de ella una necesidad tan imperiosa de volver a ver a las pequeñas que cuando volvió Kallen le comunicó su decisión, mientras caminaba por el salón, para entrar en calor.

—Entonces has de irte enseguida —contestó Eduardo—. Más tarde haría demasiado frío.

Este «enseguida» significaba para Kallen al día siguiente o al otro; pero Rañi insistió en ponerse en camino de inmediato y Eduardo la acompañó a su pesar a la estación. Cuando llegó a casa de Rendalen la pobre Rañi escribió a su marido una carta llena de desolación. El encuentro con las pequeñas había sido una decepción tremenda. Las niñas no la habían reconocido; además, no encontraba en estas niñas muy educadas a las hijas de su hermana. No tenían nada de su sangre. Eran el vivo retrato de los Kule, cuyas raíces debían ser más fuertes. Altas y gruesas, pétreas las niñas miraban a Rañi como a una extraña, no entendían qué quería de ellas aquella señora. Y Rañi hubiera regresado inmediatamente de no ser por un fuerte catarro que contrajo durante el viaje.

La segunda carta ya fue más alegre. Las pequeñas seguían igual ¡pero eran tan amables los Rendalen y sus amigos! «Qué pena —terminaba la joven— que no tengamos nosotros unos vecinos así.»

Kallen recibió al mismo tiempo una carta de Rendalen en la que le explicaba agradecido la alegría que todos los suyos habían sentido al poder tener entre ellos a Rañi durante algunos días. Terminaba así:

«En nombre de todos te ruego y suplico que la permitas estar con nosotros algún tiempo más. Además, está fatigada por el viaje y dice que no se encuentra muy bien; un poco de reposo no le vendría mal.»

Rañi, que en principio hubiera debido volver a los ocho días, prolongó su estancia otra semana más. Por fin regresó una tarde de invierno, brumosa y glacial; volvía pálida, acatarrada y nerviosa. No se atrevió a confesar a su marido cuán penoso le resultaba venir a vivir de nuevo entre gente que la consideraban deshonesta.

Kallen, muy preocupado por el mal aspecto de su esposa y por aquel catarro pertinaz, la auscultó con ansiedad, la preguntó por las impresiones del viaje, pero no pudo sacar nada en limpio: se caía de cansancio y quería dormir. No obstante, como estaba extrañado por no haber recibido ninguna carta de Carlos, le preguntó si ella había tenido noticias suyas.

—No contestó ella—. En absoluto.

—¿Tú tampoco le has escrito?

—Así es; Carlos me hizo una pequeña confidencia que, en el mejor de los casos, me pareció absurda por completo, y por esta causa he roto con él...

Kallen no ignoraba que entre su mujer y Carlos había habido algunos pequeños altercados; conflictos de los cuales él no se enteraba hasta más tarde. Como Rañi parecía cansada esta noche consideró que no debía insistir.

La joven guardó reposo durante algunos días. Tenía una tos seca que no remitía; pero aparte de esto, no presentaba ningún síntoma de peligro.

El día que por fin se levantó, Kallen la encontró mucho más delgada y le extrañaron sus ojeras y el rostro demacrado.

—¡Aire, mucho aire es lo que te hace falta! —exclamó.

Pero Rañi se negaba tozudamente a pasear fuera del jardín. Primero, puso como pretexto que la aburría, y luego, lloró. Eduardo, muy sorprendido por el cambio de carácter de su esposa, la creyó embarazada. Lo creía tanto como lo deseaba.

Llegó por fin una época en que Rañi empezó a pasear nuevamente por el jardín. Contó orgullosamente a su marido esta proeza, pero lo que le ocultó fue que estos paseos tenían lugar después de la puesta del sol. Sin embargo, se sentía mejor y el doctor encontraba también que su estado mejoraba.

Durante algún tiempo Kallen conservó la esperanza de que su esposa estuviera embarazada; tenía síntomas. Sin embargo, adelgazaba y no tenía apetito.

Una tarde que, aprovechando la ausencia de su marido, salió, como de costumbre, a dar un paseo por el jardín, cogió frío y empezó a sentir un dolor punzante en el pecho. Estaba ya dormida cuando Eduardo se acostó. Se despertó bruscamente al oírla toser y, al encender una vela, se dio cuenta de que Rañi se llevaba la mano al pecho.

—¿Te duele? —preguntó.

—Sí.

—¿Cómo?... ¿En dónde?

—Aquí.

Ella señalaba un lugar bajo la clavícula derecha.

—¿Sientes punzadas cuando toses?

—Sí; algunas veces.

Al mismo tiempo tuvo un nuevo acceso de tos. Kallen se levantó rápidamente, se vistió, llamó a la criada, y la mandó apresuradamente a buscar algunas medicinas. Mientras esperaba, hizo algunas preguntas a Rañi. Así fue como supo que la víspera había cogido frío mientras se paseaba por el jardín, tras la puesta del sol, según era su costumbre.

—¡Después de la puesta del sol! —exclamó Kallen, escandalizado.

Fue suficiente para hacerla llorar.

—...Cariño, no tienes que cometer todas esas imprudencias. De momento te vas a quedar en la cama.

A Rañi le hacían muy poca gracia los sinapismos que le aplicaban en el pecho; prefería las pastillas contra la tos. Eduardo, muy nervioso, trataba de disimular su inquietud con ternura y cierta ironía. Con todo, después de algunos días de tratamiento empezó a mejorar; se había hecho también más obediente y permaneció al calor durante quince días. La tos iba disminuyendo, aunque persistía el dolor en los pulmones. Como estaba débil y respiraba con dificultad no sentía el menor impulso de tocar el piano.

La nieve había desaparecido de algunas avenidas del jardín; allí salió por primera vez, en pleno día, del brazo de Eduardo. Pero tuvieron que entrar de nuevo casi al instante. El doctor se asustó en un principio; sin embargo, como Rañi se tomó la cosa a broma, terminó por creer que se trataba de un simple capricho.

En realidad, se encontraba mucho peor de lo que quería admitir. Intentó más tarde salir con Sigrid, pero tuvo que suspender el paseo ante los sofocos, suplicando a la criada que no dijera nada al doctor para no asustarle.

Poco después, como el tiempo había mejorado, se sintió más valiente y pudo prolongar sus salidas.

Eduardo se puso loco de alegría el día que la vio sentarse al piano.

Soren Pedersen se presentó de pronto una noche en el despacho del doctor, lívido y sin su mujer. Dos cosas muy inusuales en él.

—Por Dios, ¿qué te ocurre? —preguntó Kallen.

—Pues pasa..., sucede, señor doctor, que Kristen Larssen se está apareciendo...

Kallen se rió a carcajadas; Soren siguió igualmente serio.

—Le aseguro que Kristen Larssen se aparece. Durante su último mes en vida no tocaba el violín, hasta el punto de que se lo regaló a Aune; pues bien, ahora se escucha el violín en su propia casa.

—¿No vive nadie allí?

—No; está cerrada con llave... Pero no hay la menor duda de que Larssen toca el violín en su interior. Varias personas lo han escuchado al mismo tiempo.

—Créame, mi querido Pedersen, que algún bromista de mal gusto se ha alojado en la casa. ¿Quién tiene las llaves?

—Aune, que es sobrino de la viuda.

—¡Ah! ¿Se da usted cuenta?...

—Pero Aune ha venido con nosotros a investigar el suceso y tenía más miedo que ninguno. Y, además, está esa criadita a cuyo hijo curó usted, la pequeña Kussen: una noche contempló a Kristen Larssen en persona andando por delante de la puerta de su casa. Y no ha sido ella sola quien lo ha visto. ¿Cabe alguna duda? Es verdad, señor; absolutamente cierto.

Kallen se tomó la molestia de explicar a Soren que estos hechos comprobados no eran sino imaginaciones; un esfuerzo perdido.

La ciudad entera se sintió como embrujada por estas historias, sobre todo cuando el pastor Ole Tuft se mezcló en ellos. Desde la primavera éste había vivido sólo con su madre, ya que su mujer y su hijo hacía poco que habían regresado después de una larga ausencia, y durante todo este tiempo se había mostrado más adusto y fanático que nunca en sus sermones. Había llegado a decir en el templo que, sin lugar a duda, los «espíritus» tenían una misión que cumplir en este mundo. Muchos muertos no encontraban el reposo en sus tumbas y se aparecían a los vivos para hacerles advertencias bondadosas. Esto, según el pastor, era un hecho irrefutable: muchas familias podían dar fe de ello.

Cuando esta historia llegó a oídos de Kallen determinó llevar a cabo, sin ningún aplazamiento más una idea que tenía desde hacía mucho tiempo: hipnotizar a Aune.

Éste no se prestó de buena gana, puso mil excusas para evitarlo y al principio consiguió incluso engañar al doctor. Pero Kallen, con el consentimiento de la esposa del borrachín, logró, por fin, convencerle.

Un domingo por la mañana, y en presencia de su mujer, Aune fue hipnotizado en el despacho del hospital. Kallen empezó por prohibirle que volviera a beber alcohol. Luego le preguntó por la historia del aparecido y supo, sin demasiada sorpresa, que el farsante de Aune había montado todo el tinglado y se burlaba impunemente de la ingenuidad de la gente. Pero la mujer del mistificador le hizo comprender a Kallen que, si se difundía que su marido había jugado a los aparecidos, su situación sería insostenible; en consecuencia, el doctor se limitó a prohibir a Aune que reincidiera en estas bromas macabras y prometió a la mujer que no divulgaría su nombre.

Ello no impidió a Kallen comunicar aquella misma mañana al doctor Kent, tan incrédulo como él mismo en materia de fantasmas, que ya sabía quién era el que suplantaba la personalidad de Kristen Larssen. Era una comedia que no volvería a repetirse, si bien había prometido no denunciar al culpable.

Algún tiempo después, cuando el doctor se encontró con Josefina en casa de un enfermo, y como sabía que le gustaba tener noticias de su hermano, le contó lo que éste le había confiado sobre la historia del aparecido.

En el presbiterio, durante la cena, Eduardito, que estaba muy inquieto con todas estas historias de fantasmas, contó que Kristen Larssen se había aparecido también a dos amiguitos suyos, un hijo de Aune y un hijo del antiguo conserje del hospital. El niño estaba totalmente impactado. Entonces su madre le dijo claramente que esta historia del aparecido no era sino una invención y que uno de los médicos de la ciudad sabía, incluso, el nombre del autor de aquella broma de mal gusto: Kristen Larssen no volvería a «aparecerse» nunca.

Cuando Eduardito hubo salido del comedor, el pastor censuró a Josefina su forma de proceder.

—¿Por qué? —contestó ella.

—Es una falta de consideración hacia mí hablar así al niño. Ya le has oído argumentar que yo mismo creía en los espíritus...

El tono del pastor no era ni altivo ni irritado, por lo que Josefina, comprendió perfectamente que no le faltaba razón, y no le dijo nada. Pero una vez que terminaron de comer, después de haber pensado en lo ocurrido, Josefina fue a buscar a su marido al despacho.

—Le he dado vueltas —dijo— a lo que me has dicho hace un momento.

Ole Tuft estaba fumando, recostado en el sofá; se levantó para hacer sitio a su mujer, pues le gustaba enormemente que entrara en su despacho. Josefina permaneció de pie.

—¿Exiges —prosiguió ella— que él siga creyendo como cierto una cosa que no lo es?

—No; pero hubieras podido dejarme la tarea de corregir su error.

—¿Lo habrías hecho?

—¿Qué quieres decir?

—Me refiero a que continúas contándole muchas pamplinas a las que a ti mismo te resulta imposible dar crédito.

Ole caminaba por la habitación; Josefina, continuaba de pie, al lado de la puerta. Cada vez que se acercaba a ella la miraba fijamente a los ojos y Josefina comprendía instintivamente que no se sentía culpable en absoluto.

El pastor vio tan nerviosa a su esposa que le rogó se calmara para explicarse tranquilamente.

Empezó a hablar con fuerza y convicción. Durante largo rato Josefina permaneció expectante hasta que, de repente, replicó:

—¿No sabes tú, Ole, que, sin la nefasta perturbación de mi inteligencia y de mi voluntad, que sufrí durante mi niñez, también yo hubiera sido... otra cosa?

—Sí —contestó Ole fríamente—. Ya sé que desde hace algún tiempo te has empeñado en creer que la fe es la causa de tu desgracia.

Ella repuso, muy pálida:

—Eso no lo he dicho ni lo he pensado nunca.

Luego, más tranquila, añadió:

—Nunca he sentido a mi inteligencia volverse contra Dios ni contra Jesús, nuestro Salvador, ¡nunca!

—Pues es una auténtica suerte —dijo Ole, con sorna.

—O dejas de enseñar a nuestro hijo esas historias de camino o no volveré a verte como un hombre honrado.

No era la primera vez que Josefina amenazaba a su marido; muy a menudo habían sufrido discusiones largas y penosas. Pero nunca se había mostrado tan tajante ni había atacado a sus creencias de una manera tan directa. Ya había reivindicado en múltiples ocasiones su derecho a vivir a su antojo, incluso había contestado despreocupadamente a las objeciones de Ole, pero hasta ahora nunca le había puesto condiciones.

A decir verdad, desde hacía algún tiempo el pastor tenía el presentimiento de que algo se escondía bajo la aparente docilidad de su esposa, pero no esperaba una salida tan inoportuna ni tener que enfrentarse a tanta cólera y a una voluntad tan intransigente. Esto era ya una lucha abierta. Para poner fin a un posible malentendido, Ole, declaró taxativamente:

—¡El niño se quedará conmigo!

—¿Contigo? —preguntó Josefina, palideciendo horriblemente—. ¿Por qué contigo? ¿Tienes sobre él más derechos que yo? ¿Eres su madre?

—Soy su padre. Tanto la ley de Dios como la de los hombres me conceden al niño.

Josefina comenzó a recorrer la habitación de la ventana a la puerta como una fiera cautiva. Su pecho se agitaba con violencia y se notaba perfectamente su respiración; sus ojos, su voz, todo indicaba la tormenta que rugía en su interior. Nunca hubiera pensado que su marido fuera capaz de semejante amenaza.

—¿No te da vergüenza? ¡Querer quedarte tú con el niño!

—Si Dios me lo ordena, lo haré. No quiero que desmoralices al pequeño.

—¿Desmoralizarle yo? ¡Yo! Escúchame bien, Ole; escucha bien lo que voy a decirte. Desde que éramos niños has tenido sobre mí una nefasta influencia a causa de tu fe entusiasta. Has perjudicado mi inteligencia, muy a mi pesar. Eras bueno, lo reconozco; pero precisamente a causa de esa bondad has logrado cambiar mi naturaleza, que no estaba hecha para el misticismo. Sin que yo lo percibiera me imponías tu ideal, tus sueños de misión, qué se yo... No, no te lo reprocho; pero no quiero que inculques a nuestro hijo unos ideales similares. Mientras yo tenga un soplo de vida no lo conseguirás, ¡te lo juro!

—¿Ah, sí? —se burló Ole en un tono que dejaba entrever nítidamente su decepción—. ¡Ya lo sé, ya lo sé!... Tú eras una especie de diosa, y yo he estropeado tu vida. Lo he hecho por causa de una fe que es la mía y que tú nunca has querido vivir. Amor mío, todo esto lo adiviné antes de que te marcharas.

—No; no he valorado nunca tu fe, porque nunca ha podido convencerme. Durante mucho tiempo me he culpado a mí misma por no poder creer como tú, no saber concentrar mi energía en una obra que fuera íntegramente mía. ¡Por eso no soy como los demás! ¡Por eso ha ido todo mal!

—Entonces, ¿cuál hubiera sido tu auténtica vocación en este mundo?

—¿Mi vocación? —replicó Josefina, sin bajar los ojos—. Tendré valor para contártelo, aunque me creas una chalada: ¡artista ecuestre en un circo!

Ole Tuft se quedó atónito, sin poder dar crédito a lo que oía; luego contestó con ironía:

—¡Artista de circo! ¡Qué pérdida para el público y para ti misma, Josefina, que no hayas caminado por esa senda!

—Estaba segura de que ibas a decir eso. Pero si hubiera llegado a directora de un circo hubiera procurado el pan a centenares de personas y una diversión sana a millares de otras. ¡Y no es poco eso! Incluso es mucho más de lo que hace la mayor parte de la gente. ¿Qué he hecho yo hasta ahora? Menudencias, cosas sin ninguna importancia. ¿Y a qué ha conducido, quieres decírmelo? A hacerme que sienta pena por todos nosotros, por ti igual que por mí. ¿En qué se ha transformado nuestra vida? ¿Serás capaz de decir que todavía me quieres? ¿Creerías que yo te quiero a ti?

—Basta; de sobra sabemos tú y yo quién es el hombre al que amas y admiras por encima de todo.

Si Ole la hubiera pegado, como ya lo había hecho su hermano, no se habría puesto más furiosa. ¡Como!... ¡Ole, que se lo debía todo a ella y a Eduardo, la había hecho reñir con este hermano, al que adoraba!

—Sí —añadió para herirle—. ¡Mi hermano tiene todo aquello que a ti te falta! Y es una maldad por tu parte que hables de este modo.

—¿Así piensas? ¿Crees, entonces, que no sé que te he perdido por culpa suya? Gracias a él he perdido la paz de mi hogar, la alegría de mi trabajo y todavía, gracias a él, estoy a punto de perder a mi propio hijo.

Su voz se entrecortaba primero de cólera y luego de dolor pero para Josefina era lo mismo; también ella sentían un deseo irrefrenable de llorar.

Pero ni uno ni otro querían aparentar fragilidad. Josefina, quieta al lado de la ventana, miraba hacia el exterior. Ole recorría el despacho a largos pasos. Transcurrió un largo silencio.

Nuevamente se sintió llena de cólera; la molestaban enormemente los pasos de su marido, también las palabras que acababa de pronunciar.

—Ahora —dijo Josefina sin volverse— ya conoces mis condiciones. Hablas seriamente de tonterías como la aparición de Kristen Larssen, sin preguntarte por la verdad... Si te empecinas en contar a mi hijo esas leyendas, sin aclarar inmediatamente que se trata de eso, de leyendas (súbitamente se volvió hacia él), dejaré de vivir contigo. Te juro que es mi decisión final. No me quitarás a mi hijo, no le apartarás de mí con tus cuentos absurdos. ¡No me rendiré; puedes estar seguro, Ole Tuft!

Acto seguido Josefina abandonó la habitación.

11

Aquel mismo domingo y a la misma hora que se desarrollaba esta escena en el presbiterio volvió Kallen a su hogar para comer. Estaba acostumbrado a sentarse a la mesa algo más tarde de lo que lo hacía su cuñado.

Por la puerta de la cocina vio a Rañi que, con un delantal blanco que le subía hasta el cuello, se afanaba en cocinar unas verduras. Se le acercó. Desde hacía algún tiempo no podía disimular su preocupación por ella. ¿Sería el delantal blanco o el vapor de la comida que preparaba Sigrid lo que daba a Rañi aquel aspecto lívido? Lo cierto era que tenía muy mala cara.

Kallen se sintió duramente impresionado. Rañi no apartó la mirada de lo que estaba haciendo, pero dijo:

—Tenemos invitados.

—¿Quién?

—El doctor Otto Meck, el padre de Carlos. Nos ha visitado ya esta mañana y volverá a comer.

—¡Me alegro! ¿Y cómo está Carlos?

—No muy bien... Aquí viene Meck.

Efectivamente, se podía ver en la carretera la recia cabeza de Meck, cubierta con un gorro de piel. Kallen salió a su encuentro.

En los tiempos lejanos en que Meck ejercía la Medicina había dedicado una especial atención a la tuberculosis, muy frecuente por esta zona, y ahora seguía con mucho interés los trabajos médicos y las publicaciones de Kallen.

Este vio con alegría a su colega y, mientras que le ayudaba a quitarse el abrigo, dijo:

—Me ha dicho Rañi que Carlos no se encuentra bien...

—Sí, es cierto.

—¿Y qué es lo que tiene?

—Precisamente he venido para hablar con usted acerca de ello.

—¿Ha hablado usted ya con mi mujer?

—Sí.

Entraron en el salón, luminoso, acogedor y bien caldeado; el piano estaba abierto. Kallen supuso que Rañi habría estado tocando, señal de que no se encontraba tan mal como su aspecto hacía pensar. Sin embargo, tenía la intención de examinarla.

Meck estaba más serio y melancólico que de costumbre.

—Entonces —insistió Kallen—, ¿mi esposa y usted se han puesto ya de acuerdo con respecto a Carlos?

Meck miró a Eduardo con bastante extrañeza y respondió:

—¿Se refiere usted a los términos de la carta que ha de escribirle?

—Sí..., también... ¡Qué se le va hacer! No es la primera vez que hay entre ellos algún ligero contratiempo.

—¡Hum! —dijo Meck, muy pensativo.

—Puede que usted crea que yo sé de lo que se trata; le aseguro que no tengo ni la menor idea.

Meck, cada vez más preocupado, contestó:

—Ya he dicho a su esposa que debía explicárselo a usted. Ha sido muy amable por su parte al no hacerlo, pero las cosas empiezan a tomar mal camino.

—¿Mal camino? ¿De qué se trata?

—Sí; es imprescindible que haga regresar a Carlos a casa; es completamente inútil que viaje...

—Un momento, mi querido amigo; permítame usted que intente curarle otra vez.

—Kallen creyó que el muchacho había sufrido una recaída.

Meck le miró directamente a los ojos y, muy emocionado, dijo:

—Dígame, ¿cómo encuentra usted de salud a su esposa?

Kallen se sonrojó, pues esta pregunta inesperada acrecentaba sus secretos temores.

—Ha tenido un catarro muy fuerte que aún persiste. Precisamente hace un momento me ha asustado... En fin, puesto que está usted aquí me haría un favor auscultándola.

La inquietud de Kallen se había transformado de pronto en una absoluta certeza y su corazón latía con tanta violencia que él mismo no hubiera podido reconocer a su mujer.

Meck seguía observándole y Kallen se asustó aún más.

—¿Querrá usted examinarla?

—Por supuesto. ¿Hace mucho tiempo que no lo hace usted mismo?

—Hace ya cierto tiempo... Temo asustarla... Espere, voy a buscarla.

—¿Conoció usted al padre de su esposa? —preguntó Meck.

Al oír esta pregunta Kallen se quedó atónito; sin embargo, aún tuvo valor para preguntar:

—¿Le conoció usted...?

—Sí; yo era médico en aquella región.

—¿Y... y... estaba tuberculoso?

Meck hizo un signo afirmativo con la cabeza. Entonces Kallen corrió, desesperado, hacia la puerta.

—...Un minuto..., voy a traerla... ¿quiere usted auscultarla ahora mismo?

—Pues claro que sí, mi querido amigo.

Eduardo regresó con su mujer, que ni siquiera había tenido tiempo de quitarse el delantal, y la llevó hacia la ventana. Rañi había llorado... ¡Qué ojeras más profundas! ¡Cuán pálida y delgada estaba!...

Rañi se dio cuenta del aspecto sombrío de su marido, pero pensó: «¡Habrán hablado de Carlos! Eduardo estaría enfadado porque no le había enseñado la carta.»

Se ruborizó y luego se quedó aún más pálida al escuchar a Eduardo:

—Rañi, amor mío; tienes que dejar que el doctor Meek te examine el pecho.

Rañi se sintió sobrecogida y observó a Eduardo como lo hace un animal herido que pide ayuda. Pero ya estaba Eduardo quitándole el delantal con sumo cuidado y ella, obediente, le dejó hacer.

Mientras que Meck continuaba su examen, Kallen intuyó la enorme desgracia que se cernía; la asustada mirada de Rañi aumentaba su preocupación. ¿Comprendería toda la gravedad del caso o estaría simplemente extrañada por el hecho de que su marido la hiciera auscultar por un desconocido?...

El doctor Meck pegó su gruesa cabeza a la espalda de la joven... Sí; el pulmón derecho estaba afectado, gravemente atacado.

—¿Ha tosido usted mucho últimamente?

Rañi no sabía qué contestar y le temblaban las manos.

—¿Se cansa usted enseguida cuando anda?

De nuevo interrogó a Kallen con una mirada llena de desesperación, como si quisiera pedirle perdón.

—¿Respira usted con dificultad al andar? —continuó Meck.

—Sí.

—¿Se siente cansada muy a menudo... como si fuera a estar indispuesta?

Impresionada por sus palabras, Rañi miró a su marido.

—¿Tal vez se ha encontrado usted ya mal?

—Sí.

—¿Pero cómo?... —exclamó Kallen.

—¡Oh! Ha sido tan solo hoy dijo ella, sollozando.

—¿Después de nuestra conversación? —precisó Meck.

—Sí...; quería tomar un poco el aire...

Rompió a llorar, sin atreverse a levantar la cabeza.

Meck prosiguió, al cabo de un instante:

—¿Es aquí donde siente los dolores, cuando tose?

Indicaba la clavícula derecha; ella contestó afirmativamente.

—¿Ha escupido sangre alguna vez?

—Sí; ayer por la tarde.

Las lágrimas le corrían por las mejillas. Kallen estaba asustado. Meck no llevó más lejos su interrogatorio. Ella se cubrió en silencio y Eduardo, para disimular su dolor, fingió haberse dejado algo en su despacho; pero no volvía y Rañi adivinó la causa... Durante algunos minutos pensó que ya no sería capaz de levantarse, sintiendo que iba a desmayarse de un momento a otro. Pero fue tal su necesidad de hablar con su marido que se levantó, rogó a Meck que la disculpara y se dirigió al despacho.

Tampoco Rañi regresaba. Meck esperó durante largo tiempo; luego se dirigió al recibidor, se puso el abrigo y rogó a la criada que dijera que había tenido que salir.

Sigrid buscó a los señores en el salón, fue al despacho y llamó a la puerta. Como nadie contestó, abrió la puerta y entró. Kallen estaba tumbado en el sofá y Rañi permanecía de rodillas a su lado. En voz baja la criada anunció que la comida estaba servida y que el doctor Meck se había tenido que marchar. No obtuvo contestación.

Hasta aquel día Rañi y Eduardo habían pensado que la hora más dolorosa de su vida había sido cuando la joven tuvo que viajar a América. Ambos pensaron entonces que iban a morir de pena. Pero ahora era la muerte lo que se interponía entre su felicidad, y la muerte es muy diferente a todas las penas de este mundo. Tal era la lección que acababan de aprender.

Tras la visita del doctor Meck los días discurrieron tristemente; era una lucha sin esperanza, una agonía sin palabras, un amor irrefutable, pero sin futuro.

Rañi dijo que tenía que poner en orden sus asuntos y, silenciosamente, puso manos a la tarea. Escribió tanto como se lo permitieron sus fuerzas. Resumía mucho y, después de bastantes esfuerzos, todo quedó limitado a algunas páginas. Durante este tiempo su salud se mantuvo ligeramente y el mismo Kallen estaba asombrado.

Por su parte, Eduardo había perdido todo su optimismo, no tenía ya ninguna esperanza. Durante mucho tiempo no se sintió con fuerzas para analizar las flemas de Rañi, convencido de antemano de que hallaría en ellas el bacilo de la tuberculosis, el enemigo que había tratado de derrotar sacrificando para ello su fortuna y su vida, y que, en su propia casa, le había vencido a él. Un día, sin embargo, hizo el análisis y descubrió el bacilo.

El mismo se sorprendió de no estallar en sollozos, de no retorcerse las manos, de no gritar como un loco por el laboratorio. Trató de imaginarse la vida sin ella, porque todos sus recuerdos eran de ella, nada más que de ella. ¡Sí; todo su pensamiento había sido ella desde el día mismo en que la conoció! Mil detalles insignificantes le hacían pensar en su gracia, su delicadeza, sus mismas debilidades, su amor tan poético y discreto. ¡No podría vivir sin todo esto!... ¿Qué haría sin ella?... ¿Cómo podría soportar su existencia?...

Incluso tenía un lugar en su obra. Su retrato presidía sobre la chimenea; era una fotografía que ella le había enviado desde América, tras tres años de ausencia. ¡Cuánto apreciaba esta imagen que evidenciaba la rapidez con que se desarrollara su inteligencia! ¡Con cuánta exuberancia habían florecido las virtudes que él fuera el primero en adivinar! Los ojos del retrato buscaban todavía los suyos; su sonrisa —esta sonrisa que durante la separación le había servido de sostén— le emocionaba más aún en estos momentos.

Y todos estos recuerdos tan queridos de sus comienzos y después todos aquellos de su plena felicidad pasaban ahora ante sus ojos como para demostrarle que todo se acabaría de allí en adelante.

¿Cómo habría llegado esta espantosa situación? Quería preguntar a Rañi; innegablemente, había allí un misterio que él ignoraba. ¿Sería una imprudencia que ella no se habría atrevido a revelar? ¿Qué podría ser?

Cierto día, al regresar Eduardo a su casa, no halló a Rañi en el piso de abajo.

Subió a la alcoba y la vio recostada; ella le tendió la mano, su pobre mano enflaquecida, y mirándole con la preocupación reflejada en sus grandes ojos, murmuró:

—Me he tenido que acostar..., pero no creo que sea por mucho tiempo.

No tenía muy mal aspecto, tal vez en comparación con el almohadón. Eduardo se sentó al lado de la cama y cogió entre las suyas aquella mano liviana.

—En todo esto hay algo que no acabo de entender. ¿Será que me haya equivocado o tal vez que haya puesto poca atención? Sospecho de alguna imprudencia imperdonable... ¡Qué sé yo!... Cariño, amor mío; confía en mí: hasta que no me digas lo que es no podré estar tranquilo.

—Sí, Eduardo. Te lo diré todo; he decidido hacerlo. En mi escritorio, en el primer cajón de la izquierda, hay algunos papeles: son para ti. Podrás leerlos cuando..., más tarde —corrigió, cogiendo levemente la mano de su marido.

—¿Y ahora no podré saber nada?

—Sí; una parte.

Le pidió que la ayudara a moverse en la cama.

—Y has de saber, amor mío, que no te he contado todo hasta ahora para evitarte el disgusto.

Hizo un esfuerzo por sonreír y le estrechó la mano nuevamente. Eduardo se enjugó a escondidas una lágrima; ella permanecía inmóvil y le miraba. Finalmente, el joven médico se acercó a su esposa y preguntó:

—¿Deseas decírmelo ahora?

—Sí. De las cartas que hay en el cajón la que está encima de las otras, y que es de Carlos, puedes leerla; las demás...

—Entonces, ¿la explicación la hallaré en la carta de Carlos?

Ella hizo con la cabeza un vago signo afirmativo; luego, agotada por la fatiga, cerró los ojos.

—¡Dame las llaves! —pidió Kallen.

—Está abierto —balbució Rañi, retirando la mano.

Eduardo bajó corriendo al primer piso, abrió la carta de Carlos que ya conocemos y la leyó atentamente...

Se quedó aterrado. La impresión de impotencia incrementaba su cólera. ¡Nunca se hubiera imaginado semejante infamia!

Recorrió la habitación de un lado a otro, mientras ideaba mil proyectos. ¡Quería visitar a todos sus vecinos para gritarles que eran unos mentirosos! ¡Quería irrumpir en la iglesia cuando estuviera atestada de fieles para acusarles a todos del asesinato más vil y cobarde! ¿No sacrificaba él su vida en bien del prójimo? ¡Y ni sólo uno de entre todos aquellos traidores por quien trabajaba noche y día había tenido la decencia de avisarle, de revelarle hasta qué grado de calumnias se rebajaban aquellos que atacaban su honor y su hogar! Ahora entendía la conducta de Josefina: había creído la infamia y aquella tarde que fue a buscarle era, innegablemente, para contárselo. Pero él la había insultado, la había pegado, y ella, convencida de que un librepensador era capaz de todo, había hecho venir a Kule... Todo el mundo había creído la calumnia y aquellos que no lo hicieron olvidaron el asunto; ¡nadie había tenido el valor de defenderles!

¡Este era el premio que había recibido Rañi por su bondadosa caridad con Carlos!

Y tenía aún más mérito, puesto que, si había aceptado aquella improba tarea, fue sin desearlo. ¿Quién había en el mundo más dulce y entregada que Rañi?

Kallen repasó la carta una vez más y sintió también una sincera compasión por el pobre muchacho humillado.

¡Era tan natural el surgimiento de aquel amor! Visiblemente, su afecto por aquella Rañi calumniada por su culpa provenía de un profundo sentimiento de comprensión. Kallen decidió que cuando Carlos regresara le haría venir a su casa para que viviera en ella hasta el fallecimiento de Rañi.

Y sería Carlos —Carlos y nadie más— quien estaría a su lado aquel día temible en que tuviera que acompañar al féretro de Rañi.

Kallen cayó sobre un sofá liberando todo su sufrimiento. Indudablemente, se había olvidado excesivamente de su mujer en aras de su trabajo. Tenía que haberla presentado en sociedad, hacer que contrajera amistades. Si hubiera sido así, ninguno de aquellos que conocieran la bondad exquisita y la fragilidad de Rañi habrían dado crédito a tan injustos infundios. Y, sin embargo, ¿quién sabe...?

Sigrid apareció de repente:

—La señora está muy mala... ¡Tose mucho!...

Eduardo subió las escaleras de cuatro en cuatro. El ataque había pasado ya cuando él entró, pero la enferma estaba repleta de sudor y tan extenuada que le faltaba poco para perder el conocimiento. Comprendió que su ausencia había sido demasiado prolongada y que Rañi, muy intranquila, se había destapado.

Permanecía con los ojos cerrados y le aplicó una poción para que conciliara el sueño.

Desde aquel día Rañi no volvió a salir de su habitación.

Cuando estuvo dormida, Kallen bajó a su despacho y escribió al doctor Meck asegurándole que ya sabía todo lo ocurrido; terminaba con estas simples palabras: «Si Carlos ya ha regresado, dígale que venga. Le esperamos.» Luego salió a buscar una enfermera.

Cuando retornó a la habitación Rañi estaba algo mejor y, al despertar, vio a Eduardo en la cabecera de su cama. Mimosamente le dio de beber, la acarició y, al encontrar su mirada temblorosa, besó tiernamente y con los ojos llenos de lágrimas su mano extremadamente delgada.

Sin embargo, no hablaron de la carta de Carlos, tan sólo de una de las hermanas de Rañi, que, muy a su pesar, no podía venir. Eduardo dijo entonces que había pedido a Sissel Aune que viniera a cuidarla; era una mujer muy preparada y de la completa confianza del doctor. Rañi dio su consentimiento con un leve movimiento de cabeza. Siguieron mirándose como lo hacen todos aquellos que se han de separar muy pronto. Y ambos reflexionaron sobre la fuerza oscura que había postrado a Rañi en su lecho.

—¡Pobre Carlos! —murmuró ella.

—¡Sí, pobre muchacho! —repuso Kallen.

Entonces, abatido por la emoción, Eduardo se levantó y bajó a las habitaciones de la primera planta inventando un pretexto.

¡Si por lo menos hubiera podido conversar con ella del doloroso secreto! Pero no tenía valor. Por otra parte, ¡le quedaba tan poco tiempo para sí mismo! Las visitas al hospital y las consultas en su casa le ocupaban todo el tiempo y aún en esas circunstancias continuaba relegando todo lo que no fuera su trabajo.

Creía cruel y absurdo haber sacrificado su vida y su fortuna a este pueblo ingrato que se lo devolvía asesinando su felicidad. ¡Qué pueblo y qué vecinos! ¿No podían entender, simplemente observando a Rañi, hasta qué punto era una criatura bondadosa y delicada? ¡Ah! ¡Qué raza de hipócritas esta guardia de corps de Ole Tuft! ¡Ah! ¡Estos hombres de honradez mediocre, estas personas mezquinas e inconscientes de su crueldad! ¡No poder coger por el pescuezo a uno de ellos, por lo menos, y hacerle responsable! ¿La responsabilidad? Era de todos y de ninguno. Todos, sin saberlo, habían sido los asesinos.

Sin embargo, había alguien que no podía ser comparado con la masa: Josefina. Sin duda no era partícipe en la calumnia: ello iría contra su naturaleza; ni siquiera la habría difundido, pues era superior a aquellas miserables criaturas que evolucionaban en su reducido círculo. De todas formas, había asumido la calumnia con fría crueldad y había permitido que los demás creyeran también simplemente porque no amaba a Rañi. De manera que ella era aún más culpable en este asesinato. ¡Josefina!... ¡Cuánto la odiaba!

Y, sin embargo, en estos momentos Eduardo demostraba bien a las claras ser hermano de Josefina, puesto que, como ella, se dejaba llevar por el rencor. Odiaba totalmente a todos los que habían herido a su esposa; pero sólo cuando estaba a solas, cuando permanecía junto a Rañi, toda su cólera se disipaba, pues la enorme bondad que emanaba de ella le hacía volverse dulce como un cordero. Junto a Rañi ya no le quedaba sino su emoción, una paz profunda; estrechaba su mano, acariciaba su frente, la miraba a los ojos, la miraba hasta que no podía soportar más y tenía que huir apresuradamente, incapaz de dominar su pesar.

La eficiente Sissel Aune ya no se apartaba de la cabecera de la enferma, a la que estudiaba con sus negros e inteligentes ojos; de vez en cuando se volvía, emocionada, hacia el doctor.

Para Kallen esta pobre mujer, tan dulce y agradecida, simbolizaba a todas aquellas personas anónimas a quienes consagraba su vida; aquellos que, indudablemente, hubieran acudido raudos en su ayuda si en algo pudieran aliviar su tristeza.

Aase y su marido, Soren Pedersen, llegaba todas las mañanas hasta la puerta de la cocina a pedir noticias de la enferma; pronto les siguieron otras gentes humildes, todas llenas de compasión. Sigrid ya no se atrevía a subir a la habitación de su señora porque le resultaba muy difícil contener las lágrimas.

La esposa del coronel Bajer, aquel a quien Kallen había curado, les visitó con un soberbio jarrón de flores que ella misma había hecho brotar en pleno invierno para agradar a Rañi. Una pobre madre soltera, cuyo hijo había sido salvado por Kallen, llegó con un lindo tiesto cuando supo del regalo de la mujer del coronel. La maceta era muy modesta, pero era la única flor que la muchacha poseía.

Estos rasgos dulcificaron un poco el dolor de Eduardo.

Cierto día, al volver del hospital, donde acababa de practicar una operación, vio en el recibidor ropas de viaje. Sin siquiera entretenerse en quitarse el abrigo y el sombrero abrió la puerta del salón y halló en la ventana al doctor Meck acompañado de Carlos. Este fue el primero en volverse y de inmediato se arrojó a los brazos de Eduardo.

Carlos tenía un aspecto horrible y estaba sobreexcitado, como loco. Sus largos cabellos estaban desordenados y su rostro aún más afilado; sus ojos brillaban con un fuego febril, con un ardor tal, que a Kallen le causaba la impresión de que Carlos fuera un desconocido. El muchacho contemplaba a Kallen con una mirada tan llena de súplica que no podía esconder su inmenso dolor.

Como Kallen tenía que hablar con el doctor Meck, Carlos, que no podía disimular su emoción, se apartó hasta el piano, luego fue al despacho y, por último, se dirigió a la cocina para buscar a Sigrid, permaneciendo allí largo rato. Kallen le observó con una mirada intranquila.

—Todos somos así en nuestra familia —dijo Meck—. ¡Demasiado impulsivos! Los viejos hemos conseguido dominarnos un poco, pero Carlos no lo consigue...

En aquel momento volvía el muchacho, con los ojos empapados de lágrimas. Eduardo no quiso que subiera en aquel estado a la habitación de Rañi y aunque prometió que estaría tranquilo y que tan sólo la miraría, Kallen fue tajante.

Al día siguiente, por la mañana, Rañi se encontraba menos débil. Eduardo le dijo que el doctor Meck había llegado la víspera para conocer su estado.

—¿Y Carlos?

—También ha venido Carlos.

Ella calló durante un instante.

—Desde aquí —dijo por último— creo que podría oír el piano.

—Sí; si se abre la puerta. ¿Pero estás en condiciones?

Como los pasillos y el vestíbulo estaban bien calientes, Eduardo reconoció que aquello no ofrecía peligro.

—¿Crees que podrás soportar el ruido?

—¡Tengo tantos deseos de escuchar música!

—Bueno. Pero no permitiré todavía que Carlos suba a verte.

Rañi apretó las sábanas con una mano y con la otra cogió el pañuelo; evidentemente, prefería no responder.

—El doctor Meck vendrá a visitarte.

—¿Es absolutamente necesario?

—Sí; es imprescindible.

En el transcurso del día llegó el doctor Meck y Kallen le puso en antecedentes de lo sucedido. Carlos suplicó de nuevo que le dejaran subir: se quedaría a la puerta, oculto tras los médicos, no abriría la boca ni haría el menor ruido y se iría enseguida. Eduardo no tuvo valor para negarle esta pequeña satisfacción.

Kallen entró el primero, anunciando al doctor Meck cuya enorme corpulencia ocultaba perfectamente a Carlos. Por tanto, Rañi no pudo ver al muchacho y, en cambio, éste contempló durante un instante sus rasgos consumidos, sus mejillas enrojecidas, sus labios resecos y sus párpados pesados. Rañi sufría día y noche una insaciable sed y precisamente en aquel momento Sissel se acercaba a ella para darle de beber.

Meck hizo algunas preguntas a la enferma; esta contestaba como despistada y mirando nerviosa a su alrededor. ¿Intuiría la presencia de Carlos? Cuando Sissel se volvió habría podido ver al muchacho, pero éste ya había salido de la estancia.

Un poco más tarde los doctores le encontraron en un rincón del salón, abatido. Suplicó a Kallen que le permitiera permanecer allí, que le diera su antigua habitación. Aunque no pudiera ver a Rañi, su proximidad le mitigaría tanto dolor. Kallen consintió, incluso con facilidad, puesto que el doctor Meck parecía estar de acuerdo. En el estado del muchacho había algo que preocupaba profundamente a los dos médicos.

A la mañana siguiente Carlos se sentó al piano. Como las puertas estaban entreabiertas, Rañi podía oír la pieza que interpretaba, que se le antojó muy bonita. Carlos había hecho verdaderos progresos. Rañi no conocía el fragmento, pero se emocionó y pidió a Eduardo que se lo agradeciera al músico.

Carlos volvió a tocar al día siguiente y, por fin le permitió subir a ver a Rañi. Había prometido permanecer calmado y no molestarla demasiado tiempo; subió la escalera de puntillas y entró en la alcoba como una sombra, pero le costaba gran trabajo disimular su pesar.

Percibió que ella le tenía miedo, que prefería que se marchara, y aquello le causó un profundo dolor. A pesar de ello permaneció quieto, como en una humilde y muda oración. Rañi notó claramente su cambio y tuvo piedad de él. Trató de sonreír e incluso le tendió su extenuada mano. Carlos interrogaba a Kallen con la mirada, no atreviéndose ni a acercarse ni a coger la mano que se le ofrecía. Viendo su emoción, Rañi exclamó:

—Mi buen Carlos...

El muchacho salió de la habitación. Después de esta entrevista se mantuvo callado y encerrado en sí mismo como si tuviera en la mente algún proyecto. Hablaba muy poco con Kallen y absolutamente nada con los demás. Le permitieron pasar un ratito con Rañi todas las mañanas, tras el cual se sentaba al piano para entretenerla. Todo el resto del día lo pasaba solo.

Una mañana que Carlos estaba al piano Rañi comprendió que se trataba de una creación propia. Ya había tocado otras veces pequeños fragmentos de sus obras; después se había saturado con exceso de los grandes maestros extranjeros y su talento adolecía de ello. Este nuevo trozo era de los más extraños. La introducción demostraba una pasión salvaje.

«Aquí ha querido dibujar su alma», pensaba Rañi.

Después vino un movimiento sencillo, inocente y melodioso, que desgranaba claras notas.

«Esta debo de ser yo», pensaba Rañi.

Sin embargo, alrededor de este motivo delicado y dulce se situaban aullidos y lamentos de un efecto indefectiblemente cómico. Rañi hizo un esfuerzo sobrehumano para no reírse, porque sabía demasiado bien cuáles serían las consecuencias, pero su antigua alegría la dominó y no pudo contenerse. Luego empezó a toser y tuvo un ataque de los más violentos.

El pianista, entre los acordes, distinguió el sonido de la campanilla colocada en la cocina; oyó a Sigrid subir rápidamente la escalera y volver a bajar en unos breves instantes, llamando a Kallen. Carlos, que sabía que éste se encontraba en el hospital, corrió, presuroso, en su busca, sin sombrero ni abrigo, pero no consiguió encontrarle rápidamente. Cuando, por fin, estuvieron los dos de regreso, Rañi ya no tosía, pero había vomitado más sangre que de costumbre, lo que preocupó mucho a Kallen. Permaneció a su lado durante toda la mañana; Carlos escuchaba su voz desde fuera. Por fin se atrevió a entrar.

Rañi estaba agotada por completo cuando vio aparecer el rostro asustado de Carlos. Entonces recordó que se había reído de él y sintió remordimiento, todavía más después de que Eduardo le contara cómo su joven amigo había corrido a buscarle sin abrigo ni sombrero, a pesar del frío que hacía. Así, hizo una seña a Kallen para que le dejara acercarse; le sonrió dulcemente y levantó un poco la mano, ¡con cuánto trabajo! Carlos se acercó: quería agarrar esta mano, besarla; el deseo se leía en sus ojos. Kallen, situado al otro extremo de la cama, adivinó su intención; vio que iba a posar los labios precisamente en la mano que sujetaba el pañuelo y le ordenó secamente:

—¡No hagas eso, Carlos!

Carlos se incorporó, pero entonces sus ojos tomaron una expresión peculiar, y, derrumbándose súbitamente de rodillas, besó a la vez la mano y el pañuelo.

Inmediatamente después se levantó; tenía el aspecto de alguien que se ha desafiado en duelo o que acaba de realizar una acción digna de elogio. Rañi le miró con ojos de asombro. No había comprendido la grandeza de su gesto y se limitaba a lamentar su temeridad.

Carlos salió acto seguido. Pero si su proyecto era morir de lo mismo que Rañi, la casualidad dio al traste con sus cálculos, pues el pañuelo acababa de ser cambiado.

Kallen, que creía haber obrado correctamente, lamentó haber dejado entrar a un joven tan temperamental, pues Rañi se había asustado sin necesidad.

Cuando el doctor pudo salir bajó a buscar a Carlos. Este se preparaba para salir, tenía el sombrero. Kallen le detuvo:

—¿Adónde vas?

El muchacho, muy agitado, no contestó. Entonces Kallen le hizo volver a entrar, le miró a los ojos y le pasó el brazo por los hombros. Carlos comenzó inmediatamente a sollozar. Decía que era muy desafortunado, un inútil, incapaz de todo trabajo, un hombre acabado antes de haber comenzado. El doctor no podía interrumpir con sólo una palabra toda esta desesperación. El pobre joven ignoraba todo intento de consuelo; no dejaba de decir que no tenía derecho a vivir, que no valía para nada. Su última composición, surgida de su propia vida y de su dolor, le había parecido grotesca a sí mismo.

—«¡Ah! —pensó Kallen— ¡Es solamente eso...!»

Se arrepintió de haber hecho venir a Carlos. ¡Cuántos disgustos debía de haberle provocado a Rañi en el pasado!

Un día que Rañi le preguntaba por Carlos le dijo:

—¿No es cierto que has tenido con él muchas más molestias de lo que yo me figuraba?

Rañi cerró los ojos y sonrió.

Carlos no volvió a subir a su habitación ni pidió permiso para ello. Estaba de tal forma avergonzado que ya no tocaba el piano, hasta el punto de que Kallen tuvo que rogarle que interpretara dos de sus composiciones. Se cerraron las puertas y tocó. Rañi le escuchó, no obstante, y encontró bonita la inspiración; opinión que fue compartida por Eduardo.

El pobre muchacho se puso muy contento y, poco a poco, fue recuperando la entereza.

Pero Kallen, que hasta entonces había demostrado una extraña energía, comenzó a percibir que sus fuerzas le traicionaban. Aquel día comprendió Carlos que en el mundo había otros sufrimientos además de los suyos y que era su obligación tratar de paliarlos. Totalmente transformado por el dolor de sus amigos se consagró a Kallen y se las ingeniaba para consolarle lo mejor que podía. Tenía para ello una técnica que siempre le daba resultado: hablar de Rañi. Y como un verdadero artista sabía dibujar una imagen delicada de ella, hacer revivir cualquiera de sus gestos, una acción, una palabra, y como la encumbraba, haciendo de ella un ídolo, el ardor de Kallen se recuperaba cuando ya se había ido debilitando a medida que desfallecía Rañi.

Ella ya no podía apoyar la cabeza sobre el almohadón: se le iba tanto para un lado como para el otro. Sus ojos, brillantes, parecían purificar con su limpidez todo lo que había en derredor. Sus labios, incapaces de articular una palabra, permanecían entreabiertos, pues apenas podía respirar. Y completamente pálida, en esta habitación blanca y entre las blancas sábanas, parecía un pajarillo caído del nido.

Ahora era Carlos quien empujaba a Kallen, haciéndole descansar, manteniendo el vigor de su alma con el fervor del culto hacia su común divinidad.

¡Pobre Rañi! Apenas si pronunciaba alguna palabra y le faltaba el valor, pero las pocas que salían de su boca demostraban que no se engañaba en absoluto acerca de su estado, como les sucede casi siempre a los tísicos. Una vez hizo un gesto a Kallen para que se inclinara hacia ella, y le confió:

—Kristen Larssen... está ahí, en el rincón...

Sonrió añadiendo:

—Ahora ya no le tengo miedo.

En otro momento, cuando Eduardo bramaba contra aquellos que tanto dolor le habían causado a Rañi, ella le dijo:

—Prométeme que no guardarás rencor a nadie; ¡hazlo por mí!...

No se refirió concretamente a nadie.

Eduardo estrechó su pobre mano y fue reconfortado con una mirada que era todo un cielo de bondad.

Algunas veces Rañi intentaba vanamente sonreír. Cuando contemplaba a su marido llorando le llamaba a su lado y le acariciaba suavemente el pelo. Como cierto día Eduardo le dio las gracias, arrodillado, por toda la felicidad que ella le había otorgado desde el primer momento, Rañi lo tomó a broma y le regañó por decir semejante estupidez.

Desde entonces ya no volvió a hablar. Se entendían con la mirada, cogiéndose de la mano. Estaban tan estrechamente unidos en su dolor común que sabían leer en lo más profundo de sus almas. ¿Qué palabras hubieran podido expresar el agradecimiento mutuo que ambos sentían, el pavor a la separación que con certeza se avecinaba?

Por fin llegó la hora suprema.

Una tarde oyó a Sissel llamar, llamar y llamar... Sigrid subió corriendo, seguida de Kallen y de Carlos. Este permaneció afuera. Oyó que se trataba de un nuevo acceso, sin llegar a explicarse cómo le quedaban a este frágil espectro fuerzas suficientes para toser. Cada nuevo ataque desgarraba su propio pecho y los ahogos le hacían verter gruesas gotas de sudor. No se atrevía a escuchar detrás de la puerta ni tampoco a marcharse. Subía con la intuición de que se trataba del final.

Sigrid lloraba con rabia; se la oía repetir:

—¡Señora!... ¡Señora!...

Luego, de repente y con toda claridad:

—¡Se muere!...

Entonces Carlos abrió la puerta. Lo primero que vio fue sangre y a renglón seguido, se desmayó, desplomándose sobre el suelo.

Cuando se despertó se encontró en su cama. Sigrid estaba a su lado, sentada en una silla y llorando. Carlos preguntó:

—¿Ha fallecido?

La criada respondió:

—El doctor cree que va a morir.

Carlos y Sigrid regresaron a la alcoba. Rañi descansaba como si durmiera, tan lívida como las sábanas. Eduardo la tenía cogida de la mano;

no se veía el rostro del doctor, pero se percibían claramente los temblores convulsivos de sus hombros y se oían sus lamentos. Sissel continuaba al lado de la cama.

Era una sensación contradictoria observar los diferentes grados de dolor. La cara bondadosa y leal de la enfermera expresaba, indudablemente, una compasión extrema, pero era tan sólo la pena de una persona ajena, separada por un abismo de la mortal pesadumbre de Kallen.

Sigrid susurró:

—¿Ha muerto?

Sissel movió la cabeza negativamente.

Rañi que la había escuchado, entreabrió los ojos. Con un esfuerzo sobrehumano intentó, por última vez, no sonreír —¡desgraciadamente!—, sino tan sólo saludar con la mirada a estos seres queridos. Sus ojos fueron de Carlos a Sigrid, pero el último resplandor de sus pupilas fue para Eduardo.

Luego murió...

Dejaron solo a Kallen con el cadáver de su esposa.

Cuando, por fin, descendió a la planta baja, no encontró a nadie. Carlos se había ido a su habitación; Sissel y Sigrid, en la buhardilla de ésta. La cocina estaba vacía y vacíos también el salón y el despacho.

Eduardo recordó que había prometido a Rañi empaparse de su memoria. Eran los escritos que se encontraban debajo de la carta de Carlos y en cuyo sobre estaba redactado con letra de Rañi:

«A leer —más tarde.»

Kallen no debía, por tanto, abrir el pliego en estos momentos, ni posiblemente, en tanto que su cuerpo siguiera en la casa.

Se acercó a la biblioteca de su esposa y contempló sus libros, estos volúmenes que eran como un cuadro suyo. ¡Cuántas veces había curioseado con delicadeza estos tomos verdes y encarnados!

Su mirada se detuvo casualmente en *El pato salvaje,* de Ibsen, y a Eduardo le dio la impresión de que algunas páginas habían sido arrancadas hacia el final del volumen. Sí; Rañi había rasgado el final, toda la triste relación de la muerte de Hedwige. Esta parte le disgustaba y la había eliminado, lisa y llanamente...

Nada hubiera podido emocionar a Kallen más profundamente. Se arrojó sobre el sofá y lloró como un niño.

¡Ay! ¡Efectivamente, Rañi era demasiado delicada, demasiado sensible! El mundo en que vivimos era tremendamente brutal y rudo; tendría que mejorar antes de que seres como Rañi pudiesen habitar en él... A pesar de todo, ella había procurado subsistir rasgando las páginas que no la satisfacían. Desgraciadamente, había sido ella misma la que fuera arrancada del gran libro de la vida.

12

El mismo domingo en que Ole y Josefina habían discutido por Eduardito, éste, que ya tosía un poco, empeoró por la tarde hasta el punto de que tuvieron que acostarle. Sin embargo, como después de algunos días recuperó su buen aspecto, le dejaron salir. Volvió a toser, estaba de mal talante y fue obligado a permanecer en su cuarto.

Habituado al aire libre se volvió llorón y perdió el apetito. Su madre le prodigaba los mejores cuidados; pero, como creía que se trataba de un capricho, se mostraba severa. Entonces el pequeño se transformó en un ser completamente insoportable. Quería ir a casa de su abuela, pero se lo habían prohibido terminantemente. La anciana señora vino a verle; pero él, enfurruñado, huyó al despacho de su padre. Regresó llorando, porque Ole no le dejaba hacer casitas con los libros de su biblioteca.

Le acostaron; tenía calor, estaba muy nervioso, y, cuando tosía, le dolía el lado derecho del pecho. Por la noche tuvo fiebre y deliró; veía a Kristen Larssen corriendo tras él y sus compañeros de escuela, provisto de un gran saco para llevarles al infierno.

Josefina, le colocó cataplasmas de trementina y por la mañana envió a buscar al médico de la familia, que era el doctor Kent. No pudo reconocerle hasta por la tarde y diagnosticó una pleuresía del lado derecho. De todos modos, como el tratamiento revulsivo aplicado por Josefina era perfecto, el doctor se limitó a añadir algunas medicinas, indicó un régimen y pidió que se le avisara si la fiebre pasaba de los 39°.

Tras esta visita el niño pareció mejorar, comió un poco, tosía menos y la temperatura, gracias a Dios, se mantenía en 38°. La cosa no parecía grave, pero Ole y Josefina sintieron al unísono sobre sus hombros el peso de una mano invisible. Esto les aproximó; volvieron a hablarse otra vez, si bien es cierto que solamente acerca del niño; pero sus gestos y el tono de su voz, considerablemente dulcificados, parecían implorar un perdón recíproco.

El pequeño podía parecer plenamente restablecido de no ser por una alarmante falta de apetito, su debilidad persistente y los ataques regulares de fiebre. Los padres le compraron nuevos juguetes, pero tuvieron poco éxito; escuchaba distraído los cuentos que le narraban papá o mamá y no hacía ningún caso a su abuela. Tan pronto tenía frío como demasiado calor; el doctor Kent estaba muy preocupado por el hecho de que la fiebre subiera todas las tardes y le medicaba con quinina y vesicantes.

Josefina no se apartaba un momento de su hijo; no quería que nadie la sustituyera, y el niño, por su parte, solamente toleraba a su madre al lado.

En definitiva, el estado era estable dentro de la gravedad. Incluso una tarde que acababa de tomarle la temperatura, Ole dijo a su mujer:

—Parece como si su enfermedad hubiera zanjado nuestras diferencias.

Josefina le miró y él le tendió la mano, que ella estrechó; luego, como apesadumbrado, retiró la suya.

El doctor Kent había contado a los Tuft que la esposa de Kallen estaba gravemente enferma y que ya no bajaba de su habitación. Otras personas le contaron que se moría de una enfermedad pulmonar; el doctor confirmó este rumor y añadió que se encontraba en sus últimos momentos.

El pastor no dijo nada de esto a Josefina, pero confesó al doctor que tal vez fuera un beneficio para su cuñado, ya que éste, una vez solo y libre, podría forjarse una carrera más brillante. Pero Josefina veía la enfermedad de una manera totalmente diferente; Ole lo percibía sin comprender el motivo. Se había vuelto muy huraña y se encerraba en un mutismo extraño.

He aquí la razón. Una tarde, recostada estaba pensando cómo soportaría Eduardo la pérdida de Rañi, *le vio* repentinamente. La imagen de su hermano se presentaba ante sus ojos con una claridad extraordinaria. Le veía tumbado en el sofá de su despacho; identificaba la habitación que nunca había visto amueblada, las cortinas, la biblioteca, los libros, la mesa de despacho, otras dos mesas más pequeñas, un sillón; libros abiertos, papeles, todo, y al mismo tiempo Eduardo con un traje marrón que ella no le había visto. Jamás había puesto los pies en esas cuatro paredes y, sin embargo, no dudó ni por un instante que así debían ser.

En cualquier otro día esto la hubiera impactado fuertemente; ahora sólo comprendió una cosa: *veía* a su hermano y éste se hallaba despedazado por el dolor. Cuanto más pensaba en ello más se reafirmaba en la idea de que el dolor que sentía Eduardo era incluso mayor que el que ella padeció tras el fallecimiento de su padre... En la visión Eduardo lloraba revolcándose por el suelo como un gusano, se retorcía las manos, y en sus ojos, bajo las cejas espesas y largas, se percibía una desolación inmensa...

Josefina se despertó bañada en un sudor frío y tan abatida que no era capaz de moverse. Desde aquel día vivió bajo el yugo de una vaga preocupación que condenaba sus noches.

Aunque se trataba de su hermano, ¿no estaba su Eduardito también en peligro?... El niño estaba acostado a su lado, respiraba a duras penas y tosía con una tos cavernosa. El niño no pensaba en nada, tenía la mirada perdida en el vacío y sus manos no eran ya las rollizas de un niño robusto; estaban como inertes... La madre espiaba un destello de inteligencia... ¡Dios mío! ¿Iría a perderle?...

Esta angustia la unió más a su hermano; el destino del pequeño estaba ligado de alguna manera al de Rañi. Los sentimientos religiosos de Josefina fluctuaban entre una necesidad semejante de libertad y de verdad. A partir de entonces su misericordia, dominada por el temor, se transformó en misticismo. Todo la asustaba; veía presagios por todas partes.

El pequeño no podía aguantar el dolor del costado enfermo sin quejarse; Josefina no comprendía nada. Le sostenía con almohadillas de goma y él suplicaba que le dejaran en paz; no quería ni siquiera que le tocaran las piernas, insistía en permanecer doblado por la cintura y con las piernas encogidas. Parecía que su madre le molestaba, le era fastidiosa. ¿No era una advertencia para que ella comprendiera que a partir de ahora era inútil para su hijo?...

Tantas emociones trastornaban a Josefina; tenía miedo de volverse loca, pero no quería hablar con nadie de esto.

Un día descubrió cual era la razón por la que el enfermito insistía tanto en permanecer con las piernas dobladas: tenía inflamados los tobillos. Josefina había oído decir que esta era una señal inequívoca de la proximidad de la muerte.

Apenas si pudo bajar la escalera y dirigirse al despacho, donde su marido estaba envuelto en una nube de humo. Vestía un camisón blanco y estaba pálida y desencajada.

—Pero ¿qué te pasa, Josefina?...

Cuando le contó todo, subió a ver al niño y vio la inflamación de los tobillos. Cayó de rodillas y rezó con la cabeza entre las manos.

Josefina tuvo miedo de la respiración entrecortada del niño; de la mirada avispada, pero distraída, que dirigía a su padre. También ella quiso orar; mas en aquel momento Eduardito, que no toleraba el olor del tabaco, despreciaba a Ole con la mano, y Josefina pensó que este gesto del niño impedía su oración.

Sin embargo, la sonrisa amable y el juicio inequívoco del doctor Kent, así como su seguridad de que la enfermedad no había ido a peor y que la hinchazón de los tobillos estaba provocada por una mala postura, tranquilizaron a los padres. Josefina lloró de alegría. Después del análisis de orina el doctor se reafirmó en su diagnóstico optimista.

La noche siguiente Josefina durmió mejor, si bien se sentía tremendamente agotada.

Pasaron los días. Una tarde subieron a su habitación el pastor y el doctor Kent, ambos con el rostro muy serio. Estaba echada en la cama, completamente vestida, y ellos le pidieron que permaneciera sin moverse. Entonces el doctor anunció que la señora de Kallen había fallecido la víspera. Josefina no se movió y continuó con los ojos cerrados, pero la crispación de su rostro traicionaba su emoción. Ole se creyó en el deber de decir:

—Mi amada Josefina, en estos momentos lo ocurrido pudiera muy bien ser una circunstancia favorable para Eduardo. Sin lugar a dudas, ahora sufrirá; pero más tarde entenderá su fortuna y estoy seguro de que una vez libre se sentirá crecer.

Josefina volvió la cabeza y, sin abrir los ojos, comenzó a llorar.

Acto seguido el pastor asumió que acababa de pronunciar una trivialidad aprendida por el ejercicio de su profesión, tanto peor, pues había estado carente de tacto y comprensión. Desde que comenzó la enfermedad del pequeño, y por las preocupaciones que tenía, Ole había cambiado considerablemente y estas palabras, completamente fuera de sitio en tan trágica circunstancia, desagradaron a Josefina.

Hasta entonces siempre había orado cuando su marido también lo hacía. Ya no volvió a hacerlo. Volvía a sentir la misma sensación que al principio de su matrimonio. Ole era extremadamente sensual y pretendía, como contrapartida, imponer a su esposa oraciones de penitencia. Si entonces no se había dado cuenta del desprecio de Josefina, ahora percibía la situación con mucha claridad.

Como le faltaba la colaboración doméstica sintió la necesidad de buscar esta ayuda fuera del hogar. Buscaba amigos, muchos amigos que rezaran con él por su hijo. ¿No tenía creyentes que acudieran a su parroquia? Efectivamente, después de los trances por los que acababa de pasar, en medio de sus disputas matrimoniales, era ineludible, para poder llegar a Dios, que todos se congregasen junto a él con fervientes plegarias. Y cuando volvía de estas reuniones espirituales el pastor parecía transformado, como iluminado por la fe.

No obstante, el estado de Josefina se hizo bastante crítico. La larga falta de sueño que se imponía desde hacía varias semanas, unido a la falta de energía y de apetito, habían debilitado su robusta constitución. Ole consultó en privado al doctor Kent, quien aseguró ser incapaz de hacer nada si la enferma no colaboraba.

Un día el pastor habló de Rañi; no sería enterrada en la ciudad, sino en un cementerio vecino. Era un hecho que ponía de relevancia la cólera y la ira de Eduardo Kallen, no solamente contra la sociedad local sino particularmente contra Ole y su mujer. Lo que pensaba Josefina no se lo contó a Ole; en cuanto a él, se sintió profundamente afectado.

Una sola vez se mostró Josefina enojada: el pastor se había acercado demasiado al enfermito y éste le rechazó lloriqueando.

—¡Podías dejar de fumar! —dijo ella, con un resentimiento muy perceptible.

Ole respondió con dulzura:

—Tienes razón. No volveré a fumar.

Tras unos instantes, añadió, preocupado:

—Hoy no está muy bien el pequeño.

—No —dijo ella, con la misma inquietud.

La paciente actitud de su marido hacía que se sintiera culpable.

Por consiguiente, fue a buscar al doctor Kent, que, acostumbrado como estaba a ser llamado con urgencia, tenía tanta calma que se la transmitió naturalmente a los demás. Cuando estuvo allí los padres admitieron de buena gana que el niño comía mejor y hacía más caso a su madre, lo que valía más que todas las medicinas del mundo.

Cuando la abuela estaba paseando por las proximidades del hospital había visto a Kallen y a Carlos Meck acompañar al cuerpo de Rañi. El ataúd, forrado de blanco, estaba situado sobre un coche completamente negro. En el asiento delantero junto al cochero, iba Sigrid; les seguían Kallen y Carlos en un ancho trineo. Nadie más.

Cuando la abuela les contó esto al pastor y su mujer se quedaron muy sorprendidos. ¡Carlos Meck estaba allí! ¿No se había enterado Kallen todavía? O bien, como parecía más lógico, ¿habría perdonado? ¿Había querido ocultar su deshonor, defender a su mujer rindiéndola este último tributo? Si era así, este hombre tenía que ser realmente bueno, mejor que muchos otros...

La noche siguiente Josefina bajó a la habitación de su marido mientras este dormía. Los cabellos revueltos dejaban ver un rostro pálido, de ojos humildes y mirada perdida; tenía el aspecto de una sonámbula. Ole quiso ponerse en pie, ella se lo impidió con un gesto y, con voz tímida, dijo:

—Tengo que decirte algo, Ole, porque no puedo descansar con este pensamiento en la cabeza. Creo que la difunta, la mujer de mi hermano, quiere arrancarnos a nuestro hijo...

Muy impactado, Ole exclamó:

—¿Qué dices?

—¡Hemos sido, uno y otro, demasiado crueles con ellos. Ahora debemos de pagarlo. Esta mujer no se dará por satisfecha con menos que nuestro hijo.

—Mi querida Josefina, has perdido la razón. Voy a levantarme para buscar ayuda.

—Sí; apoyo es lo que necesito. Haz venir a todos aquellos que sepan rezar a Dios, Ole, para que pidan gracia para nuestro hijo.

—Pero, mi pobre Josefina...

—¿Entonces no crees que podremos ser más fuertes que ella? ¡Parecías tan feliz hace un momento, al volver de la capilla! Allí te adoran, Ole; ¡hazlos venir para que unan sus oraciones a las nuestras!

Y llorando, agregó:

—¿No es su obligación de cristianos venir a ayudarnos en estos momentos? ¿Pueden contemplar impávidos como Rañi nos quita a nuestro hijo con un maleficio?

Su voz terminó con un largo gemido.

A medio vestir, Ole repuso:

—Pero, mi querida Josefina; tú sabes bien que el único que puede arrebatarnos a nuestro hijo es Dios y nadie más. Dime, ¿te pasa algo?...

La habló suavemente mientras se vestía.

—¿De verdad que vas a ir a buscarles? —exclamó ella, casi alegre, apoyando en un mueble la lámpara que tenía en la mano—. ¡Gracias! ¡Muchas gracias! ¡Estaba segura de que lo harías! ¡Pero te aseguro, Ole que es muy urgente!

El terminaba de vestirse apresuradamente, sin embargo objetó:

—Ya sabes, Josefina, que hay que ser muy humildes cuando se piden a Dios gracias por nuestras vidas.

Estas palabras revelaron su preocupación y ella tendió las manos hacia el pastor. Bajo su ligero camisón inspiraba compasión su cuerpo quebradizo. Ole se sintió impresionado y sus temores aumentaron al percibir la alteración de las facciones de su mujer y su mirada febril.

—Confiemos, amor mío, confiemos; pero no tenemos que esperarlo todo de la oración, pues si Dios no quiere concedérnoslo no podrías sobreponerte.

—Entonces, ¿tú no crees, Ole, que El quiera...?

—Sí; sí lo creo, cariño; lo creo con certeza. Pero ocurre que los designios del Señor no siempre están de acuerdo con nuestros deseos —recordaba el doloroso final de Andersen—. Lo que tú pides, lo que exiges, es un milagro.

—Sí, exactamente; ¿qué es lo que pedimos sino un milagro?

—Hemos de rezar, Josefina, para unirnos a Dios. Así es como yo procedo en todos los casos; acto seguido todo me parece bien y siento mi alma fortalecida, de lo que muy a menudo estoy necesitado.

—¡Aplacar el corazón de Dios! ¿Está escrito o no lo está?... ¡Apaciguar el corazón de Dios! ¡Contéstame, Ole!

El se había puesto de rodillas ante la chimenea y partía leña para encender el fuego y que ella no cogiera frío. Al hablar Josefina paró de hacer lo que estaba haciendo y dijo:

—¡No me atrevo a pedir un milagro, Josefina; no soy digno!

Y ocultó su rostro entre las manos. Como ella se quedó petrificada por el pavor, a punto de desfallecer, se levantó rápidamente para sostenerla. Pero ella ya se había rehecho y, sin pausa, articuló con una voz fuerte:

—Entonces hay que llamar a mi hermano. Eduardo puede impedir a Rañi que nos quite nuestro hijo.

Esta sorprendente sentencia provocó su efecto en Ole. Mil veces había pensado en hacer venir a Kallen y la curación del coronel justificaba sobradamente este deseo. Algunas personas, incluso, se lo habían sugerido. Pero una especie de vergüenza le había impedido hablar de ello.

Algunos minutos más tarde se dirigía hacia la casa del doctor Kent, a quien quería pedir permiso por cortesía. La noche estaba clara y fría; las calles, embarradas durante el día, se endurecían con la llegada de la noche. Por tanto, había que tener cuidado para no resbalarse, lo que era bastante difícil para Ole, por lo absorto que iba en sus pensamientos.

En casa del doctor Kent dormían profundamente. Ole llamó dos veces: ni siquiera escuchaba el sonido de la campanilla. Entonces golpeó la puerta, que resonó fúnebremente, como un ataúd vacío. Una criada malhumorada acudió, por fin, a abrir, y cuando reconoció al pastor, fue a avisar a su señor.

El bondadoso doctor salió, hizo entrar en su despacho a Ole y le escuchó:

—Naturalmente que iré sin ningún problema a buscar al doctor Kallen. De haberme atrevido, hace ya mucho tiempo que lo habría hecho.

Josefina estaba junto al pequeño cuando volvió Ole Tuft. Al principio no se enteró bien del relato de éste. Creyó que su hermano iba a venir enseguida y, como daban las siete, las ocho y las nueve sin que apareciera temió que no viniera nunca y estaba desesperada, como posesa.

Envió de nuevo a su marido en busca de los médicos. El doctor Kent aseguró que iría a su casa, acompañado de Kallen, hacia las once.

Efectivamente, llegaron a la hora indicada. Como el pastor había sido llamado para atender a un enfermo no había nadie para recibirles.

Kallen no había pisado la casa de su cuñado desde el día de su llegada. Josefina se había pasado toda la noche pensando en él. No obstante, no le oyó subir, porque la gruesa alfombra apagaba el ruido de las pisadas. Estaba dando de beber al niño y sintió un sobresalto cuando golpearon la puerta; se abrió ésta y entró Kallen, seguido por el doctor Kent. Josefina contuvo un grito y le faltó poco para que se le cayera la taza que tenía en la mano; el aspecto de quien entraba la sobresaltó enormemente. ¡Cielos, éste no era su hermano! Era la muerte personificada que avanzaba; la muerte desnuda, descarnada, cruda y terrible; la muerte que llegaba no para curar a su hijo, sino para arrebatárselo sin apelación.

La contempló un momento con unos ojos gélidos e implacables, sin concesiones por su cara maltratada por la enfermedad de su hijo. Luego se giró y empezó a ocuparse del niño.

A partir de aquel momento Josefina dejó de existir para él. Kent saludó amablemente y, después, se acercó a Kallen.

—¿Enfisema?... —preguntó en francés.

Kallen no le respondió, sino que examinó más de cerca al enfermito; le tomó el pulso, que era muy débil; escuchó su respiración silbante, miró la gráfica de las temperaturas y revisó las sustancias expectoradas.

Los médicos hablaban entre ellos en voz baja. Josefina les oía casi todo, pero, de su lenguaje técnico, no entendía absolutamente nada. Comprendió, sin embargo, que el peligro era evidente y, con las manos apoyadas sobre el pecho, angustiada, miraba a uno y otro médico.

Al final, el doctor Kent vino hacia ella y dijo:

—¿Daría usted permiso, señora, para que pincháramos al pequeño en el pecho con una aguja muy fina?

—¿Y después... después... tendrán que operar?

—Ya veremos, ya veremos...

Josefina se desplomó sobre una silla.

Eduardo, que no esperaba su respuesta, había sacado del bolsillo un estuche, del que tomó un instrumento largo y resplandeciente. Después se inclinó sobre la cama.

Josefina ya no veía nada; únicamente hacía todos los esfuerzos posibles para sostenerse. Súbitamente oyó al niño quejarse y gritar: «¡Mamá!, ¡mamá...!» Y poco después al doctor Kent, que decía:

—Ya hemos terminado, amiguito. No llores más, porque ya hemos acabado.

Pero Eduardito seguía gritando y exigía que su madre se acercara. Josefina hizo un esfuerzo para tratar de contestar a esta llamada, pero le fue imposible moverse. Eduardo la acercó entonces a la cama y, sin mirarla, le hizo sentarse sobre una silla; luego abrió la puerta y se marchó.

Inmediatamente Josefina respiró con profundidad.

El doctor Kent se acercó a ella dulcemente:

—Señora, hay que hacer una intervención quirúrgica.

—¿Por qué?

¿No había leído ella en el rostro de su hermano que era inútil, que era demasiado tarde?

—Porque no hay que rendirse —repuso Kent.

El enfermito, en un tono que inspiraba lástima suplicaba a su madre que no le dejara solo.

—Ya voy, cariñito; ya voy —dijo ella. Y con los ojos llenos de lágrimas se arrodilló ante la cama.

—¡Me han hecho mucho daño! —gemía el pequeño.

Ella suspiró y no tuvo valor para decir: «Es para curarte antes...» Ni el mismo doctor tuvo ánimos para hacerlo.

Josefina buscaba una manera de evitar esta operación, pero como se trataba de su hermano no tenía valor. Kent esperaba; ella le miraba con aire de desesperación. Se inclinó hacia ella y dijo:

—Su hermano suele enviar a alguien para desinfectar y disponerlo todo de antemano.

—¿Entonces va a ser hoy?

—No; pero hay que empezar los preparativos y tenemos que tomar posesión de las habitaciones.

Ella se inclinó de nuevo sobre el niño, solamente oyó el ruido de la puerta al cerrarse detrás del doctor.

Cuando el pastor volvió y subió a la habitación de su hijo, se sorprendió mucho al hallar allí a la abuela y a Sissel Aune, ésta en calidad de enfermera. El niño estaba caprichoso y solamente quería que estuviera su madre. Se negaba a ver a su padre, que olía todavía a tabaco, aunque ya no fumaba.

Ole encontró a su mujer en el despacho, recostada en el sofá. Estaba tan nerviosa que parecía haber perdido la cabeza. «¡Es la condena a muerte!», fue toda su contestación a lo que Ole decía.

Por la tarde se presentó una enfermera para hacerse cargo de los preparativos. Personas que no conocían invadían su propia casa... Cada brochazo que daban en el suelo le parecía un martillazo sobre un ataúd.

Las criadas estaban muy tristes, la abuela lloraba a lágrima viva y, cuando cambiaron de habitación la cama del niño, los padres, que estaban sentados, con las manos juntas, palidecieron. ¡Ay, si alguien hubiera llegado en este momento a decirles «es una dicha para los padres que su hijo fallezca. Evidentemente, no lo comprenderán ahora, pero su dolor les fortalecerá...!»

Tuft confesó a su mujer, que le estrechó la mano, cuán vanas y crueles eran ahora estas palabras.

Por la noche, cuando toda la casa estuvo por fin en calma, subieron ambos a la habitación de Eduardito. Les pareció que tenía ya marcado en su rostro la señal de la muerte. Josefina le besó la mano con suavidad, pero Oleo Tuft la alejó con precaución.

Los médicos llegaron a las diez de la mañana. Josefina siguió acostada en el sofá y se tapó los oídos cuando escuchó sus pasos. Como se habían quitado las alfombras, hasta los menores sonidos eran perceptibles. Estaba desequilibrada, en un estado de trance; había momentos que quería subir a ver al pequeño por si se les quedaba a los médicos en la mesa de operaciones. Ole quería hablar con ellos, pero Josefina se arrojó a sus brazos y hubo de permanecer a su lado. Al menor ruido que se escuchaba arriba se encogía como un animal que va a ser sacrificado; si los dos médicos andaban a la vez, ocultaba la cabeza entre las manos...

Ahora no quería alejarse del despacho. Se quedaría allí, padeciendo. Se abrazó a su marido, y agotada, anonadada y desatinada, murmuró:

—¡Ayúdame! ¡Ven en mi auxilio! Se trata de mi razón... ¡Ya sabía yo que había de llegar un día en que sería así de desafortunada!

Tuft volvió a tumbarla sobre el sofá y le puso sobre la frente compresas de agua fría; era tan rotundo el amor de este hombre que ella se sintió reconfortada.

—Gracias, Ole; muchas gracias —dijo suavemente.

De repente, exclamó excitada:

—¡Ha gritado!...

Y quiso correr escaleras arriba, mirar a ver...

El pastor aseguró que él no había oído nada. Pero un instante después oyeron nítidamente un llanto infantil.

—Sí, sí; ¡es él! —gemía Josefina, tratando de escapar.

Tuft la abrazó y musitó una oración que la tranquilizó un poco.

No se escuchó nada más. Sin embargo, los médicos incrementaban la tarea. Bajo la responsabilidad de Kallen, el niño fue anestesiado con cloroformo; los gritos que se escuchaban desde el despacho eran, precisamente, las protestas asustadas del pequeño contra la mascarilla de franela que le ponían en la cara.

—¡Me ahogo!, ¡me ahogo! —jadeaba—. ¡Mamá!... ¡Mamá!...

Luego se durmió.

La abuela, que se había puesto un vestido recién lavado, le tenía agarrado de la mano. La pobre anciana temblaba de los pies a la cabeza, pero trataba de disimular para que la permitieran seguir allí hasta el final. Nadie le había dicho que lo hiciera y ella únicamente le había pedido esta gracia a Dios; pero cuando el niño se durmió, Kallen le rogó amablemente que saliera, lo que ella hizo lentamente y en silencio.

Entonces Kallen comenzó la operación. En primer lugar practicó una incisión de ocho centímetros entre las dos costillas y, con el auxilio de distintos instrumentos, penetró en el tórax, serrando un extremo de la costilla. El pus salía a borbotones de la herida.

De repente, un grito salvaje sobresaltó a los médicos. Josefina había abierto la puerta con violencia y, al contemplar las blancas blusas de los médicos y a Kallen, que hurgaba en el pecho de su hijo, se desmayó. Eduardo se enfadó:

—¿Por qué no estaba la puerta cerrada con llave?...

Sissel y el pastor se llevaban ya a Josefina.

—Mucha precaución con la temperatura —rogó Kalen a la enfermera—. ¡Y cierre con llave!

—¿Y Sissel Aune?

—Déjela fuera.

Poco después se oyó a Sissel que volvía, pero nadie se preocupó por ella.

Kallen colocó en el pecho del paciente un tubo de caucho y taponó la herida. Después de diferentes indicaciones relativas a la temperatura y al régimen que debían mantener se retiró a la habitación de al lado, recogió su instrumental y se marchó sin hablar con nadie.

La anciana abuela volvió a subir y se acercó a escuchar tras la puerta. Sissel, que llevaba algo ensangrentado en el delantal, le dijo que la intervención ya había finalizado. La abuela tuvo valor para entrar en la habitación; pero, al ver la mortal palidez del niño, comenzó a encontrarse mal y tuvo que salir apresuradamente.

Algunas horas después se encontraba allí de nuevo y se informó por Sissel Aune.

—¿Vive todavía?

—Sí —contestó la enfermera, pero en un tono que dejaba entrever que quedaban pocas esperanzas.

La anciana se marchó, rota por la emoción; dos horas después regresó.

—¿Vive?

—Sí, señora; sigue viviendo.

La abuela llevaba puestas esta vez las gafas y un libro de oraciones. Pretendía reemplazar a Sissel Aune como enfermera. Ésta, tras relatarle las instrucciones que dejaron los médicos, se fue a descansar en la cama de Josefina.

Ole no regresó hasta la tarde para pedir noticias. No se había atrevido a dejar a su esposa antes. Vio a su madre sentada y con un libro en la mano, se acercó, y por la expresión de su cara entendió que el niño seguía viviendo. No obstante, Ole Tuft se sintió sobrecogido cuando contempló la cara lívida del enfermito.

Toda la casa permanecía en silencio. En la cocina prácticamente se murmuraba. La abuela había cedido su puesto a Sissel. Un gran fuego ardía en la chimenea por si se necesitara agua caliente. Ole se removía intranquilo. Sin embargo, hacia las tres de la madrugada se durmió, y cuando la abuela vino a hacerse cargo de su turno de vela, Sissel también descansaba.

Al amanecer, la puerta se abrió con cuidado. La abuela esperaba ver aparecer a su hijo: era Josefina la que llegaba. Su rostro desencajado, el pelo revuelto, sus ojos perdidos desdibujándose en el claroscuro de la habitación hicieron tal impresión en la anciana que sintió miedo, sobre todo por el temor a que su nuera se volviese loca.

Josefina se frenó en el umbral de la puerta, sin atreverse a entrar. Sin embargo, la abuela inclinaba la cabeza para calmarla. Entonces se acercó a la cama y vio a Eduardito pálido como la nieve y sin dar señales de vida. La anciana la animó nuevamente con su gesto; Josefina se inclinó y le pareció adivinar una débil oscilación del pecho del enfermo. Estaba tan seguro de que el niño había muerto que su angustia no le permitía ni respirar. Asegurada, finalmente, de que vivía, vertió un largo suspiro y el aliento sobrevoló rápidamente el rostro del pequeño, que se despertó, abriendo los ojos como si regresara de otro mundo, y no identificó a su madre, arrodillada delante de la cama. Su mirada se hizo más clara, más viva de lo que había sido durante las últimas semanas. No pronunció ni una palabra, no se atrevió a hacer el menor gesto por miedo a sentir dolor.

Josefina tampoco se movía. Ella se sintió atravesada por el mismo sobrecogimiento que cuando dio a luz y le escuchó llorar por primera vez.

¿No acababa de volver a la vida? Sus ojos, poco antes vidriosos relucían como estrellas en la nieve. La madre no dejaba de contemplarle; le parecía que se fundía en él.

Calmado por su presencia, el pequeño cerró los párpados, los reabrió y terminó por dormirse plácidamente.

Entonces Josefina bajó al despacho del marido. La luz del día entraba por las persianas, que levantó, e, inmediatamente, el sol inundó la estancia, llenándola de vida y de luz.

Josefina miró en la habitación contigua, donde reposaba Ole Tuft. Enorme y fuerte, con los brazos extendidos, el pastor dormía tranquilamente, con la sonrisa dibujada en los labios. Esta repentina llegada de la luz le despertó:

—Ole... —murmuró Josefina.

El entreabrió los ojos, su conciencia volvía poco a poco y, apoyado sobre un brazo, oyó con placer la gran noticia:

—¡Ole, nuestro hijo vive!

13

Ole Tuft había decidido ir a visitar a Kallen. Le estaba profundamente agradecido y ardía en deseos de confesarle que su error con respecto a Rañi, más aún que los tormentosos acontecimientos de los últimos días, le habían revelado a él, a un pastor, el verdadero sentido de la vida. Quería con ello disculpar a Josefina, asumiendo toda la culpa. Ella, la pobrecilla, no había hecho sino obedecer a su marido y por ello había sido injusta e inhumana.

En el camino recordó la infancia de ellos tres. Al principio había querido hacerse misionero; pero hasta ahora no había llegado a apóstol, a apóstol de la vida. ¿No sería una tarea loable para un misionero exponer en materia religiosa la soberanía de las leyes de la evolución?

Cuando Ole Tuft llegó a casa de Kallen encontró a Sigrid vestida de luto, con un pañuelo negro sobre los rubios cabellos. Contestó amablemente a la pregunta del pastor:

—El señor doctor no está en casa.

Tuft dio media vuelta con decisión y se dirigió hacia el hospital. Se encontró allí con la viuda de Andersen, también vestida de negro.

—¿Lleva usted todavía luto por su marido? —preguntó el pastor.

—No; es por Rañi.

—¿No está aquí el doctor?

—No; se ha ido hace un momento.

Decepcionado, Ole Tuft sintió el impulso de pasear por las afueras de la ciudad. Se cruzó con muchos transeúntes, a los que había incitado a salir a la calle las promesas primaverales de aquella tarde de domingo. Le saludaban amablemente y todos le daban la enhorabuena por la recuperación del pequeño. Soren Pedersen estaba entre ellos y el pastor le abordó:

—¿Está Kallen en su casa?

—Sí, señor pastor.

—¿Y qué te ha dicho?

—Una cosa que me ha gustado mucho, señor pastor. Que hay dos clases de gente: los que creen lo que saben y los que también lo creen, pero sin poderlo expresar.

—Y tiene razón el doctor —repuso Ole, riendo.

Sin dejar de hablar, Ole se aproximaba a casa de Kallen. Sigrid, desde lo alto de la escalera, recordó por segunda vez:

—El doctor no está en casa.

Pero la mirada esquiva de la criada evitaba los ojos de Tuft. Permanecía inmóvil con su vestido negro, como una centinela en guardia, y, detrás de ella, la casa parecía la custodia muda e impenetrable de un misterio del cual Ole Tuft se sentía apartado.

El pastor entendió. Costaba más de lo que había supuesto atravesar el umbral de esta morada. Volvió humillado a su hogar y no explicó a nadie lo sucedido.

Esta persistencia en mostrarle la puerta era prueba, por parte de Eduardo, de un rencor irrefrenable. Había que lograr por todos los medios una reunión de ambos hermanos. Ole Tuft reconocía francamente que había tenido celos de su cuñado. Estos mismos celos le habían encaminado a su error, a su rígido dogmatismo religioso.

Sin embargo, algunas influencias extrañas, tuvieron sobre Ole un efecto saludable. Algunos de sus feligreses le habían planteado preguntas que hirieron su amor propio.

Incluso se encontró muy pronto en lucha abierta con sus antiguos defensores. Su protegido, el antiguo conserje del hospital, escogió esta oportunidad para separarse, sin duda para escapar de todo agradecimiento. Se había constituido en el jefe de la oposición y reunió en sus filas a todos los sofistas de los alrededores. Seminaristas, maestros de escuela, catequistas, así como algunos pastores, atacaban regularmente a Ole Tuft en reuniones privadas, con el apoyo de todos los argumentos teológicos posibles.

Estas disputas enseñaron a Ole a expresarse claramente, en términos precisos, no en vano la mayor parte de las discusiones nacen de equívocos. Pero esta lucha continua exigía también de él una energía sobrehumana y unos conocimientos de los que se había desentendido totalmente hasta entonces.

Durante todo el mes que siguió a la enfermedad de Eduardito, Josefina padeció un estado de depresión extraordinario. Nunca hubiera pensado que se sentiría tan cansada. Pero esta sensación de fragilidad la acercó a su marido, al recto campesino de la fe alegre que la subyugara antaño.

Un desengaño del que no hablaba había retrasado también su recuperación moral. También ella, por su parte, había ido a llamar a la puerta de su hermano, escuchando de labios de Sigrid la frase habitual: «El señor doctor no está en casa.» Sin embargo, en aquel mismo momento se le podía ver en el balcón. La pobre mujer había regresado al presbiterio humillada en lo más hondo.

En el fondo sentía por su hermano una profunda compasión y estaba preparada para admitir sus propias equivocaciones, pero la actitud arrogante de Eduardo avivó en ella el espíritu de rencor. La causa era que con verdadera sinceridad nunca había tenido conciencia de sus celos hacia Rañi; lo más que admitía era haber tenido poca consideración hacia las debilidades de una mujer indudablemente culpable.

Un día que Sissel Aune cuidaba al pequeño le estuvo contando lo buena que había sido Rañi hasta su muerte; Josefina se arrepintió de su dureza con la fallecida y su falta de tacto con respecto al afecto de su hermano. Pero aún reconociendo todo esto, seguía pensando que había tenido una conducta inapropiada. Así, la actitud intransigente de Eduardo le causó tanta sorpresa como pena; le habría incluso afectado más si, al mismo tiempo, no la hubieran preocupado las luchas de su marido.

Tres meses discurrieron sin más novedad. Josefina no había renunciado a su proyecto de reconciliación. Escribió a Eduardo argumentando que, aunque su marido y ella habían sido responsables de alguna injusticia, tenían derecho a explicarse. Su agradecimiento le estaba asegurado, querían la armonía; lamentaban su intolerancia y estaban en condiciones de demostrarlo. En resumen, una carta amable y enérgica, según Tuft.

Sin embargo, los días pasaban y no había respuesta alguna. Afortunadamente, aquellos mismos días fueron los mismos en que el pastor tuvo que soportar una actividad muy intensa. En la capilla de conferencias primero y más tarde en el templo Ole no dejaba de repetir las mismas palabras con que Josefina sentenciaba en la carta a su hermano: «Justicia y Amor.» Justicia y Amor, sin distinción de creencias, como en la parábola del buen Samaritano; ese era el verdadero sentido del cristianismo.

Alguno de sus discursos fueron contradictorios. El principal adversario de Tuft era un pastor, redactor de un periódico de Cristianía, que mantenía contra él la existencia del infierno.

Una tarde llegó, por fin, la carta de Eduardo. Josefina se paseaba por delante de su casa, vigilando a su hijo. Identificó rápidamente la letra del sobre y se puso a temblar tanto que no conseguía abrirlo.

¡Qué débil estaba aún! ¿No recobraría nunca la salud y la energía de su juventud?

Subió a su habitación, se encerró bajo llave y abrió la carta. Era un escrito muy voluminoso, pero no encontró ni un renglón escrito por su hermano ni una palabra dirigida a ella. Las primeras hojas eran de una mano desconocida; las siguientes estaban escritas con letra distinta. Algunas estaban prendidas juntas; otras tenían unidas cartas.

¿Qué significaba esto? De entre todos estos escritos Josefina escogió en primer lugar el más pequeño, uno en el que solamente había escritas tres líneas:

«Han destrozado mi reputación de mujer honesta sin yo saberlo. Porque yo ignoraba que esto pudiera suceder antes de que lo hicieran.»

En otra hoja decía:

«Perdónalos, porque no saben lo que hacen.»

Esta letra elegante y caprichosa debía de ser la de Rañi y Josefina comenzó a temblar, sin saber por qué.

Una carta en tinta roja estaba escrita por otra mano distinta. No tenía firma, pero cuando Josefina leyó «no enseñar esto a Kallen», supo que se trataba de una carta de amor de Carlos Meck.

¿Por qué Eduardo le enviaba esto?

Leyó los primeros renglones y se sorprendió de que el supuesto amante de Rañi la tratara de «usted». Hablaba desde el principio de una gran pena que había considerado su obligación sufrir en soledad, pero puesto que también ella había sido herida con la calumnia...

¿Rañi calumniada?... Toda la carta estaba redactada en términos muy respetuosos. ¿De cuándo sería esta carta? No tenía fecha, pero como había sido enviada desde el extranjero era, por tanto, posterior a la estancia de Carlos en casa de los Kallen. No era sino un quejido, desde el principio al fin. Pero un grito tan sincero, tan conmovedor, que Josefina nunca había leído algo parecido. Le temblaban las manos y tuvo que colocar el papel sobre la mesa. No reanudó la lectura hasta que se encontró más calmada. Cuando continuó supo cómo Carlos, bajo el peso de esa calumnia y con ella siempre presente en su pensamiento, había visto nacer su amor. Renglón por renglón, Josefina asistía al surgimiento de esta pasión tímida, nacida del dolor y del recuerdo; la veía manifestarse de la manera más pura y sobrecogedora.

¿Entonces Rañi era inocente?... ¡Inocente! En ese caso ¡qué terribles debieron ser sus últimos momentos! Sissel le había contado aquella suprema comunión de ambos esposos cuando, contemplándose los ojos y con las manos cogidas, percibían por sus latidos de corazón los segundos que los iban separando poco a poco. Y ahora entendía Josefina por qué su hermano, sin más compañía que la de Carlos, había trasladado lejos de esta ciudad el cuerpo de su esposa. Lo que no entendía era cómo todavía Eduardo podía vivir...

Llamaron a la puerta y Josefina se estremeció: era la criada, que venía a anunciar que la cena estaba servida. Tuvo que volver a llamar dos veces, sin conseguir otra respuesta que «Más tarde». Josefina se estrujaba las manos llena de vergüenza y deshonor. ¡Sí; iría a suplicar a su hermano, aunque tuviera que hacerlo de rodillas!

Mientras iba releyendo estos papeles uno por uno la parecía adivinar a su lado la esbelta figura de su hermano ordenándola seguir hasta el final. Y ella seguía, sin dejar de temblar.

«...En el instante de descubrir lo que después de muchos borradores he escrito sobre mi infancia y mi primer matrimonio, me siento vencida por el cansancio. Había pensado muchas veces preceder esto de algunas líneas y me gustaba pensar en ello. Ahora es ya demasiado tarde. A ti, mi Príncipe Azul, debo la historia de mi vida. La encontrarás aquí en apenas unas palabras, porque no me siento capaz de una empresa mayor. También corto esta historia para que puedas salir en mi defensa si alguien mancilla mi memoria, cuando ya no esté yo aquí..., mañana...

»¡No me llores, amor mío! He sido la protagonista de un sueño de una belleza tal que no soy capaz de explicar. Lamento, ¡ay de mí!, que fuera demasiado breve.

»Me había entregado a lo desconocido, sacrificándome a mí misma por temor a algo peor: tú has venido y me has rescatado de lo profundo del mar. Tú me has situado entre personas buenas y caritativas, en espera del supremo instante en que podrías venir y llevarme contigo.

»Te he poseído a ti y a todo lo que hay en ti, sin merecerlo; sí, sin ser digna. Muchas veces he sentido esta vileza sin que haya menguado mi felicidad. Yo no estaba a la altura de la misión, lo sé, y, sin embargo, tú has sido comprensivo y tengo la seguridad de que lo hubieras seguido siendo siempre.

»Amado mío, si te pudiera expresar todo el agradecimiento y toda la admiración que siento hacia ti no me entenderías... Tú encontrabas totalmente normal que toda alegría te llegara de mí. Esta ha sido la gran felicidad de mi vida.

»Cuando leas estas líneas ya no estaré aquí, reposando sobre esta silla, y entonces nada sabrá hacerme revivir con tanta lucidez en tu recuerdo, como yo deseo, sino un inmenso

»¡GRACIAS!»

....

¿Cómo? ¿Este era el matrimonio al que no se había juzgado digno de tan sagrado nombre? ¿Y qué era, en comparación, el mismo matrimonio de Josefina?

Resbaló de la silla hasta quedar de rodillas y empezó a lamentarse en voz alta; después guardó silencio, como un criminal que teme ser descubierto. Unió las manos sobre los papeles de Rañi y, hundiendo la cabeza entre ellas, sollozó:

—¡Perdón! ¡Perdón!

Y así fue cómo Josefina asumió que, incluso en su primer matrimonio, Rañi había sido pura. No necesitaba leerlo, se percibía entre líneas cómo había tenido lugar el encuentro afortunado de estos dos corazones... «¡Perdón! ¡Perdón!...»

Sin embargo, sabía que nadie la escuchaba y que nadie podía perdonarla. Con las manos empapadas hizo una pila con todas las cartas; quería que las viera Ole. Necesitaba que acudiera en su ayuda: sabía que se trataba de su vida.

Porque ella era cómplice de un crimen, de un delito cometido contra un inocente. No es que ella fuera la autora directa, pero era aún más culpable por su silencio, puesto que desde el primer momento había despreciado a la esposa de su hermano. Y este había sido el golpe mortal asestado a la pobre Rañi.

Como tantos otros sablazos estos pensamientos atravesaban el espíritu de Josefina mientras continuaba de rodillas, anonadada. Esta condena a muerte que había leído —¡sí, no había errado en nada!—, que había leído en los ojos de su hermano no estaba dirigida contra su hijo, sino contra ella misma. Sí; se merecía la muerte.

Un pavor loco la atrapaba. *Ahora ya ha llegado...* Sí; ahora ya había llegado ese momento horrible que presentía desde hacía años, esta cosa terrible que había de vencerla, de reducirla a polvo.

Creyó terminado su padecimiento con la curación de su hijo. Pero ahora que todo iba bien, que estaba de nuevo unida a su marido, el golpe la hería cuando menos lo esperaba.

Bajó rápidamente al despacho de Ole mientras éste se hallaba aún en el comedor, dejó los papeles sobre la mesa, en lugar bien visible. Luego se colocó el sombrero, se echó sobre los hombros un chal y se dirigió corriendo a casa de Kallen. Estaba dispuesta a intentarlo todo con tal de lograr su perdón.

Tomó un atajo, pasó cerca de la iglesia y, al verla, vino a su memoria el último sermón de Ole. Lloró. Nunca había sido su matrimonio tan grande y libre como el de Eduardo y Rañi.

Un poco más lejos contempló la pared blanca de la casa en que vivía Kule, el instrumento involuntario del crimen. Incuestionablemente, no era Josefina quien le había pedido que viniera, no había intervenido para nada en esta decisión. Sin embargo, cuando había oído hablar del proyecto, según su parecer, creyó que era «de justicia».

Algunas personas lo consideraron una prueba de mal gusto; otras, lo vieron desde una perspectiva religiosa. Y Josefina recordaba su silencio ante unos y otros, así como su mal pensamiento.

Sí; era un crimen, un asesinato. ¡No había perdón posible! ¿Qué pretendía hacer en casa de su hermano? Éste ya había salvado a su hijo; no tenía porqué hacer nada más. ¡Pues bien: aunque sólo fuera para perecer a sus pies, costara lo que costara, tenía que hablar con Eduardo! ¿Era, entonces, su castigo lo que iba a pedir a esta hora? ¡Sea! Y comenzó a correr.

No cabía duda; estaba claro que ella había matado. Fríamente, con maldad, había socavado el hogar de aquel a quien pretendía amar. Y, sin embargo, era verdad que le amaba, que adoraba a este hermano que tan mal la entendía...

De repente pudo verle en el patio de la casa, inclinado sobre un objeto que manejaba con dificultad. Se estremeció, pero prosiguió su camino.

Eduardo, con un traje de hilo crudo y las mangas de la camisa arremangados, lavaba una maleta con la bomba. Iba quitando una a una todas las etiquetas pegadas en el cuero por innumerables compañías de ferrocarriles. ¿Pensaría volver a marcharse? Está tostado por el sol, demasiado delgado y, visto de lado, su perfil era más afilado que nunca. Al escuchar pasos levantó la cabeza. Vio el rostro de su hermana suplicante, cubierto por las lágrimas. Nada de vestidos elegantes ni de colores llamativos; llevaba un vestido de verano de color oscuro, sombrero de paja y un pañolón al brazo. Josefina imploró descorazonada.

—¡Eduardo!...

Pero no pudo seguir. Eduardo se había incorporado y, en un tono duro y orgulloso exclamó:

—¡Nunca te lo perdonaré, Josefina!

—Eduardo..., por Dios...; déjame que te explique...

Ella se había girado hacia la casa para no observar el aire frío e implacable de su hermano. Este pensó que iba a entrar y, situándose ante la puerta como un guardián, dijo:

—¡Nunca atravesarás la puerta de esta casa!

14

Cuando Ole Tuft terminó de cenar entró en su despacho, al principio no vio el paquete de cartas, porque no miró encima de la mesa. Tenía por costumbre pasear por la noche y, al no estar allí Josefina, salió a dar su paseo de una hora. Era sábado; mientras andaba, iba reflexionando sobre como preparar el sermón del día siguiente.

Al regresar a su casa se acercó a la ventana y se puso a hojear un libro. Se levantó varias veces, paseó por la habitación y leyó hasta poco antes de las diez. Le entraron ganas de dormir, pero como no encontraba a Josefina en la planta baja ni en el piso de arriba, bajó nuevamente a su despacho con la intención de esperarla allí. ¿Dónde podría estar? ¿Con algún enfermo? Ole no conocía que en aquellos momentos hubiera alguno. Distraídamente se aproximó al paquete de las cartas y leyó en el sobre su nombre, escrito por la mano de Josefina. Inquieto, se acercó a la luz para ver mejor. El sobre no estaba sellado, pero Josefina había añadido junto al nombre: «Mi vida está en juego; voy a casa de mi hermano.»

¿Qué significaba esto?...

Quince minutos más tarde el pastor pasaba por delante de su templo, más bien corriendo que andando.

«De todo esto —iba pensando— soy yo el único responsable. Fui yo quien hizo creer a Josefina que Rañi engañaba a su primer marido, yo fui el primer culpable de todo lo que ha sucedido después.»

Sí; si no hubiera estado celoso de su cuñado, honda, profundamente celoso, no habría puesto como excusa para mantener a distancia a Eduardo y Rañi su separación de la iglesia y sus tratos con los librepensadores. En verdad, el error era suyo, y su corazón sangraba al imaginar el sufrimiento de Josefina. Se dio tanta prisa que estaba a punto de asfixiarse cuando atravesó el parque y se acercó a la casa. La puerta estaba cerrada, aunque no eran mucho más de las diez. Llamó varias veces, hasta que oyó pasos en la escalera. Fue el mismo Kallen quien vino a abrir esta vez.

—¿Está aquí Josefina?

—No.

—¿No ha venido?

—Sí; hace hora y media.

—¿Y qué?...

—Le he prohibido entrar.

—No le has dicho nada.

—No.

Ole hizo un gesto amenazante con la mano, y exclamó:

—¡De nodo que tú también eres un preso del dogma de la palabra!...

Le dio la espalda y se fue.

A las once volvieron a llamar. Salió Kallen, que todavía no se había acostado. Era Ole otra vez, pero ahora fuera de sí, con verdadero pánico.

—Eduardo —suplicó—. ¿Adónde crees tú que puede haber ido?

—Supongo que a la tumba de Rañi.

Ole no contestó más que con un lamento sordo, y se marchó de nuevo. Sus pasos apresurados se perdieron en la oscuridad.

Una hora después de la medianoche otro campanillazo, un solitario y tímido campanillazo. Kallen, que era bastante miope, se encontró con una mujer a la que no identificó al instante. Era Sissel Aune:

—¡Querido doctor —dijo la buena mujer—, tenga usted piedad!

Eduardo creyó que venía de parte de Josefina y que habría sucedido alguna desgracia. Pero Sissel se explicó:

—Sólo usted podrá apaciguarle. Enloquece cada noche...

—¿Quién? ¿Su esposo?

—Sí; se cree que Kristen Larssen va detrás de él y entonces se escapa por la ciudad, por el bosque o por las carreteras. Hace ya tres noches que le pasa y yo ya he agotado todas mis fuerzas. ¡Ayúdeme, señor doctor! No sé a quién acudir...

Kallen siguió enseguida a la desdichada mujer. El cielo estaba cubierto y la noche era negra, pero se había levantado un fuerte vientecillo del Norte que estaba dispersando las nubes.

Algo bastante extraño: Aune, que había querido asustar a la gente con las apariciones de Kristen Larssen, ahora el que estaba atemorizado era él. «Todas las noches —decía Sissel— venía a por él el suicida para llevarle al infierno.»

Entonces se escuchó a lo lejos un grito desgarrador, una petición de socorro.

—¡Es él! —exclamó Sissel, juntando las manos—. ¡Jesús, ayúdanos!...

Y echó a correr, seguida de Kallen.

Pero en ese momento el perro de una granja, que había sido despertado por el ruido, empezó a aullar y, al ver correr unas sombras, se abalanzó sobre ellas. Se escuchó otro chillido, más espantoso aún que el primero. Incluso el perro se paró por un instante y luego corrió hacia el lugar de donde había salido el grito. El doctor corrió todo lo rápido que pudo. Ningún peligro amenazaba a Aune, que estaba detrás, pero el furioso animal se había arrojado sobre la primera persona que vio. ¿Quién era?

Kallen no había vuelto a correr a tanta velocidad desde que fuera niño; pero, cuando advirtió que alguien se peleaba contra el perro redobló su esfuerzo. Muy pronto el doctor divisó una sombra que se movía al borde de la carretera y al perro, que ladraba a su alrededor. Era un hombre fuerte que forcejeaba con otro mucho más pequeño, entre los mordiscos y los ladridos del can; el primero, sujetaba al otro en el suelo, mientras que intentaba apartar al perro. Kallen reconoció a Ole Tuft, que sujetaba a Aune con toda su fuerza de gigante. Sin duda, Aune había tomado al perro por el demonio y al pastor por el fantasma de Kristen Larssen.

Era una lucha cruenta e incluso corría la sangre; Kallen dio una fuerte patada al perro, que salió rodando. Luego sujetó a Aune, y Ole Tuft se incorporó. Daba lástima verle: el abrigo desgarrado, las mangas hechas jirones y tenía multitud de heridas por las que sangraba debidas tanto a los mordiscos del perro como a las uñas de Aune, pero estaba tan acalorado que no sentía ningún dolor.

Kallen levantó a Aune y le miró fijamente, con toda la fuerza de sus ojos, hasta que el pobre loco se desplomó como una masa inerte. Cuando, por fin, llegó Sissel, su marido estaba tumbado debajo de un árbol, en pleno sueño hipnótico. El doctor dijo que no había ningún problema en dejarle allí, ya que esa noche no parecía que fuera a helar ni a hacer mucho frío. El médico prometió a la desconsolada mujer que le curaría.

El pastor se había quitado el abrigo, se limpió la sangre y se hizo una cura superficial, tras de lo cual se puso en camino con Kallen.

Los dos hombres prefirieron no hablar acerca de lo que había sucedido ni de la forma en que el pastor le había hallado a Aune. Ole Tuft sólo articuló una frase en tono de desaliento:

—No, Eduardo; no ha ido a la tumba...

Luego, pasado un rato añadió:

—No sé qué hacer... Ya no sé... ¡Oh, Eduardo, y que seas tú quien la haya apartado de mí! ¡No me explico cómo has sido capaz!... ¿Sabes lo que me ha escrito, dejando al lado las cartas que tú le enviaste?... Esto, Eduardo: «¡Mi vida está en juego, voy a ver a mi hermano!»

Kallen se sintió helado; respiraba con dificultad. Estaba amaneciendo. Ole Tuft, tenía la cara llena de sudor y mirando hacia la aurora, parecía decir:

—¡Gracia! ¡Gracia para ella!

Ahora ya no sabía adónde dirigirse; sin embargo, andaba sin parar y Eduardo le seguía.

—¡Qué horror! ¡Qué horror! —exclamaba—. ¿Recuerdas aquella espantosa noche de tormenta de nuestra infancia, Eduardo? ¿Te acuerdas cómo temblábamos sobre el acantilado?... Los espíritus malos del mar iban a por nosotros... ¡Oh, Eduardo! ¡Durante toda esta noche me han asaltado los mismos espíritus! ¡El miedo, amigo mío, el miedo! Ya has visto a Aune: me ha tomado por un fantasma y a un mastín por el diablo. Era un signo de terror antiguo... Ya ves a Josefina... ¡Y tú mismo, Eduardo! Tú también estás bajo el dominio del miedo, puesto que tienes valor para atormentar a esa infeliz más de lo que ella misma se atormenta. Porque lo peor que tiene el miedo es que nos hace malvados. El que ha tenido miedo una vez aprende a asustar a los demás.

Estas palabras caían como losas, como alternativamente caían sobre el suelo los gruesos pies del robusto Ole Tuft. Kallen no hablaba; cuando estaba triste, se callaba. Pero Ole, hijo de un predicador popular, sabía desde muy pequeño sacar la moraleja de todo cuanto sucedía... Aunque sufría mucho, tenía que hablar.

...No, no; Eduardo no tenía que dudar de Josefina. Era el ser más sincero que existía. Era él, Ole Tuft, quien, sin darse cuenta, la había puesto entre la espada y la pared. Con palabras cariñosas pintó el alma de Josefina tal como él la comprendía; decía que, si Eduardo la despedía en estos momentos, Josefina moriría, sin duda.

Cuando podía, Kallen decía: «Mi querido Ole» o bien «No; escucha, amigo mío...», pero no era capaz de terminar su pensamiento. Incluso en su casa, cuando le pidió a Ole que entrara para curarle las heridas, no consiguió intercalar ni una sola palabra; también es verdad que el pastor no dejaba hablar a nadie.

—...Hay que ayudar a aquellos que se han equivocado. Aquellos que han actuado mal con nosotros, desde el momento que lo reconocen, se merecen nuestro apoyo y con preferencia a los otros. Tal es la voluntad de Dios.

Incluso en la puerta el pastor continuaba echando el sermón. Al final, aunque no tenía muchas esperanzas, pensó que tal vez Josefina habría regresado junto a su hijo, y se dirigió al presbiterio.

Amanecía poco a poco. Kallen no podía dormir; al final se tuvo que levantar. Le había afectado lo que le había dicho su cuñado aunque no se lo demostró cuando estaba delante.

Era verdad: él también se había limitado a juzgar y a condenar sin pruebas... Su hermana siempre le había amado más que él a ella. Desde la fiesta del invierno anterior, cuando bailaron juntos, sabía que su hermana no había dejado de quererle. Incluso la noche que la golpeó había acudido a él con buenas intenciones. ¡Ah! Lo que no podía perdonar era su odio a Rañi..., pero esto era más una cuestión de celos que de religión. No le gustaba que se hubiera entregado por completo a Rañi, apartándose de ella. El hubiera podido unir a las dos mujeres. Sí, efectivamente; hubiera podido... ¡Y, sin embargo, no había hecho nada para conseguirlo!

Cuantas más vueltas le daba con más dureza se juzgaba: él mismo no era más que un cómplice.

Vio los grandes ojos de su hermana mirarle en su profunda miseria. Mientras él había estado en el extranjero, durante años, meses y semanas, ella le había aguardado con todo su cariño, con toda su admiración, y cuando, por fin llegó, lo echó todo a perder por una mujer indigna —al menos así había juzgado Josefina a Rañi— ¡Pobre hermana!... ¿Le habría dado alguna vez una alegría o sólo le había causado dolor? ¡Y, a pesar de todo, cómo le seguía queriendo!

Las habitaciones parecían estrechas a Kallen; empezaba a sentir miedo. Era un día soleado; abrió de par en par las puertas de la galería y bajó al jardín para respirar el aire fresco de la mañana.

Entonces, en el banco de Rañi, al resguardo del viento norte, estaba Josefina sentada, con el pañuelo en las rodillas. Ella le vio al mismo tiempo y, como un pajarillo herido que no puede volar, trató de empequeñecerse para que él no se diera cuenta. Pero, si se había sentado allí era para que se la viera. Una fuerza misteriosa la atraía hacia este banco; no podía estar en otra parte, aunque quisiera.

Eduardo bajó rápidamente los escalones y fue hacia ella. Josefina empezó a temblar como una hojilla desprendida.

—Eduardo..., no... Eduardo, permíteme estar aquí —balbuceaba, entre sollozos.

Y aun después que su hermano la agarrara del brazo, suplicaba con voz de niña:

—¡Oh!, ¡oh! Eduardo..., déjame...

Pero ya no dijo nada más. Eduardo la abrazaba contra su robusto pecho; Josefina sentía los latidos precipitados de su corazón. Le rodeó el cuello con sus brazos mientras sus lágrimas se mezclaban.

Durante unos minutos muy intensos ambos hermanos no se movieron, tenían las cabezas unidas y las mejillas juntas; todas las afinidades de su naturaleza se fundieron en ese momento en una gran necesidad de comunión, en la voluntad de caminar cogidos de la mano en la vida. Todo en ellos era cómplice de este pacto tácito: su sangre, sus nervios, sus sentimientos más profundos, sus más recónditos recuerdos, hasta el perfume especial que volvían a encontrar en sus ropas de hoy les recordaban los atavíos de antaño, de los tiempos de papá y mamá.

¡Y, sin embargo!... Cuando Eduardo la llevó hacia la galería Josefina se detuvo: no se consideraba digna de entrar en esta casa.

Miró a su hermano con los ojos llenos de lágrimas; peldaño por peldaño, él la obligó dulcemente a subir la escalinata. Una vez arriba ella volvió a dudar ante la puerta. Eduardo la hizo entrar.

Entonces ella se derrumbó deshecha, sobre una silla, con la cabeza entre las manos; se precipitó el dolor que oprimía su pecho y lloró con lágrimas tranquilas.

Eduardo, inclinado sobre ella, la acariciaba el pelo. Y ella sentía que no era solamente su hermano quien concedía a una Josefina arrepentida este dulce perdón, sino que era también Rañi...

Esa misma mañana ambos hermanos atravesaban la pequeña ciudad dormida. Sin hablar fueron a buscar a Ole; pero no tomaron el atajo, fueron por la calle del puerto. Cuando vieron el presbiterio Josefina exclamó:

—¡Ahí está!

Efectivamente; era Tuft que andaba precipitadamente, con la cabeza gacha, como si no pudiera soportar su peso. Estaba buscando a su mujer. Había estado en la orilla del mar y no la había encontrado, ahora iba a hacer lo mismo en la parte baja del río, hacia el Sur, quería verla a toda costa. Ambos interpretaron su pensamiento y se estremecieron. Josefina abrazó fuertemente a su hermano, a quien acababa de confesar que, si la hubiese expulsado del jardín, se habría arrojado al agua.

Ole vio a la pareja, levantó los brazos hacia el cielo y permaneció atónito. Entonces Josefina dejó a su hermano para correr hacia su marido...

Los tres se dirigían ahora hacia el presbiterio. El pastor había tomado del brazo a Josefina. Eduardo caminaba junto a ellos. Varias veces Ole señaló la carretera, que se prolongaba como si fuera el futuro, y repitió: «En el camino de Dios...»

—Ya sabes —objetó Eduardo— que yo no comparto tu fe.

—¡Ah! ¡Dejemos eso! —exclamó alegre Ole Tuft—. El lugar por el que caminan las personas honestas es el camino de Dios, ¡y ese es también el camino de la felicidad!

ÍNDICE

Índice

El camino de la felicidad: